政务处分与监察法规检索与应用

U0449063

ZHENGWU CHUFEN YU
JIANCHA FAGUI
JIANSUO YU YINGYONG

中国法制出版社
CHINA LEGAL PUBLISHING HOUSE

图书在版编目（CIP）数据

政务处分与监察法规检索与应用／中国法制出版社编.—北京：中国法制出版社，2023.6
ISBN 978-7-5216-3562-1

Ⅰ.①政… Ⅱ.①中… Ⅲ.①国家机关工作人员-行政处罚法-中国②中国共产党-纪律检查-法规 Ⅳ.①D922.112②D262.6

中国国家版本馆 CIP 数据核字（2023）第 090412 号

责任编辑：成知博　　封面设计：杨鑫宇

政务处分与监察法规检索与应用
ZHENGWU CHUFEN YU JIANCHA FAGUI JIANSUO YU YINGYONG

经销/新华书店
印刷/河北华商印刷有限公司
开本/880 毫米×1230 毫米　32 开　　印张/10.75　字数/252 千
版次/2023 年 6 月第 1 版　　2023 年 6 月第 1 次印刷

中国法制出版社出版
书号 ISBN 978-7-5216-3562-1　　定价：35.00 元

北京市西城区西便门西里甲 16 号西便门办公区
邮政编码：100053　　传真：010-63141600
网址：http：//www.zgfzs.com　　编辑部电话：010-63141809
市场营销部电话：010-63141612　　印务部电话：010-63141606

目 录

法规检索

实务应用

常见职务犯罪法律依据及立案标准

法规检索

中华人民共和国宪法

（1982年12月4日第五届全国人民代表大会第五次会议通过 1982年12月4日全国人民代表大会公告公布施行 根据1988年4月12日第七届全国人民代表大会第一次会议通过的《中华人民共和国宪法修正案》、1993年3月29日第八届全国人民代表大会第一次会议通过的《中华人民共和国宪法修正案》、1999年3月15日第九届全国人民代表大会第二次会议通过的《中华人民共和国宪法修正案》、2004年3月14日第十届全国人民代表大会第二次会议通过的《中华人民共和国宪法修正案》和2018年3月11日第十三届全国人民代表大会第一次会议通过的《中华人民共和国宪法修正案》修正）

序　　言

中国是世界上历史最悠久的国家之一。中国各族人民共同创造了光辉灿烂的文化，具有光荣的革命传统。

一八四〇年以后，封建的中国逐渐变成半殖民地、半封建的国家。中国人民为国家独立、民族解放和民主自由进行了前仆后继的英勇奋斗。

二十世纪，中国发生了翻天覆地的伟大历史变革。

一九一一年孙中山先生领导的辛亥革命，废除了封建帝制，创立了中华民国。但是，中国人民反对帝国主义和封建主义的历史任务还没有完成。

一九四九年，以毛泽东主席为领袖的中国共产党领导中国各族人民，在经历了长期的艰难曲折的武装斗争和其他形式的斗争以后，终于推翻了帝国主义、封建主义和官僚资本主义的统治，取得了新民主主义革命的伟大胜利，建立了中华人民共和国。从此，中国人民掌握了国家的权力，成为国家的主人。

中华人民共和国成立以后，我国社会逐步实现了由新民主主义到社会主义的过渡。生产资料私有制的社会主义改造已经完成，人剥削人的制度已经消灭，社会主义制度已经确立。工人阶级领导的、以工农联盟为基础的人民民主专政，实质上即无产阶级专政，得到巩固和发展。中国人民和中国人民解放军战胜了帝国主义、霸权主义的侵略、破坏和武装挑衅，维护了国家的独立和安全，增强了国防。经济建设取得了重大的成就，独立的、比较完整的社会主义工业体系已经基本形成，农业生产显著提高。教育、科学、文化等事业有了很大的发展，社会主义思想教育取得了明显的成效。广大人民的生活有了较大的改善。

中国新民主主义革命的胜利和社会主义事业的成就，是中国共产党领导中国各族人民，在马克思列宁主义、毛泽东思想的指引下，坚持真理，修正错误，战胜许多艰难险阻而取得的。我国将长期处于社会主义初级阶段。国家的根本任务是，沿着中国特色社会主义道路，集中力量进行社会主义现代化建设。中国各族人民将继续在中国共产党领导下，在马克思列宁主义、毛泽东思想、邓小平理论、“三个代表”重要思想、科学发展观、习近平新时代中国特色社会主义思想指引下，坚持人民民主专政，坚持社会主义道路，坚持改革开放，不断完善社会主义的各项制度，发展社会主义市场经济，发展社会主义民主，健全社会主义法治，贯彻新发展理念，自力更生，艰苦奋斗，逐步实现工业、农业、国防和科学技术的现代化，推动物质文明、政治文明、精神文明、社会文明、生态文明协调发展，把我国建设成为富强民主文明和谐美丽的社会主义现代化强国，实现中华民族伟大复兴。

在我国，剥削阶级作为阶级已经消灭，但是阶级斗争还将在一定范围内长期存在。中国人民对敌视和破坏我国社会主义制度的国内外的敌对势力和敌对分子，必须进行斗争。

台湾是中华人民共和国的神圣领土的一部分。完成统一祖国的大业是包括台湾同胞在内的全中国人民的神圣职责。

社会主义的建设事业必须依靠工人、农民和知识分子，团结一切可以团结的力量。在长期的革命、建设、改革过程中，已经结成由中国共产党领导的，有各民主党派和各人民团体参加的，包括全体社会主义劳动者、社会主义事业的建设者、拥护社会主义的爱国者、拥护祖国统一和致力于中华民族伟大复兴的爱国者的广泛的爱国统一战线，这个统一战线将继续巩固和发展。中国人民政治协商会议是有广泛代表性的统一战线组织，过去发挥了重要的历史作用，今后在国家政治生活、社会生活和对外友好活动中，在进行社会主义现代化建设、维护国家的统一和团结的斗争中，将进一步发挥它的重要作用。中国共产党领导的多党合作和政治协商制度将长期存在和发展。

中华人民共和国是全国各族人民共同缔造的统一的多民族国家。平等团结互助和谐的社会主义民族关系已经确立，并将继续加强。在维护民族团结的斗争中，要反对大民族主义，主要是大汉族主义，也要反对地方民族主义。国家尽一切努力，促进全国各民族的共同繁荣。

中国革命、建设、改革的成就是同世界人民的支持分不开的。中国的前途是同世界的前途紧密地联系在一起的。中国坚持独立自主的对外政策，坚持互相尊重主权和领土完整、互不侵犯、互不干涉内政、平等互利、和平共处的五项原则，坚持和平发展道路，坚持互利共赢开放战略，发展同各国的外交关系和经济、文化交流，推动构建人类命运共同体；坚持反对帝国主义、霸权主义、殖民主义，加强同世界各国人民的团结，支持被压迫民族和发展中国家争取和维护民族独立、发展民族经济的正义斗争，为维护世界和平和促进人类进步事业而努力。

本宪法以法律的形式确认了中国各族人民奋斗的成果，规定了国家的根本制度和根本任务，是国家的根本法，具有最高的法律效力。全国各族人民、一切国家机关和武装力量、各政党和各社会团体、各企业事业组织，都必须以宪法为根本的活动准则，并且负有维护宪法尊严、保证宪法实施的职责。

第一章　总　　纲

第一条　中华人民共和国是工人阶级领导的、以工农联盟为基础的人民民主专政的社会主义国家。

社会主义制度是中华人民共和国的根本制度。中国共产党领导是中国特色社会主义最本质的特征。禁止任何组织或者个人破坏社会主义制度。

第二条　中华人民共和国的一切权力属于人民。

人民行使国家权力的机关是全国人民代表大会和地方各级人民代表大会。

人民依照法律规定，通过各种途径和形式，管理国家事务，管理经济和文化事业，管理社会事务。

第三条 中华人民共和国的国家机构实行民主集中制的原则。

全国人民代表大会和地方各级人民代表大会都由民主选举产生，对人民负责，受人民监督。

国家行政机关、监察机关、审判机关、检察机关都由人民代表大会产生，对它负责，受它监督。

中央和地方的国家机构职权的划分，遵循在中央的统一领导下，充分发挥地方的主动性、积极性的原则。

第四条 中华人民共和国各民族一律平等。国家保障各少数民族的合法的权利和利益，维护和发展各民族的平等团结互助和谐关系。禁止对任何民族的歧视和压迫，禁止破坏民族团结和制造民族分裂的行为。

国家根据各少数民族的特点和需要，帮助各少数民族地区加速经济和文化的发展。

各少数民族聚居的地方实行区域自治，设立自治机关，行使自治权。各民族自治地方都是中华人民共和国不可分离的部分。

各民族都有使用和发展自己的语言文字的自由，都有保持或者改革自己的风俗习惯的自由。

第五条 中华人民共和国实行依法治国，建设社会主义法治国家。

国家维护社会主义法制的统一和尊严。

一切法律、行政法规和地方性法规都不得同宪法相抵触。

一切国家机关和武装力量、各政党和各社会团体、各企业事业组织都必须遵守宪法和法律。一切违反宪法和法律的行为，必须予以追究。

任何组织或者个人都不得有超越宪法和法律的特权。

第六条 中华人民共和国的社会主义经济制度的基础是生产资料的社会主义公有制，即全民所有制和劳动群众集体所有制。社会主义公有制消灭人剥削人的制度，实行各尽所能、按劳分配的原则。

国家在社会主义初级阶段，坚持公有制为主体、多种所有制经济共同发展的基本经济制度，坚持按劳分配为主体、多种分配方式并存的分配制度。

第七条 国有经济，即社会主义全民所有制经济，是国民经济中的主导力量。国家保障国有经济的巩固和发展。

第八条 农村集体经济组织实行家庭承包经营为基础、统分结合的双层经营体制。农村中的生产、供销、信用、消费等各种形式的合作经济，是社会主义劳动群众集体所有制经济。参加农村集体经济组织的劳动者，有权在法律规定的范围内经营自留地、自留山、家庭副业和饲养自留畜。

城镇中的手工业、工业、建筑业、运输业、商业、服务业等行业的各种形式的合作经济，都是社会主义劳动群众集体所有制经济。

国家保护城乡集体经济组织的合法的权利和利益，鼓励、指导和帮助集体经济的发展。

第九条 矿藏、水流、森林、山岭、草原、荒地、滩涂等自然资源，都属于国家所有，即全民所有；由法律规定属于集体所有的森林和山岭、草原、荒地、滩涂除外。

国家保障自然资源的合理利用，保护珍贵的动物和植物。禁止任何组织或者个人用任何手段侵占或者破坏自然资源。

第十条 城市的土地属于国家所有。

农村和城市郊区的土地，除由法律规定属于国家所有的以外，属于集体所有；宅基地和自留地、自留山，也属于集体所有。

国家为了公共利益的需要，可以依照法律规定对土地实行征收或者征用并给予补偿。

任何组织或者个人不得侵占、买卖或者以其他形式非法转让土地。土地的使用权可以依照法律的规定转让。

一切使用土地的组织和个人必须合理地利用土地。

第十一条 在法律规定范围内的个体经济、私营经济等非公有制经济，是社会主义市场经济的重要组成部分。

国家保护个体经济、私营经济等非公有制经济的合法的权利和利益。国家鼓励、支持和引导非公有制经济的发展，并对非公有制经济依法实行监督和管理。

第十二条 社会主义的公共财产神圣不可侵犯。

国家保护社会主义的公共财产。禁止任何组织或者个人用任何手段侵占或者破坏国家的和集体的财产。

第十三条 公民的合法的私有财产不受侵犯。

国家依照法律规定保护公民的私有财产权和继承权。

国家为了公共利益的需要，可以依照法律规定对公民的私有财产实行征收或者征用并给予补偿。

第十四条 国家通过提高劳动者的积极性和技术水平，推广先进的科学技术，完善经济管理体制和企业经营管理制度，实行各种形式的社会主义责任制，改进劳动组织，以不断提高劳动生产率和经济效益，发展社会生产力。

国家厉行节约，反对浪费。

国家合理安排积累和消费，兼顾国家、集体和个人的利益，在发展生产的基础上，逐步改善人民的物质生活和文化生活。

国家建立健全同经济发展水平相适应的社会保障制度。

第十五条 国家实行社会主义市场经济。

国家加强经济立法，完善宏观调控。

国家依法禁止任何组织或者个人扰乱社会经济秩序。

第十六条 国有企业在法律规定的范围内有权自主经营。

国有企业依照法律规定，通过职工代表大会和其他形式，实行民主管理。

第十七条 集体经济组织在遵守有关法律的前提下，有独立进行经济活动的自主权。

集体经济组织实行民主管理，依照法律规定选举和罢免管理人员，决定经营管理的重大问题。

第十八条 中华人民共和国允许外国的企业和其他经济组织或者个人依照中华人民共和国法律的规定在中国投资，同中国的企业或者其他经济组织进行各种形式的经济合作。

在中国境内的外国企业和其他外国经济组织以及中外合资经营的企业，都必须遵守中华人民共和国的法律。它们的合法的权利和利益受中华人民共和国法律的保护。

第十九条 国家发展社会主义的教育事业，提高全国人民的科学文化水平。

国家举办各种学校，普及初等义务教育，发展中等教育、职业教育和高等教育，并且发展学前教育。

国家发展各种教育设施，扫除文盲，对工人、农民、国家工作人员和其他劳动者进行政治、文化、科学、技术、业务的教育，鼓励自学成才。

国家鼓励集体经济组织、国家企业事业组织和其他社会力量依照法律规定举办各种教育事业。

国家推广全国通用的普通话。

第二十条 国家发展自然科学和社会科学事业，普及科学和技术知识，奖励科学研究成果和技术发明创造。

第二十一条 国家发展医疗卫生事业，发展现代医药和我国传统医药，鼓励和支持农村集体经济组织、国家企业事业组织和街道组织举办各种医疗卫生设施，开展群众性的卫生活动，保护人民健康。

国家发展体育事业，开展群众性的体育活动，增强人民体质。

第二十二条 国家发展为人民服务、为社会主义服务的文学艺术事业、新闻广播电视事业、出版发行事业、图书馆博物馆文化馆和其他文化事业，开展群众性的文化活动。

国家保护名胜古迹、珍贵文物和其他重要历史文化遗产。

第二十三条 国家培养为社会主义服务的各种专业人才，扩大知识分子的队伍，创造条件，充分发挥他们在社会主义现代化建设中的作用。

第二十四条 国家通过普及理想教育、道德教育、文化教育、纪律和法制教育，通过在城乡不同范围的群众中制定和执行各种守则、公约，加强社会主义精神文明的建设。

国家倡导社会主义核心价值观，提倡爱祖国、爱人民、爱劳动、爱科学、爱社会主义的公德，在人民中进行爱国主义、集体主义和国际主义、共产主义的教育，进行辩证唯物主义和历史唯物主义的教育，反对资本主义的、封建主义的和其他的腐朽思想。

第二十五条 国家推行计划生育，使人口的增长同经济和社会发展计划相适应。

第二十六条 国家保护和改善生活环境和生态环境，防治污染和其他公害。

国家组织和鼓励植树造林，保护林木。

第二十七条 一切国家机关实行精简的原则，实行工作责任制，实行工作人员的培训和考核制度，不断提高工作质量和工作效率，反对官僚主义。

一切国家机关和国家工作人员必须依靠人民的支持，经常保持同人民的密切联系，倾听人民的意见和建议，接受人民的监督，努力为人民服务。

国家工作人员就职时应当依照法律规定公开进行宪法宣誓。

第二十八条 国家维护社会秩序，镇压叛国和其他危害国家安全的犯罪活动，制裁危害社会治安、破坏社会主义经济和其他犯罪的活动，惩办和改造犯罪分子。

第二十九条 中华人民共和国的武装力量属于人民。它的任务是巩固国防，抵抗侵略，保卫祖国，保卫人民的和平劳动，参加国家建设事业，努力为人民服务。

国家加强武装力量的革命化、现代化、正规化的建设，增强国防力量。

第三十条 中华人民共和国的行政区域划分如下：

（一）全国分为省、自治区、直辖市；

（二）省、自治区分为自治州、县、自治县、市；

（三）县、自治县分为乡、民族乡、镇。

直辖市和较大的市分为区、县。自治州分为县、自治县、市。

自治区、自治州、自治县都是民族自治地方。

第三十一条 国家在必要时得设立特别行政区。在特别行政区内实行的制度按照具体情况由全国人民代表大会以法律规定。

第三十二条 中华人民共和国保护在中国境内的外国人的合法权利和利益，在中国境内的外国人必须遵守中华人民共和国的法律。

中华人民共和国对于因为政治原因要求避难的外国人，可以给予受庇护的权利。

第二章　公民的基本权利和义务

第三十三条　凡具有中华人民共和国国籍的人都是中华人民共和国公民。

中华人民共和国公民在法律面前一律平等。

国家尊重和保障人权。

任何公民享有宪法和法律规定的权利，同时必须履行宪法和法律规定的义务。

第三十四条　中华人民共和国年满十八周岁的公民，不分民族、种族、性别、职业、家庭出身、宗教信仰、教育程度、财产状况、居住期限，都有选举权和被选举权；但是依照法律被剥夺政治权利的人除外。

第三十五条　中华人民共和国公民有言论、出版、集会、结社、游行、示威的自由。

第三十六条　中华人民共和国公民有宗教信仰自由。

任何国家机关、社会团体和个人不得强制公民信仰宗教或者不信仰宗教，不得歧视信仰宗教的公民和不信仰宗教的公民。

国家保护正常的宗教活动。任何人不得利用宗教进行破坏社会秩序、损害公民身体健康、妨碍国家教育制度的活动。

宗教团体和宗教事务不受外国势力的支配。

第三十七条　中华人民共和国公民的人身自由不受侵犯。

任何公民，非经人民检察院批准或者决定或者人民法院决定，并由公安机关执行，不受逮捕。

禁止非法拘禁和以其他方法非法剥夺或者限制公民的人身自由，禁止非法搜查公民的身体。

第三十八条　中华人民共和国公民的人格尊严不受侵犯。禁止用任何方法对公民进行侮辱、诽谤和诬告陷害。

第三十九条　中华人民共和国公民的住宅不受侵犯。禁止非法搜查或者非法侵入公民的住宅。

第四十条 中华人民共和国公民的通信自由和通信秘密受法律的保护。除因国家安全或者追查刑事犯罪的需要，由公安机关或者检察机关依照法律规定的程序对通信进行检查外，任何组织或者个人不得以任何理由侵犯公民的通信自由和通信秘密。

第四十一条 中华人民共和国公民对于任何国家机关和国家工作人员，有提出批评和建议的权利；对于任何国家机关和国家工作人员的违法失职行为，有向有关国家机关提出申诉、控告或者检举的权利，但是不得捏造或者歪曲事实进行诬告陷害。

对于公民的申诉、控告或者检举，有关国家机关必须查清事实，负责处理。任何人不得压制和打击报复。

由于国家机关和国家工作人员侵犯公民权利而受到损失的人，有依照法律规定取得赔偿的权利。

第四十二条 中华人民共和国公民有劳动的权利和义务。

国家通过各种途径，创造劳动就业条件，加强劳动保护，改善劳动条件，并在发展生产的基础上，提高劳动报酬和福利待遇。

劳动是一切有劳动能力的公民的光荣职责。国有企业和城乡集体经济组织的劳动者都应当以国家主人翁的态度对待自己的劳动。国家提倡社会主义劳动竞赛，奖励劳动模范和先进工作者。国家提倡公民从事义务劳动。

国家对就业前的公民进行必要的劳动就业训练。

第四十三条 中华人民共和国劳动者有休息的权利。

国家发展劳动者休息和休养的设施，规定职工的工作时间和休假制度。

第四十四条 国家依照法律规定实行企业事业组织的职工和国家机关工作人员的退休制度。退休人员的生活受到国家和社会的保障。

第四十五条 中华人民共和国公民在年老、疾病或者丧失劳动能力的情况下，有从国家和社会获得物质帮助的权利。国家发展为公民享受这些权利所需要的社会保险、社会救济和医疗卫生事业。

国家和社会保障残废军人的生活，抚恤烈士家属，优待军人家属。

国家和社会帮助安排盲、聋、哑和其他有残疾的公民的劳动、生活和教育。

第四十六条 中华人民共和国公民有受教育的权利和义务。

国家培养青年、少年、儿童在品德、智力、体质等方面全面发展。

第四十七条 中华人民共和国公民有进行科学研究、文学艺术创作和其他文化活动的自由。国家对于从事教育、科学、技术、文学、艺术和其他文化事业的公民的有益于人民的创造性工作，给以鼓励和帮助。

第四十八条 中华人民共和国妇女在政治的、经济的、文化的、社会的和家庭的生活等各方面享有同男子平等的权利。

国家保护妇女的权利和利益，实行男女同工同酬，培养和选拔妇女干部。

第四十九条 婚姻、家庭、母亲和儿童受国家的保护。

夫妻双方有实行计划生育的义务。

父母有抚养教育未成年子女的义务，成年子女有赡养扶助父母的义务。

禁止破坏婚姻自由，禁止虐待老人、妇女和儿童。

第五十条 中华人民共和国保护华侨的正当的权利和利益，保护归侨和侨眷的合法的权利和利益。

第五十一条 中华人民共和国公民在行使自由和权利的时候，不得损害国家的、社会的、集体的利益和其他公民的合法的自由和权利。

第五十二条 中华人民共和国公民有维护国家统一和全国各民族团结的义务。

第五十三条 中华人民共和国公民必须遵守宪法和法律，保守国家秘密，爱护公共财产，遵守劳动纪律，遵守公共秩序，尊重社会公德。

第五十四条 中华人民共和国公民有维护祖国的安全、荣誉和利益的义务，不得有危害祖国的安全、荣誉和利益的行为。

第五十五条 保卫祖国、抵抗侵略是中华人民共和国每一个公民的神圣职责。

依照法律服兵役和参加民兵组织是中华人民共和国公民的光荣义务。

第五十六条 中华人民共和国公民有依照法律纳税的义务。

第三章 国家机构

第一节 全国人民代表大会

第五十七条 中华人民共和国全国人民代表大会是最高国家权力机关。它的常设机关是全国人民代表大会常务委员会。

第五十八条 全国人民代表大会和全国人民代表大会常务委员会行使国家立法权。

第五十九条 全国人民代表大会由省、自治区、直辖市、特别行政区和军队选出的代表组成。各少数民族都应当有适当名额的代表。

全国人民代表大会代表的选举由全国人民代表大会常务委员会主持。

全国人民代表大会代表名额和代表产生办法由法律规定。

第六十条 全国人民代表大会每届任期五年。

全国人民代表大会任期届满的两个月以前，全国人民代表大会常务委员会必须完成下届全国人民代表大会代表的选举。如果遇到不能进行选举的非常情况，由全国人民代表大会常务委员会以全体组成人员的三分之二以上的多数通过，可以推迟选举，延长本届全国人民代表大会的任期。在非常情况结束后一年内，必须完成下届全国人民代表大会代表的选举。

第六十一条 全国人民代表大会会议每年举行一次，由全国人民代表大会常务委员会召集。如果全国人民代表大会常务委员会认为必要，或者有五分之一以上的全国人民代表大会代表提议，可以临时召集全国人民代表大会会议。

全国人民代表大会举行会议的时候，选举主席团主持会议。

第六十二条 全国人民代表大会行使下列职权：

（一）修改宪法；

（二）监督宪法的实施；

（三）制定和修改刑事、民事、国家机构的和其他的基本法律；

（四）选举中华人民共和国主席、副主席；

（五）根据中华人民共和国主席的提名，决定国务院总理的人选；根据国务院总理的提名，决定国务院副总理、国务委员、各部部长、各委员会主任、审计长、秘书长的人选；

（六）选举中央军事委员会主席；根据中央军事委员会主席的提名，决定中央军事委员会其他组成人员的人选；

（七）选举国家监察委员会主任；

（八）选举最高人民法院院长；

（九）选举最高人民检察院检察长；

（十）审查和批准国民经济和社会发展计划和计划执行情况的报告；

（十一）审查和批准国家的预算和预算执行情况的报告；

（十二）改变或者撤销全国人民代表大会常务委员会不适当的决定；

（十三）批准省、自治区和直辖市的建置；

（十四）决定特别行政区的设立及其制度；

（十五）决定战争和和平的问题；

（十六）应当由最高国家权力机关行使的其他职权。

第六十三条 全国人民代表大会有权罢免下列人员：

（一）中华人民共和国主席、副主席；

（二）国务院总理、副总理、国务委员、各部部长、各委员会主任、审计长、秘书长；

（三）中央军事委员会主席和中央军事委员会其他组成人员；

（四）国家监察委员会主任；

（五）最高人民法院院长；

（六）最高人民检察院检察长。

第六十四条 宪法的修改，由全国人民代表大会常务委员会或者五分之一以上的全国人民代表大会代表提议，并由全国人民代表大会以全体代表的三分之二以上的多数通过。

法律和其他议案由全国人民代表大会以全体代表的过半数通过。

第六十五条 全国人民代表大会常务委员会由下列人员组成：

委员长，

副委员长若干人，

秘书长，

委员若干人。

全国人民代表大会常务委员会组成人员中，应当有适当名额的少数民族代表。

全国人民代表大会选举并有权罢免全国人民代表大会常务委员会的组成人员。

全国人民代表大会常务委员会的组成人员不得担任国家行政机关、监察机关、审判机关和检察机关的职务。

第六十六条 全国人民代表大会常务委员会每届任期同全国人民代表大会每届任期相同，它行使职权到下届全国人民代表大会选出新的常务委员会为止。

委员长、副委员长连续任职不得超过两届。

第六十七条 全国人民代表大会常务委员会行使下列职权：

（一）解释宪法，监督宪法的实施；

（二）制定和修改除应当由全国人民代表大会制定的法律以外的其他法律；

（三）在全国人民代表大会闭会期间，对全国人民代表大会制定的法律进行部分补充和修改，但是不得同该法律的基本原则相抵触；

（四）解释法律；

（五）在全国人民代表大会闭会期间，审查和批准国民经济和社会发展计划、国家预算在执行过程中所必须作的部分调整方案；

（六）监督国务院、中央军事委员会、国家监察委员会、最高人民法院和最高人民检察院的工作；

（七）撤销国务院制定的同宪法、法律相抵触的行政法规、决定和命令；

（八）撤销省、自治区、直辖市国家权力机关制定的同宪法、法律和行政法规相抵触的地方性法规和决议；

（九）在全国人民代表大会闭会期间，根据国务院总理的提名，决定部长、委员会主任、审计长、秘书长的人选；

（十）在全国人民代表大会闭会期间，根据中央军事委员会主席的提名，决定中央军事委员会其他组成人员的人选；

（十一）根据国家监察委员会主任的提请，任免国家监察委员会副主任、委员；

（十二）根据最高人民法院院长的提请，任免最高人民法院副院长、审判员、审判委员会委员和军事法院院长；

（十三）根据最高人民检察院检察长的提请，任免最高人民检察院副检察长、检察员、检察委员会委员和军事检察院检察长，并且批准省、自治区、直辖市的人民检察院检察长的任免；

（十四）决定驻外全权代表的任免；

（十五）决定同外国缔结的条约和重要协定的批准和废除；

（十六）规定军人和外交人员的衔级制度和其他专门衔级制度；

（十七）规定和决定授予国家的勋章和荣誉称号；

（十八）决定特赦；

（十九）在全国人民代表大会闭会期间，如果遇到国家遭受武装侵犯或者必须履行国际间共同防止侵略的条约的情况，决定战争状态的宣布；

（二十）决定全国总动员或者局部动员；

（二十一）决定全国或者个别省、自治区、直辖市进入紧急状态；

（二十二）全国人民代表大会授予的其他职权。

第六十八条　全国人民代表大会常务委员会委员长主持全国人民代表大会常务委员会的工作，召集全国人民代表大会常务委员会会议。副委员长、秘书长协助委员长工作。

委员长、副委员长、秘书长组成委员长会议，处理全国人民代表大会常务委员会的重要日常工作。

第六十九条　全国人民代表大会常务委员会对全国人民代表大会负责并报告工作。

第七十条　全国人民代表大会设立民族委员会、宪法和法律委员会、财政经济委员会、教育科学文化卫生委员会、外事委员会、华侨委员会和其他需要设立的专门委员会。在全国人民代表大会闭会期间，各专门委员会受全国人民代表大会常务委员会的领导。

各专门委员会在全国人民代表大会和全国人民代表大会常务委员会领导下，研究、审议和拟订有关议案。

第七十一条　全国人民代表大会和全国人民代表大会常务委员会认为必要的时候，可以组织关于特定问题的调查委员会，并且根据调查委员会的报告，作出相应的决议。

调查委员会进行调查的时候，一切有关的国家机关、社会团体和公民都有义务向它提供必要的材料。

第七十二条　全国人民代表大会代表和全国人民代表大会常务委员会组成人员，有权依照法律规定的程序分别提出属于全国人民代表大会和全国人民代表大会常务委员会职权范围内的议案。

第七十三条　全国人民代表大会代表在全国人民代表大会开会期间，全国人民代表大会常务委员会组成人员在常务委员会开会期间，有权依照法律规定的程序提出对国务院或者国务院各部、各委员会的质询案。受质询的机关必须负责答复。

第七十四条　全国人民代表大会代表，非经全国人民代表大会会议主席团许可，在全国人民代表大会闭会期间非经全国人民代表大会常务委员会许可，不受逮捕或者刑事审判。

第七十五条　全国人民代表大会代表在全国人民代表大会各种会议上的发言和表决，不受法律追究。

第七十六条　全国人民代表大会代表必须模范地遵守宪法和法律，保守国家秘密，并且在自己参加的生产、工作和社会活动中，协助宪法和法律的实施。

全国人民代表大会代表应当同原选举单位和人民保持密切的联系，听取和反映人民的意见和要求，努力为人民服务。

第七十七条　全国人民代表大会代表受原选举单位的监督。原选举单位有权依照法律规定的程序罢免本单位选出的代表。

第七十八条　全国人民代表大会和全国人民代表大会常务委员会的组织和工作程序由法律规定。

第二节　中华人民共和国主席

第七十九条　中华人民共和国主席、副主席由全国人民代表大会选举。

有选举权和被选举权的年满四十五周岁的中华人民共和国公民可以被选为中华人民共和国主席、副主席。

中华人民共和国主席、副主席每届任期同全国人民代表大会每届任期相同。

第八十条　中华人民共和国主席根据全国人民代表大会的决定和全国人民代表大会常务委员会的决定，公布法律，任免国务院总理、副总理、国务委员、各部部长、各委员会主任、审计长、秘书长，授予国家的勋章和荣誉称号，发布特赦令，宣布进入紧急状态，宣布战争状态，发布动员令。

第八十一条　中华人民共和国主席代表中华人民共和国，进行国事活动，接受外国使节；根据全国人民代表大会常务委员会的决定，派遣和召回驻外全权代表，批准和废除同外国缔结的条约和重要协定。

第八十二条　中华人民共和国副主席协助主席工作。

中华人民共和国副主席受主席的委托，可以代行主席的部分职权。

第八十三条　中华人民共和国主席、副主席行使职权到下届全国人民代表大会选出的主席、副主席就职为止。

第八十四条　中华人民共和国主席缺位的时候，由副主席继任主席的职位。

中华人民共和国副主席缺位的时候，由全国人民代表大会补选。

中华人民共和国主席、副主席都缺位的时候，由全国人民代表大会补选；在补选以前，由全国人民代表大会常务委员会委员长暂时代理主席职位。

第三节　国　务　院

第八十五条　中华人民共和国国务院，即中央人民政府，是最高国家权力机关的执行机关，是最高国家行政机关。

第八十六条　国务院由下列人员组成：

总理，

副总理若干人，

国务委员若干人，

各部部长，

各委员会主任，

审计长，

秘书长。

国务院实行总理负责制。各部、各委员会实行部长、主任负责制。

国务院的组织由法律规定。

第八十七条 国务院每届任期同全国人民代表大会每届任期相同。

总理、副总理、国务委员连续任职不得超过两届。

第八十八条 总理领导国务院的工作。副总理、国务委员协助总理工作。

总理、副总理、国务委员、秘书长组成国务院常务会议。

总理召集和主持国务院常务会议和国务院全体会议。

第八十九条 国务院行使下列职权：

（一）根据宪法和法律，规定行政措施，制定行政法规，发布决定和命令；

（二）向全国人民代表大会或者全国人民代表大会常务委员会提出议案；

（三）规定各部和各委员会的任务和职责，统一领导各部和各委员会的工作，并且领导不属于各部和各委员会的全国性的行政工作；

（四）统一领导全国地方各级国家行政机关的工作，规定中央和省、自治区、直辖市的国家行政机关的职权的具体划分；

（五）编制和执行国民经济和社会发展计划和国家预算；

（六）领导和管理经济工作和城乡建设、生态文明建设；

（七）领导和管理教育、科学、文化、卫生、体育和计划生育工作；

（八）领导和管理民政、公安、司法行政等工作；

（九）管理对外事务，同外国缔结条约和协定；

（十）领导和管理国防建设事业；

（十一）领导和管理民族事务，保障少数民族的平等权利和民族自治地方的自治权利；

（十二）保护华侨的正当的权利和利益，保护归侨和侨眷的合法的权利和利益；

（十三）改变或者撤销各部、各委员会发布的不适当的命令、指示和规章；

（十四）改变或者撤销地方各级国家行政机关的不适当的决定和命令；

（十五）批准省、自治区、直辖市的区域划分，批准自治州、县、自治县、市的建置和区域划分；

（十六）依照法律规定决定省、自治区、直辖市的范围内部分地区进入紧急状态；

（十七）审定行政机构的编制，依照法律规定任免、培训、考核和奖惩行政人员；

（十八）全国人民代表大会和全国人民代表大会常务委员会授予的其他职权。

第九十条 国务院各部部长、各委员会主任负责本部门的工作；召集和主持部务会议或者委员会会议、委务会议，讨论决定本部门工作的重大问题。

各部、各委员会根据法律和国务院的行政法规、决定、命令，在本部门的权限内，发布命令、指示和规章。

第九十一条 国务院设立审计机关，对国务院各部门和地方各级政府的财政收支，对国家的财政金融机构和企业事业组织的财务收支，进行审计监督。

审计机关在国务院总理领导下，依照法律规定独立行使审计监督权，不受其他行政机关、社会团体和个人的干涉。

第九十二条 国务院对全国人民代表大会负责并报告工作；在全国人民代表大会闭会期间，对全国人民代表大会常务委员会负责并报告工作。

第四节　中央军事委员会

第九十三条　中华人民共和国中央军事委员会领导全国武装力量。

中央军事委员会由下列人员组成：

主席，

副主席若干人，

委员若干人。

中央军事委员会实行主席负责制。

中央军事委员会每届任期同全国人民代表大会每届任期相同。

第九十四条　中央军事委员会主席对全国人民代表大会和全国人民代表大会常务委员会负责。

第五节　地方各级人民代表大会和地方各级人民政府

第九十五条　省、直辖市、县、市、市辖区、乡、民族乡、镇设立人民代表大会和人民政府。

地方各级人民代表大会和地方各级人民政府的组织由法律规定。

自治区、自治州、自治县设立自治机关。自治机关的组织和工作根据宪法第三章第五节、第六节规定的基本原则由法律规定。

第九十六条　地方各级人民代表大会是地方国家权力机关。

县级以上的地方各级人民代表大会设立常务委员会。

第九十七条　省、直辖市、设区的市的人民代表大会代表由下一级的人民代表大会选举；县、不设区的市、市辖区、乡、民族乡、镇的人民代表大会代表由选民直接选举。

地方各级人民代表大会代表名额和代表产生办法由法律规定。

第九十八条　地方各级人民代表大会每届任期五年。

第九十九条　地方各级人民代表大会在本行政区域内，保证宪法、法律、行政法规的遵守和执行；依照法律规定的权限，通过和发布决议，审查和决定地方的经济建设、文化建设和公共事业建设的计划。

县级以上的地方各级人民代表大会审查和批准本行政区域内的国民经济和社会发展计划、预算以及它们的执行情况的报告；有权改变或者撤销本级人民代表大会常务委员会不适当的决定。

民族乡的人民代表大会可以依照法律规定的权限采取适合民族特点的具体措施。

第一百条 省、直辖市的人民代表大会和它们的常务委员会，在不同宪法、法律、行政法规相抵触的前提下，可以制定地方性法规，报全国人民代表大会常务委员会备案。

设区的市的人民代表大会和它们的常务委员会，在不同宪法、法律、行政法规和本省、自治区的地方性法规相抵触的前提下，可以依照法律规定制定地方性法规，报本省、自治区人民代表大会常务委员会批准后施行。

第一百零一条 地方各级人民代表大会分别选举并且有权罢免本级人民政府的省长和副省长、市长和副市长、县长和副县长、区长和副区长、乡长和副乡长、镇长和副镇长。

县级以上的地方各级人民代表大会选举并且有权罢免本级监察委员会主任、本级人民法院院长和本级人民检察院检察长。选出或者罢免人民检察院检察长，须报上级人民检察院检察长提请该级人民代表大会常务委员会批准。

第一百零二条 省、直辖市、设区的市的人民代表大会代表受原选举单位的监督；县、不设区的市、市辖区、乡、民族乡、镇的人民代表大会代表受选民的监督。

地方各级人民代表大会代表的选举单位和选民有权依照法律规定的程序罢免由他们选出的代表。

第一百零三条 县级以上的地方各级人民代表大会常务委员会由主任、副主任若干人和委员若干人组成，对本级人民代表大会负责并报告工作。

县级以上的地方各级人民代表大会选举并有权罢免本级人民代表大会常务委员会的组成人员。

县级以上的地方各级人民代表大会常务委员会的组成人员不得担任国家行政机关、监察机关、审判机关和检察机关的职务。

第一百零四条 县级以上的地方各级人民代表大会常务委员会讨论、决定本行政区域内各方面工作的重大事项；监督本级人民政府、监察委员会、人民法院和人民检察院的工作；撤销本级人民政府的不适当的决定和命令；撤销下一级人民代表大会的不适当的决议；依照法律规定的权限决定国家机关工作人员的任免；在本级人民代表大会闭会期间，罢免和补选上一级人民代表大会的个别代表。

第一百零五条 地方各级人民政府是地方各级国家权力机关的执行机关，是地方各级国家行政机关。

地方各级人民政府实行省长、市长、县长、区长、乡长、镇长负责制。

第一百零六条 地方各级人民政府每届任期同本级人民代表大会每届任期相同。

第一百零七条 县级以上地方各级人民政府依照法律规定的权限，管理本行政区域内的经济、教育、科学、文化、卫生、体育事业、城乡建设事业和财政、民政、公安、民族事务、司法行政、计划生育等行政工作，发布决定和命令，任免、培训、考核和奖惩行政工作人员。

乡、民族乡、镇的人民政府执行本级人民代表大会的决议和上级国家行政机关的决定和命令，管理本行政区域内的行政工作。

省、直辖市的人民政府决定乡、民族乡、镇的建置和区域划分。

第一百零八条 县级以上的地方各级人民政府领导所属各工作部门和下级人民政府的工作，有权改变或者撤销所属各工作部门和下级人民政府的不适当的决定。

第一百零九条 县级以上的地方各级人民政府设立审计机关。地方各级审计机关依照法律规定独立行使审计监督权，对本级人民政府和上一级审计机关负责。

第一百一十条 地方各级人民政府对本级人民代表大会负责并报告工作。县级以上的地方各级人民政府在本级人民代表大会闭会期间，对本级人民代表大会常务委员会负责并报告工作。

地方各级人民政府对上一级国家行政机关负责并报告工作。全国地方各级人民政府都是国务院统一领导下的国家行政机关，都服从国务院。

第一百一十一条 城市和农村按居民居住地区设立的居民委员会或者村民委员会是基层群众性自治组织。居民委员会、村民委员会的主任、副主任和委员由居民选举。居民委员会、村民委员会同基层政权的相互关系由法律规定。

居民委员会、村民委员会设人民调解、治安保卫、公共卫生等委员会，办理本居住地区的公共事务和公益事业，调解民间纠纷，协助维护社会治安，并且向人民政府反映群众的意见、要求和提出建议。

第六节 民族自治地方的自治机关

第一百一十二条 民族自治地方的自治机关是自治区、自治州、自治县的人民代表大会和人民政府。

第一百一十三条 自治区、自治州、自治县的人民代表大会中，除实行区域自治的民族的代表外，其他居住在本行政区域内的民族也应当有适当名额的代表。

自治区、自治州、自治县的人民代表大会常务委员会中应当有实行区域自治的民族的公民担任主任或者副主任。

第一百一十四条 自治区主席、自治州州长、自治县县长由实行区域自治的民族的公民担任。

第一百一十五条 自治区、自治州、自治县的自治机关行使宪法第三章第五节规定的地方国家机关的职权，同时依照宪法、民族区域自治法和其他法律规定的权限行使自治权，根据本地方实际情况贯彻执行国家的法律、政策。

第一百一十六条 民族自治地方的人民代表大会有权依照当地民族的政治、经济和文化的特点，制定自治条例和单行条例。自治区的自治条例和单行条例，报全国人民代表大会常务委员会批准后生效。自治州、自治县的自治条例和单行条例，报省或者自治区的人民代表大会常务委员会批准后生效，并报全国人民代表大会常务委员会备案。

第一百一十七条 民族自治地方的自治机关有管理地方财政的自治权。凡是依照国家财政体制属于民族自治地方的财政收入，都应当由民族自治地方的自治机关自主地安排使用。

第一百一十八条 民族自治地方的自治机关在国家计划的指导下，自主地安排和管理地方性的经济建设事业。

国家在民族自治地方开发资源、建设企业的时候，应当照顾民族自治地方的利益。

第一百一十九条 民族自治地方的自治机关自主地管理本地方的教育、科学、文化、卫生、体育事业，保护和整理民族的文化遗产，发展和繁荣民族文化。

第一百二十条 民族自治地方的自治机关依照国家的军事制度和当地的实际需要，经国务院批准，可以组织本地方维护社会治安的公安部队。

第一百二十一条 民族自治地方的自治机关在执行职务的时候，依照本民族自治地方自治条例的规定，使用当地通用的一种或者几种语言文字。

第一百二十二条 国家从财政、物资、技术等方面帮助各少数民族加速发展经济建设和文化建设事业。

国家帮助民族自治地方从当地民族中大量培养各级干部、各种专业人才和技术工人。

第七节 监察委员会

第一百二十三条 中华人民共和国各级监察委员会是国家的监察机关。

第一百二十四条 中华人民共和国设立国家监察委员会和地方各级监察委员会。

监察委员会由下列人员组成：

主任，

副主任若干人，

委员若干人。

监察委员会主任每届任期同本级人民代表大会每届任期相同。国家监察委员会主任连续任职不得超过两届。

监察委员会的组织和职权由法律规定。

第一百二十五条 中华人民共和国国家监察委员会是最高监察机关。

国家监察委员会领导地方各级监察委员会的工作，上级监察委员会领导下级监察委员会的工作。

第一百二十六条　国家监察委员会对全国人民代表大会和全国人民代表大会常务委员会负责。地方各级监察委员会对产生它的国家权力机关和上一级监察委员会负责。

第一百二十七条　监察委员会依照法律规定独立行使监察权，不受行政机关、社会团体和个人的干涉。

监察机关办理职务违法和职务犯罪案件，应当与审判机关、检察机关、执法部门互相配合，互相制约。

第八节　人民法院和人民检察院

第一百二十八条　中华人民共和国人民法院是国家的审判机关。

第一百二十九条　中华人民共和国设立最高人民法院、地方各级人民法院和军事法院等专门人民法院。

最高人民法院院长每届任期同全国人民代表大会每届任期相同，连续任职不得超过两届。

人民法院的组织由法律规定。

第一百三十条　人民法院审理案件，除法律规定的特别情况外，一律公开进行。被告人有权获得辩护。

第一百三十一条　人民法院依照法律规定独立行使审判权，不受行政机关、社会团体和个人的干涉。

第一百三十二条　最高人民法院是最高审判机关。

最高人民法院监督地方各级人民法院和专门人民法院的审判工作，上级人民法院监督下级人民法院的审判工作。

第一百三十三条　最高人民法院对全国人民代表大会和全国人民代表大会常务委员会负责。地方各级人民法院对产生它的国家权力机关负责。

第一百三十四条　中华人民共和国人民检察院是国家的法律监督机关。

第一百三十五条　中华人民共和国设立最高人民检察院、地方各级人民检察院和军事检察院等专门人民检察院。

最高人民检察院检察长每届任期同全国人民代表大会每届任期相同，连续任职不得超过两届。

人民检察院的组织由法律规定。

第一百三十六条 人民检察院依照法律规定独立行使检察权，不受行政机关、社会团体和个人的干涉。

第一百三十七条 最高人民检察院是最高检察机关。

最高人民检察院领导地方各级人民检察院和专门人民检察院的工作，上级人民检察院领导下级人民检察院的工作。

第一百三十八条 最高人民检察院对全国人民代表大会和全国人民代表大会常务委员会负责。地方各级人民检察院对产生它的国家权力机关和上级人民检察院负责。

第一百三十九条 各民族公民都有用本民族语言文字进行诉讼的权利。人民法院和人民检察院对于不通晓当地通用的语言文字的诉讼参与人，应当为他们翻译。

在少数民族聚居或者多民族共同居住的地区，应当用当地通用的语言进行审理；起诉书、判决书、布告和其他文书应当根据实际需要使用当地通用的一种或者几种文字。

第一百四十条 人民法院、人民检察院和公安机关办理刑事案件，应当分工负责，互相配合，互相制约，以保证准确有效地执行法律。

第四章 国旗、国歌、国徽、首都

第一百四十一条 中华人民共和国国旗是五星红旗。

中华人民共和国国歌是《义勇军进行曲》。

第一百四十二条 中华人民共和国国徽，中间是五星照耀下的天安门，周围是谷穗和齿轮。

第一百四十三条 中华人民共和国首都是北京。

中华人民共和国公务员法

（2005年4月27日第十届全国人民代表大会常务委员会第十五次会议通过　根据2017年9月1日第十二届全国人民代表大会常务委员会第二十九次会议《关于修改〈中华人民共和国法官法〉等八部法律的决定》修正　2018年12月29日第十三届全国人民代表大会常务委员会第七次会议修订　2018年12月29日中华人民共和国主席令第20号公布　自2019年6月1日起施行）

第一章　总　　则

第一条　为了规范公务员的管理，保障公务员的合法权益，加强对公务员的监督，促进公务员正确履职尽责，建设信念坚定、为民服务、勤政务实、敢于担当、清正廉洁的高素质专业化公务员队伍，根据宪法，制定本法。

第二条　本法所称公务员，是指依法履行公职、纳入国家行政编制、由国家财政负担工资福利的工作人员。

公务员是干部队伍的重要组成部分，是社会主义事业的中坚力量，是人民的公仆。

第三条　公务员的义务、权利和管理，适用本法。

法律对公务员中领导成员的产生、任免、监督以及监察官、法官、检察官等的义务、权利和管理另有规定的，从其规定。

第四条　公务员制度坚持中国共产党领导，坚持以马克思列宁主义、毛泽东思想、邓小平理论、“三个代表”重要思想、科学发展观、习近平新时代中国特色社会主义思想为指导，贯彻社会主义初级阶段的基本路线，贯彻新时代中国共产党的组织路线，坚持党管干部原则。

第五条　公务员的管理，坚持公开、平等、竞争、择优的原则，依照法定的权限、条件、标准和程序进行。

第六条 公务员的管理，坚持监督约束与激励保障并重的原则。

第七条 公务员的任用，坚持德才兼备、以德为先，坚持五湖四海、任人唯贤，坚持事业为上、公道正派，突出政治标准，注重工作实绩。

第八条 国家对公务员实行分类管理，提高管理效能和科学化水平。

第九条 公务员就职时应当依照法律规定公开进行宪法宣誓。

第十条 公务员依法履行职责的行为，受法律保护。

第十一条 公务员工资、福利、保险以及录用、奖励、培训、辞退等所需经费，列入财政预算，予以保障。

第十二条 中央公务员主管部门负责全国公务员的综合管理工作。县级以上地方各级公务员主管部门负责本辖区内公务员的综合管理工作。上级公务员主管部门指导下级公务员主管部门的公务员管理工作。各级公务员主管部门指导同级各机关的公务员管理工作。

第二章 公务员的条件、义务与权利

第十三条 公务员应当具备下列条件：

（一）具有中华人民共和国国籍；

（二）年满十八周岁；

（三）拥护中华人民共和国宪法，拥护中国共产党领导和社会主义制度；

（四）具有良好的政治素质和道德品行；

（五）具有正常履行职责的身体条件和心理素质；

（六）具有符合职位要求的文化程度和工作能力；

（七）法律规定的其他条件。

第十四条 公务员应当履行下列义务：

（一）忠于宪法，模范遵守、自觉维护宪法和法律，自觉接受中国共产党领导；

（二）忠于国家，维护国家的安全、荣誉和利益；

（三）忠于人民，全心全意为人民服务，接受人民监督；

（四）忠于职守，勤勉尽责，服从和执行上级依法作出的决定和命令，按照规定的权限和程序履行职责，努力提高工作质量和效率；

（五）保守国家秘密和工作秘密；

（六）带头践行社会主义核心价值观，坚守法治，遵守纪律，恪守职业道德，模范遵守社会公德、家庭美德；

（七）清正廉洁，公道正派；

（八）法律规定的其他义务。

第十五条 公务员享有下列权利：

（一）获得履行职责应当具有的工作条件；

（二）非因法定事由、非经法定程序，不被免职、降职、辞退或者处分；

（三）获得工资报酬，享受福利、保险待遇；

（四）参加培训；

（五）对机关工作和领导人员提出批评和建议；

（六）提出申诉和控告；

（七）申请辞职；

（八）法律规定的其他权利。

第三章 职务、职级与级别

第十六条 国家实行公务员职位分类制度。

公务员职位类别按照公务员职位的性质、特点和管理需要，划分为综合管理类、专业技术类和行政执法类等类别。根据本法，对于具有职位特殊性，需要单独管理的，可以增设其他职位类别。各职位类别的适用范围由国家另行规定。

第十七条 国家实行公务员职务与职级并行制度，根据公务员职位类别和职责设置公务员领导职务、职级序列。

第十八条 公务员领导职务根据宪法、有关法律和机构规格设置。

领导职务层次分为：国家级正职、国家级副职、省部级正职、省部级副职、厅局级正职、厅局级副职、县处级正职、县处级副职、乡科级正职、乡科级副职。

第十九条 公务员职级在厅局级以下设置。

综合管理类公务员职级序列分为：一级巡视员、二级巡视员、一级调研员、二级调研员、三级调研员、四级调研员、一级主任科员、二级主任科员、三级主任科员、四级主任科员、一级科员、二级科员。

综合管理类以外其他职位类别公务员的职级序列，根据本法由国家另行规定。

第二十条 各机关依照确定的职能、规格、编制限额、职数以及结构比例，设置本机关公务员的具体职位，并确定各职位的工作职责和任职资格条件。

第二十一条 公务员的领导职务、职级应当对应相应的级别。公务员领导职务、职级与级别的对应关系，由国家规定。

根据工作需要和领导职务与职级的对应关系，公务员担任的领导职务和职级可以互相转任、兼任；符合规定资格条件的，可以晋升领导职务或者职级。

公务员的级别根据所任领导职务、职级及其德才表现、工作实绩和资历确定。公务员在同一领导职务、职级上，可以按照国家规定晋升级别。

公务员的领导职务、职级与级别是确定公务员工资以及其他待遇的依据。

第二十二条 国家根据人民警察、消防救援人员以及海关、驻外外交机构等公务员的工作特点，设置与其领导职务、职级相对应的衔级。

第四章 录　　用

第二十三条 录用担任一级主任科员以下及其他相当职级层次的公务员，采取公开考试、严格考察、平等竞争、择优录取的办法。

民族自治地方依照前款规定录用公务员时，依照法律和有关规定对少数民族报考者予以适当照顾。

第二十四条 中央机关及其直属机构公务员的录用，由中央公务员主管部门负责组织。地方各级机关公务员的录用，由省级公务员主管部门负责组织，必要时省级公务员主管部门可以授权设区的市级公务员主管部门组织。

第二十五条 报考公务员，除应当具备本法第十三条规定的条件以外，还应当具备省级以上公务员主管部门规定的拟任职位所要求的资格条件。

国家对行政机关中初次从事行政处罚决定审核、行政复议、行政裁决、法律顾问的公务员实行统一法律职业资格考试制度，由国务院司法行政部门商有关部门组织实施。

第二十六条 下列人员不得录用为公务员：

（一）因犯罪受过刑事处罚的；

（二）被开除中国共产党党籍的；

（三）被开除公职的；

（四）被依法列为失信联合惩戒对象的；

（五）有法律规定不得录用为公务员的其他情形的。

第二十七条 录用公务员，应当在规定的编制限额内，并有相应的职位空缺。

第二十八条 录用公务员，应当发布招考公告。招考公告应当载明招考的职位、名额、报考资格条件、报考需要提交的申请材料以及其他报考须知事项。

招录机关应当采取措施，便利公民报考。

第二十九条 招录机关根据报考资格条件对报考申请进行审查。报考者提交的申请材料应当真实、准确。

第三十条 公务员录用考试采取笔试和面试等方式进行，考试内容根据公务员应当具备的基本能力和不同职位类别、不同层级机关分别设置。

第三十一条 招录机关根据考试成绩确定考察人选，并进行报考资格复审、考察和体检。

体检的项目和标准根据职位要求确定。具体办法由中央公务员主管部门会同国务院卫生健康行政部门规定。

第三十二条 招录机关根据考试成绩、考察情况和体检结果，提出拟录用人员名单，并予以公示。公示期不少于五个工作日。

公示期满，中央一级招录机关应当将拟录用人员名单报中央公务员主管部门备案；地方各级招录机关应当将拟录用人员名单报省级或者设区的市级公务员主管部门审批。

第三十三条 录用特殊职位的公务员，经省级以上公务员主管部门批准，可以简化程序或者采用其他测评办法。

第三十四条 新录用的公务员试用期为一年。试用期满合格的，予以任职；不合格的，取消录用。

第五章 考 核

第三十五条 公务员的考核应当按照管理权限，全面考核公务员的德、能、勤、绩、廉，重点考核政治素质和工作实绩。考核指标根据不同职位类别、不同层级机关分别设置。

第三十六条 公务员的考核分为平时考核、专项考核和定期考核等方式。定期考核以平时考核、专项考核为基础。

第三十七条 非领导成员公务员的定期考核采取年度考核的方式。先由个人按照职位职责和有关要求进行总结，主管领导在听取群众意见后，提出考核等次建议，由本机关负责人或者授权的考核委员会确定考核等次。

领导成员的考核由主管机关按照有关规定办理。

第三十八条 定期考核的结果分为优秀、称职、基本称职和不称职四个等次。

定期考核的结果应当以书面形式通知公务员本人。

第三十九条 定期考核的结果作为调整公务员职位、职务、职级、级别、工资以及公务员奖励、培训、辞退的依据。

第六章 职务、职级任免

第四十条 公务员领导职务实行选任制、委任制和聘任制。公务员职级实行委任制和聘任制。

领导成员职务按照国家规定实行任期制。

第四十一条 选任制公务员在选举结果生效时即任当选职务；任期届满不再连任或者任期内辞职、被罢免、被撤职的，其所任职务即终止。

第四十二条 委任制公务员试用期满考核合格，职务、职级发生变化，以及其他情形需要任免职务、职级的，应当按照管理权限和规定的程序任免。

第四十三条 公务员任职应当在规定的编制限额和职数内进行，并有相应的职位空缺。

第四十四条 公务员因工作需要在机关外兼职，应当经有关机关批准，并不得领取兼职报酬。

第七章 职务、职级升降

第四十五条 公务员晋升领导职务，应当具备拟任职务所要求的政治素质、工作能力、文化程度和任职经历等方面的条件和资格。

公务员领导职务应当逐级晋升。特别优秀的或者工作特殊需要的，可以按照规定破格或者越级晋升。

第四十六条 公务员晋升领导职务，按照下列程序办理：

（一）动议；

（二）民主推荐；

（三）确定考察对象，组织考察；

（四）按照管理权限讨论决定；

（五）履行任职手续。

第四十七条 厅局级正职以下领导职务出现空缺且本机关没有合适人选的，可以通过适当方式面向社会选拔任职人选。

第四十八条 公务员晋升领导职务的，应当按照有关规定实行任职前公示制度和任职试用期制度。

第四十九条 公务员职级应当逐级晋升，根据个人德才表现、工作实绩和任职资历，参考民主推荐或者民主测评结果确定人选，经公示后，按照管理权限审批。

第五十条 公务员的职务、职级实行能上能下。对不适宜或者不胜任现任职务、职级的，应当进行调整。

公务员在年度考核中被确定为不称职的，按照规定程序降低一个职务或者职级层次任职。

第八章 奖　　励

第五十一条 对工作表现突出，有显著成绩和贡献，或者有其他突出事迹的公务员或者公务员集体，给予奖励。奖励坚持定期奖励与及时奖励相结合，精神奖励与物质奖励相结合、以精神奖励为主的原则。

公务员集体的奖励适用于按照编制序列设置的机构或者为完成专项任务组成的工作集体。

第五十二条 公务员或者公务员集体有下列情形之一的，给予奖励：

（一）忠于职守，积极工作，勇于担当，工作实绩显著的；

（二）遵纪守法，廉洁奉公，作风正派，办事公道，模范作用突出的；

（三）在工作中有发明创造或者提出合理化建议，取得显著经济效益或者社会效益的；

（四）为增进民族团结，维护社会稳定做出突出贡献的；

（五）爱护公共财产，节约国家资财有突出成绩的；

（六）防止或者消除事故有功，使国家和人民群众利益免受或者减少损失的；

（七）在抢险、救灾等特定环境中做出突出贡献的；

（八）同违纪违法行为作斗争有功绩的；

（九）在对外交往中为国家争得荣誉和利益的；

（十）有其他突出功绩的。

第五十三条 奖励分为：嘉奖、记三等功、记二等功、记一等功、授予称号。

对受奖励的公务员或者公务员集体予以表彰，并对受奖励的个人给予一次性奖金或者其他待遇。

第五十四条 给予公务员或者公务员集体奖励，按照规定的权限和程序决定或者审批。

第五十五条 按照国家规定，可以向参与特定时期、特定领域重大工作的公务员颁发纪念证书或者纪念章。

第五十六条 公务员或者公务员集体有下列情形之一的，撤销奖励：

（一）弄虚作假，骗取奖励的；

（二）申报奖励时隐瞒严重错误或者严重违反规定程序的；

（三）有严重违纪违法等行为，影响称号声誉的；

（四）有法律、法规规定应当撤销奖励的其他情形的。

第九章　监督与惩戒

第五十七条　机关应当对公务员的思想政治、履行职责、作风表现、遵纪守法等情况进行监督，开展勤政廉政教育，建立日常管理监督制度。

对公务员监督发现问题的，应当区分不同情况，予以谈话提醒、批评教育、责令检查、诫勉、组织调整、处分。

对公务员涉嫌职务违法和职务犯罪的，应当依法移送监察机关处理。

第五十八条　公务员应当自觉接受监督，按照规定请示报告工作、报告个人有关事项。

第五十九条　公务员应当遵纪守法，不得有下列行为：

（一）散布有损宪法权威、中国共产党和国家声誉的言论，组织或者参加旨在反对宪法、中国共产党领导和国家的集会、游行、示威等活动；

（二）组织或者参加非法组织，组织或者参加罢工；

（三）挑拨、破坏民族关系，参加民族分裂活动或者组织、利用宗教活动破坏民族团结和社会稳定；

（四）不担当，不作为，玩忽职守，贻误工作；

（五）拒绝执行上级依法作出的决定和命令；

（六）对批评、申诉、控告、检举进行压制或者打击报复；

（七）弄虚作假，误导、欺骗领导和公众；

（八）贪污贿赂，利用职务之便为自己或者他人谋取私利；

（九）违反财经纪律，浪费国家资财；

（十）滥用职权，侵害公民、法人或者其他组织的合法权益；

（十一）泄露国家秘密或者工作秘密；

（十二）在对外交往中损害国家荣誉和利益；

（十三）参与或者支持色情、吸毒、赌博、迷信等活动；

（十四）违反职业道德、社会公德和家庭美德；

（十五）违反有关规定参与禁止的网络传播行为或者网络活动；

（十六）违反有关规定从事或者参与营利性活动，在企业或者其他营利性组织中兼任职务；

（十七）旷工或者因公外出、请假期满无正当理由逾期不归；

（十八）违纪违法的其他行为。

第六十条 公务员执行公务时，认为上级的决定或者命令有错误的，可以向上级提出改正或者撤销该决定或者命令的意见；上级不改变该决定或者命令，或者要求立即执行的，公务员应当执行该决定或者命令，执行的后果由上级负责，公务员不承担责任；但是，公务员执行明显违法的决定或者命令的，应当依法承担相应的责任。

第六十一条 公务员因违纪违法应当承担纪律责任的，依照本法给予处分或者由监察机关依法给予政务处分；违纪违法行为情节轻微，经批评教育后改正的，可以免予处分。

对同一违纪违法行为，监察机关已经作出政务处分决定的，公务员所在机关不再给予处分。

第六十二条 处分分为：警告、记过、记大过、降级、撤职、开除。

第六十三条 对公务员的处分，应当事实清楚、证据确凿、定性准确、处理恰当、程序合法、手续完备。

公务员违纪违法的，应当由处分决定机关决定对公务员违纪违法的情况进行调查，并将调查认定的事实以及拟给予处分的依据告知公务员本人。公务员有权进行陈述和申辩；处分决定机关不得因公务员申辩而加重处分。

处分决定机关认为对公务员应当给予处分的，应当在规定的期限内，按照管理权限和规定的程序作出处分决定。处分决定应当以书面形式通知公务员本人。

第六十四条 公务员在受处分期间不得晋升职务、职级和级别，其中受记过、记大过、降级、撤职处分的，不得晋升工资档次。

受处分的期间为：警告，六个月；记过，十二个月；记大过，十八个月；降级、撤职，二十四个月。

受撤职处分的，按照规定降低级别。

第六十五条 公务员受开除以外的处分，在受处分期间有悔改表现，并且没有再发生违纪违法行为的，处分期满后自动解除。

解除处分后，晋升工资档次、级别和职务、职级不再受原处分的影响。但是，解除降级、撤职处分的，不视为恢复原级别、原职务、原职级。

第十章　培　　训

第六十六条　机关根据公务员工作职责的要求和提高公务员素质的需要，对公务员进行分类分级培训。

国家建立专门的公务员培训机构。机关根据需要也可以委托其他培训机构承担公务员培训任务。

第六十七条　机关对新录用人员应当在试用期内进行初任培训；对晋升领导职务的公务员应当在任职前或者任职后一年内进行任职培训；对从事专项工作的公务员应当进行专门业务培训；对全体公务员应当进行提高政治素质和工作能力、更新知识的在职培训，其中对专业技术类公务员应当进行专业技术培训。

国家有计划地加强对优秀年轻公务员的培训。

第六十八条　公务员的培训实行登记管理。

公务员参加培训的时间由公务员主管部门按照本法第六十七条规定的培训要求予以确定。

公务员培训情况、学习成绩作为公务员考核的内容和任职、晋升的依据之一。

第十一章　交流与回避

第六十九条　国家实行公务员交流制度。

公务员可以在公务员和参照本法管理的工作人员队伍内部交流，也可以与国有企业和不参照本法管理的事业单位中从事公务的人员交流。

交流的方式包括调任、转任。

第七十条　国有企业、高等院校和科研院所以及其他不参照本法管理的事业单位中从事公务的人员，可以调入机关担任领导职务或者四级调研员以上及其他相当层次的职级。

调任人选应当具备本法第十三条规定的条件和拟任职位所要求的资格条

件，并不得有本法第二十六条规定的情形。调任机关应当根据上述规定，对调任人选进行严格考察，并按照管理权限审批，必要时可以对调任人选进行考试。

第七十一条 公务员在不同职位之间转任应当具备拟任职位所要求的资格条件，在规定的编制限额和职数内进行。

对省部级正职以下的领导成员应当有计划、有重点地实行跨地区、跨部门转任。

对担任机关内设机构领导职务和其他工作性质特殊的公务员，应当有计划地在本机关内转任。

上级机关应当注重从基层机关公开遴选公务员。

第七十二条 根据工作需要，机关可以采取挂职方式选派公务员承担重大工程、重大项目、重点任务或者其他专项工作。

公务员在挂职期间，不改变与原机关的人事关系。

第七十三条 公务员应当服从机关的交流决定。

公务员本人申请交流的，按照管理权限审批。

第七十四条 公务员之间有夫妻关系、直系血亲关系、三代以内旁系血亲关系以及近姻亲关系的，不得在同一机关双方直接隶属于同一领导人员的职位或者有直接上下级领导关系的职位工作，也不得在其中一方担任领导职务的机关从事组织、人事、纪检、监察、审计和财务工作。

公务员不得在其配偶、子女及其配偶经营的企业、营利性组织的行业监管或者主管部门担任领导成员。

因地域或者工作性质特殊，需要变通执行任职回避的，由省级以上公务员主管部门规定。

第七十五条 公务员担任乡级机关、县级机关、设区的市级机关及其有关部门主要领导职务的，应当按照有关规定实行地域回避。

第七十六条 公务员执行公务时，有下列情形之一的，应当回避：

（一）涉及本人利害关系的；

（二）涉及与本人有本法第七十四条第一款所列亲属关系人员的利害关系的；

（三）其他可能影响公正执行公务的。

第七十七条 公务员有应当回避情形的，本人应当申请回避；利害关系人有权申请公务员回避。其他人员可以向机关提供公务员需要回避的情况。

机关根据公务员本人或者利害关系人的申请，经审查后作出是否回避的决定，也可以不经申请直接作出回避决定。

第七十八条 法律对公务员回避另有规定的，从其规定。

第十二章 工资、福利与保险

第七十九条 公务员实行国家统一规定的工资制度。

公务员工资制度贯彻按劳分配的原则，体现工作职责、工作能力、工作实绩、资历等因素，保持不同领导职务、职级、级别之间的合理工资差距。

国家建立公务员工资的正常增长机制。

第八十条 公务员工资包括基本工资、津贴、补贴和奖金。

公务员按照国家规定享受地区附加津贴、艰苦边远地区津贴、岗位津贴等津贴。

公务员按照国家规定享受住房、医疗等补贴、补助。

公务员在定期考核中被确定为优秀、称职的，按照国家规定享受年终奖金。

公务员工资应当按时足额发放。

第八十一条 公务员的工资水平应当与国民经济发展相协调、与社会进步相适应。

国家实行工资调查制度，定期进行公务员和企业相当人员工资水平的调查比较，并将工资调查比较结果作为调整公务员工资水平的依据。

第八十二条 公务员按照国家规定享受福利待遇。国家根据经济社会发展水平提高公务员的福利待遇。

公务员执行国家规定的工时制度，按照国家规定享受休假。公务员在法定工作日之外加班的，应当给予相应的补休，不能补休的按照国家规定给予补助。

第八十三条 公务员依法参加社会保险，按照国家规定享受保险待遇。

公务员因公牺牲或者病故的，其亲属享受国家规定的抚恤和优待。

第八十四条 任何机关不得违反国家规定自行更改公务员工资、福利、保险政策，擅自提高或者降低公务员的工资、福利、保险待遇。任何机关不得扣减或者拖欠公务员的工资。

第十三章 辞职与辞退

第八十五条 公务员辞去公职，应当向任免机关提出书面申请。任免机关应当自接到申请之日起三十日内予以审批，其中对领导成员辞去公职的申请，应当自接到申请之日起九十日内予以审批。

第八十六条 公务员有下列情形之一的，不得辞去公职：

（一）未满国家规定的最低服务年限的；

（二）在涉及国家秘密等特殊职位任职或者离开上述职位不满国家规定的脱密期限的；

（三）重要公务尚未处理完毕，且须由本人继续处理的；

（四）正在接受审计、纪律审查、监察调查，或者涉嫌犯罪，司法程序尚未终结的；

（五）法律、行政法规规定的其他不得辞去公职的情形。

第八十七条 担任领导职务的公务员，因工作变动依照法律规定需要辞去现任职务的，应当履行辞职手续。

担任领导职务的公务员，因个人或者其他原因，可以自愿提出辞去领导职务。

领导成员因工作严重失误、失职造成重大损失或者恶劣社会影响的，或者对重大事故负有领导责任的，应当引咎辞去领导职务。

领导成员因其他原因不再适合担任现任领导职务的，或者应当引咎辞职本人不提出辞职的，应当责令其辞去领导职务。

第八十八条 公务员有下列情形之一的，予以辞退：

（一）在年度考核中，连续两年被确定为不称职的；

（二）不胜任现职工作，又不接受其他安排的；

（三）因所在机关调整、撤销、合并或者缩减编制员额需要调整工作，本人拒绝合理安排的；

（四）不履行公务员义务，不遵守法律和公务员纪律，经教育仍无转变，不适合继续在机关工作，又不宜给予开除处分的；

（五）旷工或者因公外出、请假期满无正当理由逾期不归连续超过十五天，或者一年内累计超过三十天的。

第八十九条 对有下列情形之一的公务员，不得辞退：

（一）因公致残，被确认丧失或者部分丧失工作能力的；

（二）患病或者负伤，在规定的医疗期内的；

（三）女性公务员在孕期、产假、哺乳期内的；

（四）法律、行政法规规定的其他不得辞退的情形。

第九十条 辞退公务员，按照管理权限决定。辞退决定应当以书面形式通知被辞退的公务员，并应当告知辞退依据和理由。

被辞退的公务员，可以领取辞退费或者根据国家有关规定享受失业保险。

第九十一条 公务员辞职或者被辞退，离职前应当办理公务交接手续，必要时按照规定接受审计。

第十四章 退　　休

第九十二条 公务员达到国家规定的退休年龄或者完全丧失工作能力的，应当退休。

第九十三条 公务员符合下列条件之一的，本人自愿提出申请，经任免机关批准，可以提前退休：

（一）工作年限满三十年的；

（二）距国家规定的退休年龄不足五年，且工作年限满二十年的；

（三）符合国家规定的可以提前退休的其他情形的。

第九十四条 公务员退休后，享受国家规定的养老金和其他待遇，国家为其生活和健康提供必要的服务和帮助，鼓励发挥个人专长，参与社会发展。

第十五章 申诉与控告

第九十五条 公务员对涉及本人的下列人事处理不服的，可以自知道该人事处理之日起三十日内向原处理机关申请复核；对复核结果不服的，可以自接到复核决定之日起十五日内，按照规定向同级公务员主管部门或者作出该人事处理的机关的上一级机关提出申诉；也可以不经复核，自知道该人事处理之日起三十日内直接提出申诉：

（一）处分；

（二）辞退或者取消录用；

（三）降职；

（四）定期考核定为不称职；

（五）免职；

（六）申请辞职、提前退休未予批准；

（七）不按照规定确定或者扣减工资、福利、保险待遇；

（八）法律、法规规定可以申诉的其他情形。

对省级以下机关作出的申诉处理决定不服的，可以向作出处理决定的上一级机关提出再申诉。

受理公务员申诉的机关应当组成公务员申诉公正委员会，负责受理和审理公务员的申诉案件。

公务员对监察机关作出的涉及本人的处理决定不服向监察机关申请复审、复核的，按照有关规定办理。

第九十六条 原处理机关应当自接到复核申请书后的三十日内作出复核决定，并以书面形式告知申请人。受理公务员申诉的机关应当自受理之日起六十日内作出处理决定；案情复杂的，可以适当延长，但是延长时间不得超过三十日。

复核、申诉期间不停止人事处理的执行。

公务员不因申请复核、提出申诉而被加重处理。

第九十七条 公务员申诉的受理机关审查认定人事处理有错误的，原处理机关应当及时予以纠正。

第九十八条 公务员认为机关及其领导人员侵犯其合法权益的，可以依法向上级机关或者监察机关提出控告。受理控告的机关应当按照规定及时处理。

第九十九条 公务员提出申诉、控告，应当尊重事实，不得捏造事实，诬告、陷害他人。对捏造事实，诬告、陷害他人的，依法追究法律责任。

第十六章 职位聘任

第一百条 机关根据工作需要，经省级以上公务员主管部门批准，可以对专业性较强的职位和辅助性职位实行聘任制。

前款所列职位涉及国家秘密的，不实行聘任制。

第一百零一条 机关聘任公务员可以参照公务员考试录用的程序进行公开招聘，也可以从符合条件的人员中直接选聘。

机关聘任公务员应当在规定的编制限额和工资经费限额内进行。

第一百零二条 机关聘任公务员，应当按照平等自愿、协商一致的原则，签订书面的聘任合同，确定机关与所聘公务员双方的权利、义务。聘任合同经双方协商一致可以变更或者解除。

聘任合同的签订、变更或者解除，应当报同级公务员主管部门备案。

第一百零三条 聘任合同应当具备合同期限，职位及其职责要求，工资、福利、保险待遇，违约责任等条款。

聘任合同期限为一年至五年。聘任合同可以约定试用期，试用期为一个月至十二个月。

聘任制公务员实行协议工资制，具体办法由中央公务员主管部门规定。

第一百零四条 机关依据本法和聘任合同对所聘公务员进行管理。

第一百零五条 聘任制公务员与所在机关之间因履行聘任合同发生争议的，可以自争议发生之日起六十日内申请仲裁。

省级以上公务员主管部门根据需要设立人事争议仲裁委员会，受理仲裁申请。人事争议仲裁委员会由公务员主管部门的代表、聘用机关的代表、聘任制公务员的代表以及法律专家组成。

当事人对仲裁裁决不服的，可以自接到仲裁裁决书之日起十五日内向人民法院提起诉讼。仲裁裁决生效后，一方当事人不履行的，另一方当事人可以申请人民法院执行。

第十七章　法律责任

第一百零六条　对有下列违反本法规定情形的，由县级以上领导机关或者公务员主管部门按照管理权限，区别不同情况，分别予以责令纠正或者宣布无效；对负有责任的领导人员和直接责任人员，根据情节轻重，给予批评教育、责令检查、诫勉、组织调整、处分；构成犯罪的，依法追究刑事责任：

（一）不按照编制限额、职数或者任职资格条件进行公务员录用、调任、转任、聘任和晋升的；

（二）不按照规定条件进行公务员奖惩、回避和办理退休的；

（三）不按照规定程序进行公务员录用、调任、转任、聘任、晋升以及考核、奖惩的；

（四）违反国家规定，更改公务员工资、福利、保险待遇标准的；

（五）在录用、公开遴选等工作中发生泄露试题、违反考场纪律以及其他严重影响公开、公正行为的；

（六）不按照规定受理和处理公务员申诉、控告的；

（七）违反本法规定的其他情形的。

第一百零七条　公务员辞去公职或者退休的，原系领导成员、县处级以上领导职务的公务员在离职三年内，其他公务员在离职两年内，不得到与原工作业务直接相关的企业或者其他营利性组织任职，不得从事与原工作业务直接相关的营利性活动。

公务员辞去公职或者退休后有违反前款规定行为的，由其原所在机关的同级公务员主管部门责令限期改正；逾期不改正的，由县级以上市场监管部门没收该人员从业期间的违法所得，责令接收单位将该人员予以清退，并根据情节轻重，对接收单位处以被处罚人员违法所得一倍以上五倍以下的罚款。

第一百零八条　公务员主管部门的工作人员，违反本法规定，滥用职权、玩忽职守、徇私舞弊，构成犯罪的，依法追究刑事责任；尚不构成犯罪的，给予处分或者由监察机关依法给予政务处分。

第一百零九条 在公务员录用、聘任等工作中，有隐瞒真实信息、弄虚作假、考试作弊、扰乱考试秩序等行为的，由公务员主管部门根据情节作出考试成绩无效、取消资格、限制报考等处理；情节严重的，依法追究法律责任。

第一百一十条 机关因错误的人事处理对公务员造成名誉损害的，应当赔礼道歉、恢复名誉、消除影响；造成经济损失的，应当依法给予赔偿。

第十八章　附　　则

第一百一十一条 本法所称领导成员，是指机关的领导人员，不包括机关内设机构担任领导职务的人员。

第一百一十二条 法律、法规授权的具有公共事务管理职能的事业单位中除工勤人员以外的工作人员，经批准参照本法进行管理。

第一百一十三条 本法自2019年6月1日起施行。

中华人民共和国公职人员政务处分法

（2020年6月20日第十三届全国人民代表大会常务委员会第十九次会议通过　2020年6月20日中华人民共和国主席令第46号公布　自2020年7月1日起施行）

第一章　总　　则

第一条 为了规范政务处分，加强对所有行使公权力的公职人员的监督，促进公职人员依法履职、秉公用权、廉洁从政从业、坚持道德操守，根据《中华人民共和国监察法》，制定本法。

第二条 本法适用于监察机关对违法的公职人员给予政务处分的活动。

本法第二章、第三章适用于公职人员任免机关、单位对违法的公职人员给予处分。处分的程序、申诉等适用其他法律、行政法规、国务院部门规章和国家有关规定。

本法所称公职人员，是指《中华人民共和国监察法》第十五条规定的人员。

第三条 监察机关应当按照管理权限，加强对公职人员的监督，依法给予违法的公职人员政务处分。

公职人员任免机关、单位应当按照管理权限，加强对公职人员的教育、管理、监督，依法给予违法的公职人员处分。

监察机关发现公职人员任免机关、单位应当给予处分而未给予，或者给予的处分违法、不当的，应当及时提出监察建议。

第四条 给予公职人员政务处分，坚持党管干部原则，集体讨论决定；坚持法律面前一律平等，以事实为根据，以法律为准绳，给予的政务处分与违法行为的性质、情节、危害程度相当；坚持惩戒与教育相结合，宽严相济。

第五条 给予公职人员政务处分，应当事实清楚、证据确凿、定性准确、处理恰当、程序合法、手续完备。

第六条 公职人员依法履行职责受法律保护，非因法定事由、非经法定程序，不受政务处分。

第二章 政务处分的种类和适用

第七条 政务处分的种类为：

（一）警告；

（二）记过；

（三）记大过；

（四）降级；

（五）撤职；

（六）开除。

第八条 政务处分的期间为：

（一）警告，六个月；

（二）记过，十二个月；

（三）记大过，十八个月；

（四）降级、撤职，二十四个月。

政务处分决定自作出之日起生效，政务处分期自政务处分决定生效之日起计算。

第九条 公职人员二人以上共同违法，根据各自在违法行为中所起的作用和应当承担的法律责任，分别给予政务处分。

第十条 有关机关、单位、组织集体作出的决定违法或者实施违法行为的，对负有责任的领导人员和直接责任人员中的公职人员依法给予政务处分。

第十一条 公职人员有下列情形之一的，可以从轻或者减轻给予政务处分：

（一）主动交代本人应当受到政务处分的违法行为的；

（二）配合调查，如实说明本人违法事实的；

（三）检举他人违纪违法行为，经查证属实的；

（四）主动采取措施，有效避免、挽回损失或者消除不良影响的；

（五）在共同违法行为中起次要或者辅助作用的；

（六）主动上交或者退赔违法所得的；

（七）法律、法规规定的其他从轻或者减轻情节。

第十二条 公职人员违法行为情节轻微，且具有本法第十一条规定的情形之一的，可以对其进行谈话提醒、批评教育、责令检查或者予以诫勉，免予或者不予政务处分。

公职人员因不明真相被裹挟或者被胁迫参与违法活动，经批评教育后确有悔改表现的，可以减轻、免予或者不予政务处分。

第十三条 公职人员有下列情形之一的，应当从重给予政务处分：

（一）在政务处分期内再次故意违法，应当受到政务处分的；

（二）阻止他人检举、提供证据的；

（三）串供或者伪造、隐匿、毁灭证据的；

（四）包庇同案人员的；

（五）胁迫、唆使他人实施违法行为的；

（六）拒不上交或者退赔违法所得的；

（七）法律、法规规定的其他从重情节。

第十四条 公职人员犯罪，有下列情形之一的，予以开除：

（一）因故意犯罪被判处管制、拘役或者有期徒刑以上刑罚（含宣告缓刑）的；

（二）因过失犯罪被判处有期徒刑，刑期超过三年的；

（三）因犯罪被单处或者并处剥夺政治权利的。

因过失犯罪被判处管制、拘役或者三年以下有期徒刑的，一般应当予以开除；案件情况特殊，予以撤职更为适当的，可以不予开除，但是应当报请上一级机关批准。

公职人员因犯罪被单处罚金，或者犯罪情节轻微，人民检察院依法作出不起诉决定或者人民法院依法免予刑事处罚的，予以撤职；造成不良影响的，予以开除。

第十五条 公职人员有两个以上违法行为的，应当分别确定政务处分。应当给予两种以上政务处分的，执行其中最重的政务处分；应当给予撤职以下多个相同政务处分的，可以在一个政务处分期以上、多个政务处分期之和以下确定政务处分期，但是最长不得超过四十八个月。

第十六条 对公职人员的同一违法行为，监察机关和公职人员任免机关、单位不得重复给予政务处分和处分。

第十七条 公职人员有违法行为，有关机关依照规定给予组织处理的，监察机关可以同时给予政务处分。

第十八条 担任领导职务的公职人员有违法行为，被罢免、撤销、免去或者辞去领导职务的，监察机关可以同时给予政务处分。

第十九条 公务员以及参照《中华人民共和国公务员法》管理的人员在政务处分期内，不得晋升职务、职级、衔级和级别；其中，被记过、记大过、降级、撤职的，不得晋升工资档次。被撤职的，按照规定降低职务、职级、衔级和级别，同时降低工资和待遇。

第二十条 法律、法规授权或者受国家机关依法委托管理公共事务的组织中从事公务的人员，以及公办的教育、科研、文化、医疗卫生、体育等单位中从事管理的人员，在政务处分期内，不得晋升职务、岗位和职员等级、职称；其中，被记过、记大过、降级、撤职的，不得晋升薪酬待遇等级。被撤职的，降低职务、岗位或者职员等级，同时降低薪酬待遇。

第二十一条 国有企业管理人员在政务处分期内，不得晋升职务、岗位等级和职称；其中，被记过、记大过、降级、撤职的，不得晋升薪酬待遇等级。被撤职的，降低职务或者岗位等级，同时降低薪酬待遇。

第二十二条 基层群众性自治组织中从事管理的人员有违法行为的，监察机关可以予以警告、记过、记大过。

基层群众性自治组织中从事管理的人员受到政务处分的，应当由县级或者乡镇人民政府根据具体情况减发或者扣发补贴、奖金。

第二十三条 《中华人民共和国监察法》第十五条第六项规定的人员有违法行为的，监察机关可以予以警告、记过、记大过。情节严重的，由所在单位直接给予或者监察机关建议有关机关、单位给予降低薪酬待遇、调离岗位、解除人事关系或者劳动关系等处理。

《中华人民共和国监察法》第十五条第二项规定的人员，未担任公务员、参照《中华人民共和国公务员法》管理的人员、事业单位工作人员或者国有企业人员职务的，对其违法行为依照前款规定处理。

第二十四条 公职人员被开除，或者依照本法第二十三条规定，受到解除人事关系或者劳动关系处理的，不得录用为公务员以及参照《中华人民共和国公务员法》管理的人员。

第二十五条 公职人员违法取得的财物和用于违法行为的本人财物，除依法应当由其他机关没收、追缴或者责令退赔的，由监察机关没收、追缴或者责令退赔；应当退还原所有人或者原持有人的，依法予以退还；属于国家财产或者不应当退还以及无法退还的，上缴国库。

公职人员因违法行为获得的职务、职级、衔级、级别、岗位和职员等级、职称、待遇、资格、学历、学位、荣誉、奖励等其他利益，监察机关应当建议有关机关、单位、组织按规定予以纠正。

第二十六条 公职人员被开除的，自政务处分决定生效之日起，应当解除其与所在机关、单位的人事关系或者劳动关系。

公职人员受到开除以外的政务处分，在政务处分期内有悔改表现，并且没有再发生应当给予政务处分的违法行为的，政务处分期满后自动解除，晋升职务、职级、衔级、级别、岗位和职员等级、职称、薪酬待遇不再受原政务处分影响。但是，解除降级、撤职的，不恢复原职务、职级、衔级、级别、岗位和职员等级、职称、薪酬待遇。

第二十七条 已经退休的公职人员退休前或者退休后有违法行为的，不再给予政务处分，但是可以对其立案调查；依法应当予以降级、撤职、开除的，应当按照规定相应调整其享受的待遇，对其违法取得的财物和用于违法行为的本人财物依照本法第二十五条的规定处理。

已经离职或者死亡的公职人员在履职期间有违法行为的，依照前款规定处理。

第三章 违法行为及其适用的政务处分

第二十八条 有下列行为之一的，予以记过或者记大过；情节较重的，予以降级或者撤职；情节严重的，予以开除：

（一）散布有损宪法权威、中国共产党领导和国家声誉的言论的；

（二）参加旨在反对宪法、中国共产党领导和国家的集会、游行、示威等活动的；

（三）拒不执行或者变相不执行中国共产党和国家的路线方针政策、重大决策部署的；

（四）参加非法组织、非法活动的；

（五）挑拨、破坏民族关系，或者参加民族分裂活动的；

（六）利用宗教活动破坏民族团结和社会稳定的；

（七）在对外交往中损害国家荣誉和利益的。

有前款第二项、第四项、第五项和第六项行为之一的，对策划者、组织者和骨干分子，予以开除。

公开发表反对宪法确立的国家指导思想，反对中国共产党领导，反对社会主义制度，反对改革开放的文章、演说、宣言、声明等的，予以开除。

第二十九条 不按照规定请示、报告重大事项，情节较重的，予以警告、记过或者记大过；情节严重的，予以降级或者撤职。

违反个人有关事项报告规定，隐瞒不报，情节较重的，予以警告、记过或者记大过。

篡改、伪造本人档案资料的，予以记过或者记大过；情节严重的，予以降级或者撤职。

第三十条 有下列行为之一的，予以警告、记过或者记大过；情节严重的，予以降级或者撤职：

（一）违反民主集中制原则，个人或者少数人决定重大事项，或者拒不执行、擅自改变集体作出的重大决定的；

（二）拒不执行或者变相不执行、拖延执行上级依法作出的决定、命令的。

第三十一条 违反规定出境或者办理因私出境证件的，予以记过或者记大过；情节严重的，予以降级或者撤职。

违反规定取得外国国籍或者获取境外永久居留资格、长期居留许可的，予以撤职或者开除。

第三十二条 有下列行为之一的，予以警告、记过或者记大过；情节较重的，予以降级或者撤职；情节严重的，予以开除：

（一）在选拔任用、录用、聘用、考核、晋升、评选等干部人事工作中违反有关规定的；

（二）弄虚作假，骗取职务、职级、衔级、级别、岗位和职员等级、职称、待遇、资格、学历、学位、荣誉、奖励或者其他利益的；

（三）对依法行使批评、申诉、控告、检举等权利的行为进行压制或者打击报复的；

（四）诬告陷害，意图使他人受到名誉损害或者责任追究等不良影响的；

（五）以暴力、威胁、贿赂、欺骗等手段破坏选举的。

第三十三条 有下列行为之一的，予以警告、记过或者记大过；情节较重的，予以降级或者撤职；情节严重的，予以开除：

（一）贪污贿赂的；

（二）利用职权或者职务上的影响为本人或者他人谋取私利的；

（三）纵容、默许特定关系人利用本人职权或者职务上的影响谋取私利的。

拒不按照规定纠正特定关系人违规任职、兼职或者从事经营活动，且不服从职务调整的，予以撤职。

第三十四条 收受可能影响公正行使公权力的礼品、礼金、有价证券等财物的，予以警告、记过或者记大过；情节较重的，予以降级或者撤职；情节严重的，予以开除。

向公职人员及其特定关系人赠送可能影响公正行使公权力的礼品、礼金、有价证券等财物，或者接受、提供可能影响公正行使公权力的宴请、旅游、健身、娱乐等活动安排，情节较重的，予以警告、记过或者记大过；情节严重的，予以降级或者撤职。

第三十五条 有下列行为之一，情节较重的，予以警告、记过或者记大过；情节严重的，予以降级或者撤职：

（一）违反规定设定、发放薪酬或者津贴、补贴、奖金的；

（二）违反规定，在公务接待、公务交通、会议活动、办公用房以及其他工作生活保障等方面超标准、超范围的；

（三）违反规定公款消费的。

第三十六条 违反规定从事或者参与营利性活动，或者违反规定兼任职务、领取报酬的，予以警告、记过或者记大过；情节较重的，予以降级或者撤职；情节严重的，予以开除。

第三十七条 利用宗族或者黑恶势力等欺压群众，或者纵容、包庇黑恶势力活动的，予以撤职；情节严重的，予以开除。

第三十八条 有下列行为之一，情节较重的，予以警告、记过或者记大过；情节严重的，予以降级或者撤职：

（一）违反规定向管理服务对象收取、摊派财物的；

（二）在管理服务活动中故意刁难、吃拿卡要的；

（三）在管理服务活动中态度恶劣粗暴，造成不良后果或者影响的；

（四）不按照规定公开工作信息，侵犯管理服务对象知情权，造成不良后果或者影响的；

（五）其他侵犯管理服务对象利益的行为，造成不良后果或者影响的。

有前款第一项、第二项和第五项行为，情节特别严重的，予以开除。

第三十九条 有下列行为之一，造成不良后果或者影响的，予以警告、记过或者记大过；情节较重的，予以降级或者撤职；情节严重的，予以开除：

（一）滥用职权，危害国家利益、社会公共利益或者侵害公民、法人、其他组织合法权益的；

（二）不履行或者不正确履行职责，玩忽职守，贻误工作的；

（三）工作中有形式主义、官僚主义行为的；

（四）工作中有弄虚作假，误导、欺骗行为的；

（五）泄露国家秘密、工作秘密，或者泄露因履行职责掌握的商业秘密、个人隐私的。

第四十条 有下列行为之一的，予以警告、记过或者记大过；情节较重的，予以降级或者撤职；情节严重的，予以开除：

（一）违背社会公序良俗，在公共场所有不当行为，造成不良影响的；

（二）参与或者支持迷信活动，造成不良影响的；

（三）参与赌博的；

（四）拒不承担赡养、抚养、扶养义务的；

（五）实施家庭暴力，虐待、遗弃家庭成员的；

（六）其他严重违反家庭美德、社会公德的行为。

吸食、注射毒品，组织赌博，组织、支持、参与卖淫、嫖娼、色情淫乱活动的，予以撤职或者开除。

第四十一条 公职人员有其他违法行为，影响公职人员形象，损害国家和人民利益的，可以根据情节轻重给予相应政务处分。

第四章　政务处分的程序

第四十二条 监察机关对涉嫌违法的公职人员进行调查，应当由二名以上工作人员进行。监察机关进行调查时，有权依法向有关单位和个人了解情况，收集、调取证据。有关单位和个人应当如实提供情况。

严禁以威胁、引诱、欺骗及其他非法方式收集证据。以非法方式收集的证据不得作为给予政务处分的依据。

第四十三条 作出政务处分决定前，监察机关应当将调查认定的违法事实及拟给予政务处分的依据告知被调查人，听取被调查人的陈述和申辩，并对其陈述的事实、理由和证据进行核实，记录在案。被调查人提出的事实、理由和证据成立的，应予采纳。不得因被调查人的申辩而加重政务处分。

第四十四条 调查终结后，监察机关应当根据下列不同情况，分别作出处理：

（一）确有应受政务处分的违法行为的，根据情节轻重，按照政务处分决定权限，履行规定的审批手续后，作出政务处分决定；

（二）违法事实不能成立的，撤销案件；

（三）符合免予、不予政务处分条件的，作出免予、不予政务处分决定；

（四）被调查人涉嫌其他违法或者犯罪行为的，依法移送主管机关处理。

第四十五条 决定给予政务处分的，应当制作政务处分决定书。

政务处分决定书应当载明下列事项：

（一）被处分人的姓名、工作单位和职务；

（二）违法事实和证据；

（三）政务处分的种类和依据；

（四）不服政务处分决定，申请复审、复核的途径和期限；

（五）作出政务处分决定的机关名称和日期。

政务处分决定书应当盖有作出决定的监察机关的印章。

第四十六条 政务处分决定书应当及时送达被处分人和被处分人所在机关、单位，并在一定范围内宣布。

作出政务处分决定后，监察机关应当根据被处分人的具体身份书面告知相关的机关、单位。

第四十七条 参与公职人员违法案件调查、处理的人员有下列情形之一的，应当自行回避，被调查人、检举人及其他有关人员也有权要求其回避：

（一）是被调查人或者检举人的近亲属的；

（二）担任过本案的证人的；

（三）本人或者其近亲属与调查的案件有利害关系的；

（四）可能影响案件公正调查、处理的其他情形。

第四十八条 监察机关负责人的回避，由上级监察机关决定；其他参与违法案件调查、处理人员的回避，由监察机关负责人决定。

监察机关或者上级监察机关发现参与违法案件调查、处理人员有应当回避情形的，可以直接决定该人员回避。

第四十九条 公职人员依法受到刑事责任追究的，监察机关应当根据司法机关的生效判决、裁定、决定及其认定的事实和情节，依照本法规定给予政务处分。

公职人员依法受到行政处罚，应当给予政务处分的，监察机关可以根据行政处罚决定认定的事实和情节，经立案调查核实后，依照本法给予政务处分。

监察机关根据本条第一款、第二款的规定作出政务处分后，司法机关、行政机关依法改变原生效判决、裁定、决定等，对原政务处分决定产生影响的，监察机关应当根据改变后的判决、裁定、决定等重新作出相应处理。

第五十条 监察机关对经各级人民代表大会、县级以上各级人民代表大会常务委员会选举或者决定任命的公职人员予以撤职、开除的，应当先依法罢免、撤销或者免去其职务，再依法作出政务处分决定。

监察机关对经中国人民政治协商会议各级委员会全体会议或者其常务委员会选举或者决定任命的公职人员予以撤职、开除的，应当先依章程免去其职务，再依法作出政务处分决定。

监察机关对各级人民代表大会代表、中国人民政治协商会议各级委员会委员给予政务处分的，应当向有关的人民代表大会常务委员会，乡、民族乡、镇的人民代表大会主席团或者中国人民政治协商会议委员会常务委员会通报。

第五十一条 下级监察机关根据上级监察机关的指定管辖决定进行调查的案件，调查终结后，对不属于本监察机关管辖范围内的监察对象，应当交有管理权限的监察机关依法作出政务处分决定。

第五十二条 公职人员涉嫌违法，已经被立案调查，不宜继续履行职责的，公职人员任免机关、单位可以决定暂停其履行职务。

公职人员在被立案调查期间，未经监察机关同意，不得出境、辞去公职；被调查公职人员所在机关、单位及上级机关、单位不得对其交流、晋升、奖励、处分或者办理退休手续。

第五十三条 监察机关在调查中发现公职人员受到不实检举、控告或者诬告陷害，造成不良影响的，应当按照规定及时澄清事实，恢复名誉，消除不良影响。

第五十四条 公职人员受到政务处分的，应当将政务处分决定书存入其本人档案。对于受到降级以上政务处分的，应当由人事部门按照管理权限在作出政务处分决定后一个月内办理职务、工资及其他有关待遇等的变更手续；特殊情况下，经批准可以适当延长办理期限，但是最长不得超过六个月。

第五章 复审、复核

第五十五条 公职人员对监察机关作出的涉及本人的政务处分决定不服的，可以依法向作出决定的监察机关申请复审；公职人员对复审决定仍不服的，可以向上一级监察机关申请复核。

监察机关发现本机关或者下级监察机关作出的政务处分决定确有错误的，应当及时予以纠正或者责令下级监察机关及时予以纠正。

第五十六条 复审、复核期间，不停止原政务处分决定的执行。

公职人员不因提出复审、复核而被加重政务处分。

第五十七条 有下列情形之一的，复审、复核机关应当撤销原政务处分决定，重新作出决定或者责令原作出决定的监察机关重新作出决定：

（一）政务处分所依据的违法事实不清或者证据不足的；

（二）违反法定程序，影响案件公正处理的；

（三）超越职权或者滥用职权作出政务处分决定的。

第五十八条 有下列情形之一的，复审、复核机关应当变更原政务处分决定，或者责令原作出决定的监察机关予以变更：

（一）适用法律、法规确有错误的；

（二）对违法行为的情节认定确有错误的；

（三）政务处分不当的。

第五十九条 复审、复核机关认为政务处分决定认定事实清楚，适用法律正确的，应当予以维持。

第六十条 公职人员的政务处分决定被变更，需要调整该公职人员的职务、职级、衔级、级别、岗位和职员等级或者薪酬待遇等的，应当按照规定予以调整。政务处分决定被撤销的，应当恢复该公职人员的级别、薪酬待遇，按照原职务、职级、衔级、岗位和职员等级安排相应的职务、职级、衔级、岗位和职员等级，并在原政务处分决定公布范围内为其恢复名誉。没收、追缴财物错误的，应当依法予以返还、赔偿。

公职人员因有本法第五十七条、第五十八条规定的情形被撤销政务处分或者减轻政务处分的，应当对其薪酬待遇受到的损失予以补偿。

第六章 法律责任

第六十一条 有关机关、单位无正当理由拒不采纳监察建议的，由其上级机关、主管部门责令改正，对该机关、单位给予通报批评，对负有责任的领导人员和直接责任人员依法给予处理。

第六十二条 有关机关、单位、组织或者人员有下列情形之一的，由其上级机关，主管部门，任免机关、单位或者监察机关责令改正，依法给予处理：

（一）拒不执行政务处分决定的；

（二）拒不配合或者阻碍调查的；

（三）对检举人、证人或者调查人员进行打击报复的；

（四）诬告陷害公职人员的；

（五）其他违反本法规定的情形。

第六十三条 监察机关及其工作人员有下列情形之一的，对负有责任的领导人员和直接责任人员依法给予处理：

（一）违反规定处置问题线索的；

（二）窃取、泄露调查工作信息，或者泄露检举事项、检举受理情况以及检举人信息的；

（三）对被调查人或者涉案人员逼供、诱供，或者侮辱、打骂、虐待、体罚或者变相体罚的；

（四）收受被调查人或者涉案人员的财物以及其他利益的；

（五）违反规定处置涉案财物的；

（六）违反规定采取调查措施的；

（七）利用职权或者职务上的影响干预调查工作、以案谋私的；

（八）违反规定发生办案安全事故，或者发生安全事故后隐瞒不报、报告失实、处置不当的；

（九）违反回避等程序规定，造成不良影响的；

（十）不依法受理和处理公职人员复审、复核的；

（十一）其他滥用职权、玩忽职守、徇私舞弊的行为。

第六十四条 违反本法规定，构成犯罪的，依法追究刑事责任。

第七章 附 则

第六十五条 国务院及其相关主管部门根据本法的原则和精神，结合事业单位、国有企业等的实际情况，对事业单位、国有企业等的违法的公职人员处分事宜作出具体规定。

第六十六条 中央军事委员会可以根据本法制定相关具体规定。

第六十七条 本法施行前，已结案的案件如果需要复审、复核，适用当时的规定。尚未结案的案件，如果行为发生时的规定不认为是违法的，适用当时的规定；如果行为发生时的规定认为是违法的，依照当时的规定处理，但是如果本法不认为是违法或者根据本法处理较轻的，适用本法。

第六十八条 本法自 2020 年 7 月 1 日起施行。

中华人民共和国监察法

（2018 年 3 月 20 日第十三届全国人民代表大会第一次会议通过　2018 年 3 月 20 日中华人民共和国主席令第 3 号公布　自公布之日起施行）

第一章　总　　则

第一条　为了深化国家监察体制改革，加强对所有行使公权力的公职人员的监督，实现国家监察全面覆盖，深入开展反腐败工作，推进国家治理体系和治理能力现代化，根据宪法，制定本法。

第二条　坚持中国共产党对国家监察工作的领导，以马克思列宁主义、毛泽东思想、邓小平理论、“三个代表”重要思想、科学发展观、习近平新时代中国特色社会主义思想为指导，构建集中统一、权威高效的中国特色国家监察体制。

第三条　各级监察委员会是行使国家监察职能的专责机关，依照本法对所有行使公权力的公职人员（以下称公职人员）进行监察，调查职务违法和职务犯罪，开展廉政建设和反腐败工作，维护宪法和法律的尊严。

第四条　监察委员会依照法律规定独立行使监察权，不受行政机关、社会团体和个人的干涉。

监察机关办理职务违法和职务犯罪案件，应当与审判机关、检察机关、执法部门互相配合，互相制约。

监察机关在工作中需要协助的，有关机关和单位应当根据监察机关的要求依法予以协助。

第五条　国家监察工作严格遵照宪法和法律，以事实为根据，以法律为准绳；在适用法律上一律平等，保障当事人的合法权益；权责对等，严格监督；惩戒与教育相结合，宽严相济。

第六条　国家监察工作坚持标本兼治、综合治理，强化监督问责，严厉惩治腐败；深化改革、健全法治，有效制约和监督权力；加强法治教育和道德教育，弘扬中华优秀传统文化，构建不敢腐、不能腐、不想腐的长效机制。

第二章　监察机关及其职责

第七条　中华人民共和国国家监察委员会是最高监察机关。

省、自治区、直辖市、自治州、县、自治县、市、市辖区设立监察委员会。

第八条　国家监察委员会由全国人民代表大会产生，负责全国监察工作。

国家监察委员会由主任、副主任若干人、委员若干人组成，主任由全国人民代表大会选举，副主任、委员由国家监察委员会主任提请全国人民代表大会常务委员会任免。

国家监察委员会主任每届任期同全国人民代表大会每届任期相同，连续任职不得超过两届。

国家监察委员会对全国人民代表大会及其常务委员会负责，并接受其监督。

第九条　地方各级监察委员会由本级人民代表大会产生，负责本行政区域内的监察工作。

地方各级监察委员会由主任、副主任若干人、委员若干人组成，主任由本级人民代表大会选举，副主任、委员由监察委员会主任提请本级人民代表大会常务委员会任免。

地方各级监察委员会主任每届任期同本级人民代表大会每届任期相同。

地方各级监察委员会对本级人民代表大会及其常务委员会和上一级监察委员会负责，并接受其监督。

第十条　国家监察委员会领导地方各级监察委员会的工作，上级监察委员会领导下级监察委员会的工作。

第十一条　监察委员会依照本法和有关法律规定履行监督、调查、处置职责：

（一）对公职人员开展廉政教育，对其依法履职、秉公用权、廉洁从政从业以及道德操守情况进行监督检查；

（二）对涉嫌贪污贿赂、滥用职权、玩忽职守、权力寻租、利益输送、徇私舞弊以及浪费国家资财等职务违法和职务犯罪进行调查；

（三）对违法的公职人员依法作出政务处分决定；对履行职责不力、失职失责的领导人员进行问责；对涉嫌职务犯罪的，将调查结果移送人民检察院依法审查、提起公诉；向监察对象所在单位提出监察建议。

第十二条　各级监察委员会可以向本级中国共产党机关、国家机关、法律法规授权或者委托管理公共事务的组织和单位以及所管辖的行政区域、国有企业等派驻或者派出监察机构、监察专员。

监察机构、监察专员对派驻或者派出它的监察委员会负责。

第十三条　派驻或者派出的监察机构、监察专员根据授权，按照管理权限依法对公职人员进行监督，提出监察建议，依法对公职人员进行调查、处置。

第十四条　国家实行监察官制度，依法确定监察官的等级设置、任免、考评和晋升等制度。

第三章　监察范围和管辖

第十五条　监察机关对下列公职人员和有关人员进行监察：

（一）中国共产党机关、人民代表大会及其常务委员会机关、人民政府、监察委员会、人民法院、人民检察院、中国人民政治协商会议各级委员会机关、民主党派机关和工商业联合会机关的公务员，以及参照《中华人民共和国公务员法》管理的人员；

（二）法律、法规授权或者受国家机关依法委托管理公共事务的组织中从事公务的人员；

（三）国有企业管理人员；

（四）公办的教育、科研、文化、医疗卫生、体育等单位中从事管理的人员；

（五）基层群众性自治组织中从事管理的人员；

（六）其他依法履行公职的人员。

第十六条 各级监察机关按照管理权限管辖本辖区内本法第十五条规定的人员所涉监察事项。

上级监察机关可以办理下一级监察机关管辖范围内的监察事项，必要时也可以办理所辖各级监察机关管辖范围内的监察事项。

监察机关之间对监察事项的管辖有争议的，由其共同的上级监察机关确定。

第十七条 上级监察机关可以将其所管辖的监察事项指定下级监察机关管辖，也可以将下级监察机关有管辖权的监察事项指定给其他监察机关管辖。

监察机关认为所管辖的监察事项重大、复杂，需要由上级监察机关管辖的，可以报请上级监察机关管辖。

第四章 监察权限

第十八条 监察机关行使监督、调查职权，有权依法向有关单位和个人了解情况，收集、调取证据。有关单位和个人应当如实提供。

监察机关及其工作人员对监督、调查过程中知悉的国家秘密、商业秘密、个人隐私，应当保密。

任何单位和个人不得伪造、隐匿或者毁灭证据。

第十九条 对可能发生职务违法的监察对象，监察机关按照管理权限，可以直接或者委托有关机关、人员进行谈话或者要求说明情况。

第二十条 在调查过程中，对涉嫌职务违法的被调查人，监察机关可以要求其就涉嫌违法行为作出陈述，必要时向被调查人出具书面通知。

对涉嫌贪污贿赂、失职渎职等职务犯罪的被调查人，监察机关可以进行讯问，要求其如实供述涉嫌犯罪的情况。

第二十一条 在调查过程中，监察机关可以询问证人等人员。

第二十二条 被调查人涉嫌贪污贿赂、失职渎职等严重职务违法或者职务犯罪，监察机关已经掌握其部分违法犯罪事实及证据，仍有重要问题需要进一步调查，并有下列情形之一的，经监察机关依法审批，可以将其留置在特定场所：

（一）涉及案情重大、复杂的；

（二）可能逃跑、自杀的；

（三）可能串供或者伪造、隐匿、毁灭证据的；

（四）可能有其他妨碍调查行为的。

对涉嫌行贿犯罪或者共同职务犯罪的涉案人员，监察机关可以依照前款规定采取留置措施。

留置场所的设置、管理和监督依照国家有关规定执行。

第二十三条 监察机关调查涉嫌贪污贿赂、失职渎职等严重职务违法或者职务犯罪，根据工作需要，可以依照规定查询、冻结涉案单位和个人的存款、汇款、债券、股票、基金份额等财产。有关单位和个人应当配合。

冻结的财产经查明与案件无关的，应当在查明后三日内解除冻结，予以退还。

第二十四条 监察机关可以对涉嫌职务犯罪的被调查人以及可能隐藏被调查人或者犯罪证据的人的身体、物品、住处和其他有关地方进行搜查。在搜查时，应当出示搜查证，并有被搜查人或者其家属等见证人在场。

搜查女性身体，应当由女性工作人员进行。

监察机关进行搜查时，可以根据工作需要提请公安机关配合。公安机关应当依法予以协助。

第二十五条 监察机关在调查过程中，可以调取、查封、扣押用以证明被调查人涉嫌违法犯罪的财物、文件和电子数据等信息。采取调取、查封、扣押措施，应当收集原物原件，会同持有人或者保管人、见证人，当面逐一拍照、登记、编号，开列清单，由在场人员当场核对、签名，并将清单副本交财物、文件的持有人或者保管人。

对调取、查封、扣押的财物、文件，监察机关应当设立专用账户、专门场所，确定专门人员妥善保管，严格履行交接、调取手续，定期对账核实，不得毁损或者用于其他目的。对价值不明物品应当及时鉴定，专门封存保管。

查封、扣押的财物、文件经查明与案件无关的，应当在查明后三日内解除查封、扣押，予以退还。

第二十六条 监察机关在调查过程中，可以直接或者指派、聘请具有专门知识、资格的人员在调查人员主持下进行勘验检查。勘验检查情况应当制作笔录，由参加勘验检查的人员和见证人签名或者盖章。

第二十七条 监察机关在调查过程中，对于案件中的专门性问题，可以指派、聘请有专门知识的人进行鉴定。鉴定人进行鉴定后，应当出具鉴定意见，并且签名。

第二十八条 监察机关调查涉嫌重大贪污贿赂等职务犯罪，根据需要，经过严格的批准手续，可以采取技术调查措施，按照规定交有关机关执行。

批准决定应当明确采取技术调查措施的种类和适用对象，自签发之日起三个月以内有效；对于复杂、疑难案件，期限届满仍有必要继续采取技术调查措施的，经过批准，有效期可以延长，每次不得超过三个月。对于不需要继续采取技术调查措施的，应当及时解除。

第二十九条 依法应当留置的被调查人如果在逃，监察机关可以决定在本行政区域内通缉，由公安机关发布通缉令，追捕归案。通缉范围超出本行政区域的，应当报请有权决定的上级监察机关决定。

第三十条 监察机关为防止被调查人及相关人员逃匿境外，经省级以上监察机关批准，可以对被调查人及相关人员采取限制出境措施，由公安机关依法执行。对于不需要继续采取限制出境措施的，应当及时解除。

第三十一条 涉嫌职务犯罪的被调查人主动认罪认罚，有下列情形之一的，监察机关经领导人员集体研究，并报上一级监察机关批准，可以在移送人民检察院时提出从宽处罚的建议：

（一）自动投案，真诚悔罪悔过的；

（二）积极配合调查工作，如实供述监察机关还未掌握的违法犯罪行为的；

（三）积极退赃，减少损失的；

（四）具有重大立功表现或者案件涉及国家重大利益等情形的。

第三十二条 职务违法犯罪的涉案人员揭发有关被调查人职务违法犯罪行为，查证属实的，或者提供重要线索，有助于调查其他案件的，监察机关经领导人员集体研究，并报上一级监察机关批准，可以在移送人民检察院时提出从宽处罚的建议。

第三十三条 监察机关依照本法规定收集的物证、书证、证人证言、被调查人供述和辩解、视听资料、电子数据等证据材料，在刑事诉讼中可以作为证据使用。

监察机关在收集、固定、审查、运用证据时，应当与刑事审判关于证据的要求和标准相一致。

以非法方法收集的证据应当依法予以排除，不得作为案件处置的依据。

第三十四条 人民法院、人民检察院、公安机关、审计机关等国家机关在工作中发现公职人员涉嫌贪污贿赂、失职渎职等职务违法或者职务犯罪的问题线索，应当移送监察机关，由监察机关依法调查处置。

被调查人既涉嫌严重职务违法或者职务犯罪，又涉嫌其他违法犯罪的，一般应当由监察机关为主调查，其他机关予以协助。

第五章 监察程序

第三十五条 监察机关对于报案或者举报，应当接受并按照有关规定处理。对于不属于本机关管辖的，应当移送主管机关处理。

第三十六条 监察机关应当严格按照程序开展工作，建立问题线索处置、调查、审理各部门相互协调、相互制约的工作机制。

监察机关应当加强对调查、处置工作全过程的监督管理，设立相应的工作部门履行线索管理、监督检查、督促办理、统计分析等管理协调职能。

第三十七条 监察机关对监察对象的问题线索，应当按照有关规定提出处置意见，履行审批手续，进行分类办理。线索处置情况应当定期汇总、通报，定期检查、抽查。

第三十八条 需要采取初步核实方式处置问题线索的，监察机关应当依法履行审批程序，成立核查组。初步核实工作结束后，核查组应当撰写初步核实情况报告，提出处理建议。承办部门应当提出分类处理意见。初步核实情况报告和分类处理意见报监察机关主要负责人审批。

第三十九条 经过初步核实，对监察对象涉嫌职务违法犯罪，需要追究法律责任的，监察机关应当按照规定的权限和程序办理立案手续。

监察机关主要负责人依法批准立案后，应当主持召开专题会议，研究确定调查方案，决定需要采取的调查措施。

立案调查决定应当向被调查人宣布，并通报相关组织。涉嫌严重职务违法或者职务犯罪的，应当通知被调查人家属，并向社会公开发布。

第四十条 监察机关对职务违法和职务犯罪案件，应当进行调查，收集被调查人有无违法犯罪以及情节轻重的证据，查明违法犯罪事实，形成相互印证、完整稳定的证据链。

严禁以威胁、引诱、欺骗及其他非法方式收集证据，严禁侮辱、打骂、虐待、体罚或者变相体罚被调查人和涉案人员。

第四十一条 调查人员采取讯问、询问、留置、搜查、调取、查封、扣押、勘验检查等调查措施，均应当依照规定出示证件，出具书面通知，由二人以上进行，形成笔录、报告等书面材料，并由相关人员签名、盖章。

调查人员进行讯问以及搜查、查封、扣押等重要取证工作，应当对全过程进行录音录像，留存备查。

第四十二条 调查人员应当严格执行调查方案，不得随意扩大调查范围、变更调查对象和事项。

对调查过程中的重要事项，应当集体研究后按程序请示报告。

第四十三条 监察机关采取留置措施，应当由监察机关领导人员集体研究决定。设区的市级以下监察机关采取留置措施，应当报上一级监察机关批准。省级监察机关采取留置措施，应当报国家监察委员会备案。

留置时间不得超过三个月。在特殊情况下，可以延长一次，延长时间不得超过三个月。省级以下监察机关采取留置措施的，延长留置时间应当报上一级监察机关批准。监察机关发现采取留置措施不当的，应当及时解除。

监察机关采取留置措施，可以根据工作需要提请公安机关配合。公安机关应当依法予以协助。

第四十四条 对被调查人采取留置措施后，应当在二十四小时以内，通知被留置人员所在单位和家属，但有可能毁灭、伪造证据，干扰证人作证或者串供等有碍调查情形的除外。有碍调查的情形消失后，应当立即通知被留置人员所在单位和家属。

监察机关应当保障被留置人员的饮食、休息和安全，提供医疗服务。讯问被留置人员应当合理安排讯问时间和时长，讯问笔录由被讯问人阅看后签名。

被留置人员涉嫌犯罪移送司法机关后，被依法判处管制、拘役和有期徒刑的，留置一日折抵管制二日，折抵拘役、有期徒刑一日。

第四十五条 监察机关根据监督、调查结果，依法作出如下处置：

（一）对有职务违法行为但情节较轻的公职人员，按照管理权限，直接或者委托有关机关、人员，进行谈话提醒、批评教育、责令检查，或者予以诫勉；

（二）对违法的公职人员依照法定程序作出警告、记过、记大过、降级、撤职、开除等政务处分决定；

（三）对不履行或者不正确履行职责负有责任的领导人员，按照管理权限对其直接作出问责决定，或者向有权作出问责决定的机关提出问责建议；

（四）对涉嫌职务犯罪的，监察机关经调查认为犯罪事实清楚，证据确实、充分的，制作起诉意见书，连同案卷材料、证据一并移送人民检察院依法审查、提起公诉；

（五）对监察对象所在单位廉政建设和履行职责存在的问题等提出监察建议。

监察机关经调查，对没有证据证明被调查人存在违法犯罪行为的，应当撤销案件，并通知被调查人所在单位。

第四十六条 监察机关经调查，对违法取得的财物，依法予以没收、追缴或者责令退赔；对涉嫌犯罪取得的财物，应当随案移送人民检察院。

第四十七条 对监察机关移送的案件，人民检察院依照《中华人民共和国刑事诉讼法》对被调查人采取强制措施。

人民检察院经审查，认为犯罪事实已经查清，证据确实、充分，依法应当追究刑事责任的，应当作出起诉决定。

人民检察院经审查，认为需要补充核实的，应当退回监察机关补充调查，必要时可以自行补充侦查。对于补充调查的案件，应当在一个月内补充调查完毕。补充调查以二次为限。

人民检察院对于有《中华人民共和国刑事诉讼法》规定的不起诉的情形的，经上一级人民检察院批准，依法作出不起诉的决定。监察机关认为不起诉的决定有错误的，可以向上一级人民检察院提请复议。

第四十八条 监察机关在调查贪污贿赂、失职渎职等职务犯罪案件过程中，被调查人逃匿或者死亡，有必要继续调查的，经省级以上监察机关批准，应当继续调查并作出结论。被调查人逃匿，在通缉一年后不能到案，或者死亡的，由监察机关提请人民检察院依照法定程序，向人民法院提出没收违法所得的申请。

第四十九条 监察对象对监察机关作出的涉及本人的处理决定不服的，可以在收到处理决定之日起一个月内，向作出决定的监察机关申请复审，复审机关应当在一个月内作出复审决定；监察对象对复审决定仍不服的，可以在收到复审决定之日起一个月内，向上一级监察机关申请复核，复核机关应当在二个月内作出复核决定。复审、复核期间，不停止原处理决定的执行。复核机关经审查，认定处理决定有错误的，原处理机关应当及时予以纠正。

第六章 反腐败国际合作

第五十条 国家监察委员会统筹协调与其他国家、地区、国际组织开展的反腐败国际交流、合作，组织反腐败国际条约实施工作。

第五十一条 国家监察委员会组织协调有关方面加强与有关国家、地区、国际组织在反腐败执法、引渡、司法协助、被判刑人的移管、资产追回和信息交流等领域的合作。

第五十二条 国家监察委员会加强对反腐败国际追逃追赃和防逃工作的组织协调，督促有关单位做好相关工作：

（一）对于重大贪污贿赂、失职渎职等职务犯罪案件，被调查人逃匿到国（境）外，掌握证据比较确凿的，通过开展境外追逃合作，追捕归案；

（二）向赃款赃物所在国请求查询、冻结、扣押、没收、追缴、返还涉案资产；

（三）查询、监控涉嫌职务犯罪的公职人员及其相关人员进出国（境）和跨境资金流动情况，在调查案件过程中设置防逃程序。

第七章　对监察机关和监察人员的监督

第五十三条　各级监察委员会应当接受本级人民代表大会及其常务委员会的监督。

各级人民代表大会常务委员会听取和审议本级监察委员会的专项工作报告，组织执法检查。

县级以上各级人民代表大会及其常务委员会举行会议时，人民代表大会代表或者常务委员会组成人员可以依照法律规定的程序，就监察工作中的有关问题提出询问或者质询。

第五十四条　监察机关应当依法公开监察工作信息，接受民主监督、社会监督、舆论监督。

第五十五条　监察机关通过设立内部专门的监督机构等方式，加强对监察人员执行职务和遵守法律情况的监督，建设忠诚、干净、担当的监察队伍。

第五十六条　监察人员必须模范遵守宪法和法律，忠于职守、秉公执法，清正廉洁、保守秘密；必须具有良好的政治素质，熟悉监察业务，具备运用法律、法规、政策和调查取证等能力，自觉接受监督。

第五十七条　对于监察人员打听案情、过问案件、说情干预的，办理监察事项的监察人员应当及时报告。有关情况应当登记备案。

发现办理监察事项的监察人员未经批准接触被调查人、涉案人员及其特定关系人，或者存在交往情形的，知情人应当及时报告。有关情况应当登记备案。

第五十八条　办理监察事项的监察人员有下列情形之一的，应当自行回避，监察对象、检举人及其他有关人员也有权要求其回避：

（一）是监察对象或者检举人的近亲属的；

（二）担任过本案的证人的；

（三）本人或者其近亲属与办理的监察事项有利害关系的；

（四）有可能影响监察事项公正处理的其他情形的。

第五十九条　监察机关涉密人员离岗离职后，应当遵守脱密期管理规定，严格履行保密义务，不得泄露相关秘密。

监察人员辞职、退休三年内，不得从事与监察和司法工作相关联且可能发生利益冲突的职业。

第六十条 监察机关及其工作人员有下列行为之一的，被调查人及其近亲属有权向该机关申诉：

（一）留置法定期限届满，不予以解除的；

（二）查封、扣押、冻结与案件无关的财物的；

（三）应当解除查封、扣押、冻结措施而不解除的；

（四）贪污、挪用、私分、调换以及违反规定使用查封、扣押、冻结的财物的；

（五）其他违反法律法规、侵害被调查人合法权益的行为。

受理申诉的监察机关应当在受理申诉之日起一个月内作出处理决定。申诉人对处理决定不服的，可以在收到处理决定之日起一个月内向上一级监察机关申请复查，上一级监察机关应当在收到复查申请之日起二个月内作出处理决定，情况属实的，及时予以纠正。

第六十一条 对调查工作结束后发现立案依据不充分或者失实，案件处置出现重大失误，监察人员严重违法的，应当追究负有责任的领导人员和直接责任人员的责任。

第八章 法律责任

第六十二条 有关单位拒不执行监察机关作出的处理决定，或者无正当理由拒不采纳监察建议的，由其主管部门、上级机关责令改正，对单位给予通报批评；对负有责任的领导人员和直接责任人员依法给予处理。

第六十三条 有关人员违反本法规定，有下列行为之一的，由其所在单位、主管部门、上级机关或者监察机关责令改正，依法给予处理：

（一）不按要求提供有关材料，拒绝、阻碍调查措施实施等拒不配合监察机关调查的；

（二）提供虚假情况，掩盖事实真相的；

（三）串供或者伪造、隐匿、毁灭证据的；

（四）阻止他人揭发检举、提供证据的；

（五）其他违反本法规定的行为，情节严重的。

第六十四条　监察对象对控告人、检举人、证人或者监察人员进行报复陷害的；控告人、检举人、证人捏造事实诬告陷害监察对象的，依法给予处理。

第六十五条　监察机关及其工作人员有下列行为之一的，对负有责任的领导人员和直接责任人员依法给予处理：

（一）未经批准、授权处置问题线索，发现重大案情隐瞒不报，或者私自留存、处理涉案材料的；

（二）利用职权或者职务上的影响干预调查工作、以案谋私的；

（三）违法窃取、泄露调查工作信息，或者泄露举报事项、举报受理情况以及举报人信息的；

（四）对被调查人或者涉案人员逼供、诱供，或者侮辱、打骂、虐待、体罚或者变相体罚的；

（五）违反规定处置查封、扣押、冻结的财物的；

（六）违反规定发生办案安全事故，或者发生安全事故后隐瞒不报、报告失实、处置不当的；

（七）违反规定采取留置措施的；

（八）违反规定限制他人出境，或者不按规定解除出境限制的；

（九）其他滥用职权、玩忽职守、徇私舞弊的行为。

第六十六条　违反本法规定，构成犯罪的，依法追究刑事责任。

第六十七条　监察机关及其工作人员行使职权，侵犯公民、法人和其他组织的合法权益造成损害的，依法给予国家赔偿。

第九章　附　　则

第六十八条　中国人民解放军和中国人民武装警察部队开展监察工作，由中央军事委员会根据本法制定具体规定。

第六十九条　本法自公布之日起施行。《中华人民共和国行政监察法》同时废止。

中华人民共和国监察法实施条例

（2021年7月20日国家监察委员会全体会议决定　2021年9月20日中华人民共和国国家监察委员会公告第1号公布　自2021年9月20日起施行）

第一章　总　　则

第一条　为了推动监察工作法治化、规范化，根据《中华人民共和国监察法》（以下简称监察法），结合工作实际，制定本条例。

第二条　坚持中国共产党对监察工作的全面领导，增强政治意识、大局意识、核心意识、看齐意识，坚定中国特色社会主义道路自信、理论自信、制度自信、文化自信，坚决维护习近平总书记党中央的核心、全党的核心地位，坚决维护党中央权威和集中统一领导，把党的领导贯彻到监察工作各方面和全过程。

第三条　监察机关与党的纪律检查机关合署办公，坚持法治思维和法治方式，促进执纪执法贯通、有效衔接司法，实现依纪监督和依法监察、适用纪律和适用法律有机融合。

第四条　监察机关应当依法履行监督、调查、处置职责，坚持实事求是，坚持惩前毖后、治病救人，坚持惩戒与教育相结合，实现政治效果、法律效果和社会效果相统一。

第五条　监察机关应当坚定不移惩治腐败，推动深化改革、完善制度，规范权力运行，加强思想道德教育、法治教育、廉洁教育，引导公职人员提高觉悟、担当作为、依法履职，一体推进不敢腐、不能腐、不想腐体制机制建设。

第六条　监察机关坚持民主集中制，对于线索处置、立案调查、案件审理、处置执行、复审复核中的重要事项应当集体研究，严格按照权限履行请示报告程序。

第七条　监察机关应当在适用法律上一律平等，充分保障监察对象以及相关人员的人身权、知情权、财产权、申辩权、申诉权以及申请复审复核权等合法权益。

第八条 监察机关办理职务犯罪案件，应当与人民法院、人民检察院互相配合、互相制约，在案件管辖、证据审查、案件移送、涉案财物处置等方面加强沟通协调，对于人民法院、人民检察院提出的退回补充调查、排除非法证据、调取同步录音录像、要求调查人员出庭等意见依法办理。

第九条 监察机关开展监察工作，可以依法提请组织人事、公安、国家安全、审计、统计、市场监管、金融监管、财政、税务、自然资源、银行、证券、保险等有关部门、单位予以协助配合。

有关部门、单位应当根据监察机关的要求，依法协助采取有关措施、共享相关信息、提供相关资料和专业技术支持，配合开展监察工作。

第二章 监察机关及其职责

第一节 领导体制

第十条 国家监察委员会在党中央领导下开展工作。地方各级监察委员会在同级党委和上级监察委员会双重领导下工作，监督执法调查工作以上级监察委员会领导为主，线索处置和案件查办在向同级党委报告的同时应当一并向上一级监察委员会报告。

上级监察委员会应当加强对下级监察委员会的领导。下级监察委员会对上级监察委员会的决定必须执行，认为决定不当的，应当在执行的同时向上级监察委员会反映。上级监察委员会对下级监察委员会作出的错误决定，应当按程序予以纠正，或者要求下级监察委员会予以纠正。

第十一条 上级监察委员会可以依法统一调用所辖各级监察机关的监察人员办理监察事项。调用决定应当以书面形式作出。

监察机关办理监察事项应当加强互相协作和配合，对于重要、复杂事项可以提请上级监察机关予以协调。

第十二条 各级监察委员会依法向本级中国共产党机关、国家机关、法律法规授权或者受委托管理公共事务的组织和单位以及所管辖的国有企业事业单位等派驻或者派出监察机构、监察专员。

省级和设区的市级监察委员会依法向地区、盟、开发区等不设置人民代表大会的区域派出监察机构或者监察专员。县级监察委员会和直辖市所辖区（县）监察委员会可以向街道、乡镇等区域派出监察机构或者监察专员。

监察机构、监察专员开展监察工作，受派出机关领导。

第十三条 派驻或者派出的监察机构、监察专员根据派出机关授权，按照管理权限依法对派驻或者派出监督单位、区域等的公职人员开展监督，对职务违法和职务犯罪进行调查、处置。监察机构、监察专员可以按规定与地方监察委员会联合调查严重职务违法、职务犯罪，或者移交地方监察委员会调查。

未被授予职务犯罪调查权的监察机构、监察专员发现监察对象涉嫌职务犯罪线索的，应当及时向派出机关报告，由派出机关调查或者依法移交有关地方监察委员会调查。

第二节 监察监督

第十四条 监察机关依法履行监察监督职责，对公职人员政治品行、行使公权力和道德操守情况进行监督检查，督促有关机关、单位加强对所属公职人员的教育、管理、监督。

第十五条 监察机关应当坚决维护宪法确立的国家指导思想，加强对公职人员特别是领导人员坚持党的领导、坚持中国特色社会主义制度，贯彻落实党和国家路线方针政策、重大决策部署，履行从严管理监督职责，依法行使公权力等情况的监督。

第十六条 监察机关应当加强对公职人员理想教育、为人民服务教育、宪法法律法规教育、优秀传统文化教育，弘扬社会主义核心价值观，深入开展警示教育，教育引导公职人员树立正确的权力观、责任观、利益观，保持为民务实清廉本色。

第十七条 监察机关应当结合公职人员的职责加强日常监督，通过收集群众反映、座谈走访、查阅资料、召集或者列席会议、听取工作汇报和述责述廉、开展监督检查等方式，促进公职人员依法用权、秉公用权、廉洁用权。

第十八条 监察机关可以与公职人员进行谈心谈话，发现政治品行、行使公权力和道德操守方面有苗头性、倾向性问题的，及时进行教育提醒。

第十九条 监察机关对于发现的系统性、行业性的突出问题，以及群众反映强烈的问题，可以通过专项检查进行深入了解，督促有关机关、单位强化治理，促进公职人员履职尽责。

第二十条 监察机关应当以办案促进整改、以监督促进治理，在查清问题、依法处置的同时，剖析问题发生的原因，发现制度建设、权力配置、监督机制等方面存在的问题，向有关机关、单位提出改进工作的意见或者监察建议，促进完善制度，提高治理效能。

第二十一条 监察机关开展监察监督，应当与纪律监督、派驻监督、巡视监督统筹衔接，与人大监督、民主监督、行政监督、司法监督、审计监督、财会监督、统计监督、群众监督和舆论监督等贯通协调，健全信息、资源、成果共享等机制，形成监督合力。

第三节 监察调查

第二十二条 监察机关依法履行监察调查职责，依据监察法、《中华人民共和国公职人员政务处分法》（以下简称政务处分法）和《中华人民共和国刑法》（以下简称刑法）等规定对职务违法和职务犯罪进行调查。

第二十三条 监察机关负责调查的职务违法是指公职人员实施的与其职务相关联，虽不构成犯罪但依法应当承担法律责任的下列违法行为：

（一）利用职权实施的违法行为；

（二）利用职务上的影响实施的违法行为；

（三）履行职责不力、失职失责的违法行为；

（四）其他违反与公职人员职务相关的特定义务的违法行为。

第二十四条 监察机关发现公职人员存在其他违法行为，具有下列情形之一的，可以依法进行调查、处置：

（一）超过行政违法追究时效，或者超过犯罪追诉时效、未追究刑事责任，但需要依法给予政务处分的；

（二）被追究行政法律责任，需要依法给予政务处分的；

（三）监察机关调查职务违法或者职务犯罪时，对被调查人实施的事实简单、清楚，需要依法给予政务处分的其他违法行为一并查核的。

监察机关发现公职人员成为监察对象前有前款规定的违法行为的，依照前款规定办理。

第二十五条 监察机关依法对监察法第十一条第二项规定的职务犯罪进行调查。

第二十六条 监察机关依法调查涉嫌贪污贿赂犯罪，包括贪污罪，挪用公款罪，受贿罪，单位受贿罪，利用影响力受贿罪，行贿罪，对有影响力的人行贿罪，对单位行贿罪，介绍贿赂罪，单位行贿罪，巨额财产来源不明罪，隐瞒境外存款罪，私分国有资产罪，私分罚没财物罪，以及公职人员在行使公权力过程中实施的职务侵占罪，挪用资金罪，对外国公职人员、国际公共组织官员行贿罪，非国家工作人员受贿罪和相关联的对非国家工作人员行贿罪。

第二十七条 监察机关依法调查公职人员涉嫌滥用职权犯罪，包括滥用职权罪，国有公司、企业、事业单位人员滥用职权罪，滥用管理公司、证券职权罪，食品、药品监管渎职罪，故意泄露国家秘密罪，报复陷害罪，阻碍解救被拐卖、绑架妇女、儿童罪，帮助犯罪分子逃避处罚罪，违法发放林木采伐许可证罪，办理偷越国（边）境人员出入境证件罪，放行偷越国（边）境人员罪，挪用特定款物罪，非法剥夺公民宗教信仰自由罪，侵犯少数民族风俗习惯罪，打击报复会计、统计人员罪，以及司法工作人员以外的公职人员利用职权实施的非法拘禁罪、虐待被监管人罪、非法搜查罪。

第二十八条 监察机关依法调查公职人员涉嫌玩忽职守犯罪，包括玩忽职守罪，国有公司、企业、事业单位人员失职罪，签订、履行合同失职被骗罪，国家机关工作人员签订、履行合同失职被骗罪，环境监管失职罪，传染病防治失职罪，商检失职罪，动植物检疫失职罪，不解救被拐卖、绑架妇女、儿童罪，失职造成珍贵文物损毁、流失罪，过失泄露国家秘密罪。

第二十九条 监察机关依法调查公职人员涉嫌徇私舞弊犯罪，包括徇私舞弊低价折股、出售国有资产罪，非法批准征收、征用、占用土地罪，非法低价出让国有土地使用权罪，非法经营同类营业罪，为亲友非法牟利罪，枉法仲裁罪，徇私舞弊发售发票、抵扣税款、出口退税罪，商检徇私舞弊罪，动植物检疫徇私舞弊罪，放纵走私罪，放纵制售伪劣商品犯罪行为罪，招收公务员、学生徇私舞弊罪，徇私舞弊不移交刑事案件罪，违法提供出口退税凭证罪，徇私舞弊不征、少征税款罪。

第三十条 监察机关依法调查公职人员在行使公权力过程中涉及的重大责任事故犯罪，包括重大责任事故罪，教育设施重大安全事故罪，消防责任事故罪，重大劳动安全事故罪，强令、组织他人违章冒险作业罪，危险作业罪，不报、谎报安全事故罪，铁路运营安全事故罪，重大飞行事故罪，大型群众性活动重大安全事故罪，危险物品肇事罪，工程重大安全事故罪。

第三十一条 监察机关依法调查公职人员在行使公权力过程中涉及的其他犯罪，包括破坏选举罪，背信损害上市公司利益罪，金融工作人员购买假币、以假币换取货币罪，利用未公开信息交易罪，诱骗投资者买卖证券、期货合约罪，背信运用受托财产罪，违法运用资金罪，违法发放贷款罪，吸收客户资金不入账罪，违规出具金融票证罪，对违法票据承兑、付款、保证罪，非法转让、倒卖土地使用权罪，私自开拆、隐匿、毁弃邮件、电报罪，故意延误投递邮件罪，泄露不应公开的案件信息罪，披露、报道不应公开的案件信息罪，接送不合格兵员罪。

第三十二条 监察机关发现依法由其他机关管辖的违法犯罪线索，应当及时移送有管辖权的机关。

监察机关调查结束后，对于应当给予被调查人或者涉案人员行政处罚等其他处理的，依法移送有关机关。

第四节　监察处置

第三十三条 监察机关对违法的公职人员，依据监察法、政务处分法等规定作出政务处分决定。

第三十四条 监察机关在追究违法的公职人员直接责任的同时，依法对履行职责不力、失职失责，造成严重后果或者恶劣影响的领导人员予以问责。

监察机关应当组成调查组依法开展问责调查。调查结束后经集体讨论形成调查报告，需要进行问责的按照管理权限作出问责决定，或者向有权作出问责决定的机关、单位书面提出问责建议。

第三十五条 监察机关对涉嫌职务犯罪的人员，经调查认为犯罪事实清楚，证据确实、充分，需要追究刑事责任的，依法移送人民检察院审查起诉。

第三十六条 监察机关根据监督、调查结果，发现监察对象所在单位在廉政建设、权力制约、监督管理、制度执行以及履行职责等方面存在问题需要整改纠正的，依法提出监察建议。

监察机关应当跟踪了解监察建议的采纳情况，指导、督促有关单位限期整改，推动监察建议落实到位。

第三章 监察范围和管辖

第一节 监察对象

第三十七条 监察机关依法对所有行使公权力的公职人员进行监察，实现国家监察全面覆盖。

第三十八条 监察法第十五条第一项所称公务员范围，依据《中华人民共和国公务员法》（以下简称公务员法）确定。

监察法第十五条第一项所称参照公务员法管理的人员，是指有关单位中经批准参照公务员法进行管理的工作人员。

第三十九条 监察法第十五条第二项所称法律、法规授权或者受国家机关依法委托管理公共事务的组织中从事公务的人员，是指在上述组织中，除参照公务员法管理的人员外，对公共事务履行组织、领导、管理、监督等职责的人员，包括具有公共事务管理职能的行业协会等组织中从事公务的人员，以及法定检验检测、检疫等机构中从事公务的人员。

第四十条 监察法第十五条第三项所称国有企业管理人员，是指国家出资企业中的下列人员：

（一）在国有独资、全资公司、企业中履行组织、领导、管理、监督等职责的人员；

（二）经党组织或者国家机关，国有独资、全资公司、企业，事业单位提名、推荐、任命、批准等，在国有控股、参股公司及其分支机构中履行组织、领导、管理、监督等职责的人员；

（三）经国家出资企业中负有管理、监督国有资产职责的组织批准或者研究决定，代表其在国有控股、参股公司及其分支机构中从事组织、领导、管理、监督等工作的人员。

第四十一条　监察法第十五条第四项所称公办的教育、科研、文化、医疗卫生、体育等单位中从事管理的人员，是指国家为了社会公益目的，由国家机关举办或者其他组织利用国有资产举办的教育、科研、文化、医疗卫生、体育等事业单位中，从事组织、领导、管理、监督等工作的人员。

第四十二条　监察法第十五条第五项所称基层群众性自治组织中从事管理的人员，是指该组织中的下列人员：

（一）从事集体事务和公益事业管理的人员；

（二）从事集体资金、资产、资源管理的人员；

（三）协助人民政府从事行政管理工作的人员，包括从事救灾、防疫、抢险、防汛、优抚、帮扶、移民、救济款物的管理，社会捐助公益事业款物的管理，国有土地的经营和管理，土地征收、征用补偿费用的管理，代征、代缴税款，有关计划生育、户籍、征兵工作，协助人民政府等国家机关在基层群众性自治组织中从事的其他管理工作。

第四十三条　下列人员属于监察法第十五条第六项所称其他依法履行公职的人员：

（一）履行人民代表大会职责的各级人民代表大会代表，履行公职的中国人民政治协商会议各级委员会委员、人民陪审员、人民监督员；

（二）虽未列入党政机关人员编制，但在党政机关中从事公务的人员；

（三）在集体经济组织等单位、组织中，由党组织或者国家机关，国有独资、全资公司、企业，国家出资企业中负有管理监督国有和集体资产职责的组织，事业单位提名、推荐、任命、批准等，从事组织、领导、管理、监督等工作的人员；

（四）在依法组建的评标、谈判、询价等组织中代表国家机关，国有独资、全资公司、企业，事业单位，人民团体临时履行公共事务组织、领导、管理、监督等职责的人员；

（五）其他依法行使公权力的人员。

第四十四条 有关机关、单位、组织集体作出的决定违法或者实施违法行为的，监察机关应当对负有责任的领导人员和直接责任人员中的公职人员依法追究法律责任。

第二节 管 辖

第四十五条 监察机关开展监督、调查、处置，按照管理权限与属地管辖相结合的原则，实行分级负责制。

第四十六条 设区的市级以上监察委员会按照管理权限，依法管辖同级党委管理的公职人员涉嫌职务违法和职务犯罪案件。

县级监察委员会和直辖市所辖区（县）监察委员会按照管理权限，依法管辖本辖区内公职人员涉嫌职务违法和职务犯罪案件。

地方各级监察委员会按照本条例第十三条、第四十九条规定，可以依法管辖工作单位在本辖区内的有关公职人员涉嫌职务违法和职务犯罪案件。

监察机关调查公职人员涉嫌职务犯罪案件，可以依法对涉嫌行贿犯罪、介绍贿赂犯罪或者共同职务犯罪的涉案人员中的非公职人员一并管辖。非公职人员涉嫌利用影响力受贿罪的，按照其所利用的公职人员的管理权限确定管辖。

第四十七条 上级监察机关对于下一级监察机关管辖范围内的职务违法和职务犯罪案件，具有下列情形之一的，可以依法提级管辖：

（一）在本辖区有重大影响的；

（二）涉及多个下级监察机关管辖的监察对象，调查难度大的；

（三）其他需要提级管辖的重大、复杂案件。

上级监察机关对于所辖各级监察机关管辖范围内有重大影响的案件，必要时可以依法直接调查或者组织、指挥、参与调查。

地方各级监察机关所管辖的职务违法和职务犯罪案件，具有第一款规定情形的，可以依法报请上一级监察机关管辖。

第四十八条 上级监察机关可以依法将其所管辖的案件指定下级监察机关管辖。

设区的市级监察委员会将同级党委管理的公职人员涉嫌职务违法或者职务犯罪案件指定下级监察委员会管辖的，应当报省级监察委员会批准；省级监察委员会将同级党委管理的公职人员涉嫌职务违法或者职务犯罪案件指定下级监察委员会管辖的，应当报国家监察委员会相关监督检查部门备案。

上级监察机关对于下级监察机关管辖的职务违法和职务犯罪案件，具有下列情形之一，认为由其他下级监察机关管辖更为适宜的，可以依法指定给其他下级监察机关管辖：

（一）管辖有争议的；

（二）指定管辖有利于案件公正处理的；

（三）下级监察机关报请指定管辖的；

（四）其他有必要指定管辖的。

被指定的下级监察机关未经指定管辖的监察机关批准，不得将案件再行指定管辖。发现新的职务违法或者职务犯罪线索，以及其他重要情况、重大问题，应当及时向指定管辖的监察机关请示报告。

第四十九条 工作单位在地方、管理权限在主管部门的公职人员涉嫌职务违法和职务犯罪，一般由驻在主管部门、有管辖权的监察机构、监察专员管辖；经协商，监察机构、监察专员可以按规定移交公职人员工作单位所在地的地方监察委员会调查，或者与地方监察委员会联合调查。地方监察委员会在工作中发现上述公职人员有关问题线索，应当向驻在主管部门、有管辖权的监察机构、监察专员通报，并协商确定管辖。

前款规定单位的其他公职人员涉嫌职务违法和职务犯罪，可以由地方监察委员会管辖；驻在主管部门的监察机构、监察专员自行立案调查的，应当及时通报地方监察委员会。

地方监察委员会调查前两款规定案件，应当将立案、留置、移送审查起诉、撤销案件等重要情况向驻在主管部门的监察机构、监察专员通报。

第五十条 监察机关办理案件中涉及无隶属关系的其他监察机关的监察

对象，认为需要立案调查的，应当商请有管理权限的监察机关依法立案调查。商请立案时，应当提供涉案人员基本情况、已经查明的涉嫌违法犯罪事实以及相关证据材料。

承办案件的监察机关认为由其一并调查更为适宜的，可以报请有权决定的上级监察机关指定管辖。

第五十一条 公职人员既涉嫌贪污贿赂、失职渎职等严重职务违法和职务犯罪，又涉嫌公安机关、人民检察院等机关管辖的犯罪，依法由监察机关为主调查的，应当由监察机关和其他机关分别依职权立案，监察机关承担组织协调职责，协调调查和侦查工作进度、重要调查和侦查措施使用等重要事项。

第五十二条 监察机关必要时可以依法调查司法工作人员利用职权实施的涉嫌非法拘禁、刑讯逼供、非法搜查等侵犯公民权利、损害司法公正的犯罪，并在立案后及时通报同级人民检察院。

监察机关在调查司法工作人员涉嫌贪污贿赂等职务犯罪中，可以对其涉嫌的前款规定的犯罪一并调查，并及时通报同级人民检察院。人民检察院在办理直接受理侦查的案件中，发现犯罪嫌疑人同时涉嫌监察机关管辖的其他职务犯罪，经沟通全案移送监察机关管辖的，监察机关应当依法进行调查。

第五十三条 监察机关对于退休公职人员在退休前或者退休后，或者离职、死亡的公职人员在履职期间实施的涉嫌职务违法或者职务犯罪行为，可以依法进行调查。

对前款规定人员，按照其原任职务的管辖规定确定管辖的监察机关；由其他监察机关管辖更为适宜的，可以依法指定或者交由其他监察机关管辖。

第四章 监察权限

第一节 一般要求

第五十四条 监察机关应当加强监督执法调查工作规范化建设，严格按规定对监察措施进行审批和监管，依照法定的范围、程序和期限采取相关措施，出具、送达法律文书。

第五十五条 监察机关在初步核实中，可以依法采取谈话、询问、查询、调取、勘验检查、鉴定措施；立案后可以采取讯问、留置、冻结、搜查、查封、扣押、通缉措施。需要采取技术调查、限制出境措施的，应当按照规定交有关机关依法执行。设区的市级以下监察机关在初步核实中不得采取技术调查措施。

开展问责调查，根据具体情况可以依法采取相关监察措施。

第五十六条 开展讯问、搜查、查封、扣押以及重要的谈话、询问等调查取证工作，应当全程同步录音录像，并保持录音录像资料的完整性。录音录像资料应当妥善保管、及时归档，留存备查。

人民检察院、人民法院需要调取同步录音录像的，监察机关应当予以配合，经审批依法予以提供。

第五十七条 需要商请其他监察机关协助收集证据材料的，应当依法出具《委托调查函》；商请其他监察机关对采取措施提供一般性协助的，应当依法出具《商请协助采取措施函》。商请协助事项涉及协助地监察机关管辖的监察对象的，应当由协助地监察机关按照所涉人员的管理权限报批。协助地监察机关对于协助请求，应当依法予以协助配合。

第五十八条 采取监察措施需要告知、通知相关人员的，应当依法办理。告知包括口头、书面两种方式，通知应当采取书面方式。采取口头方式告知的，应当将相关情况制作工作记录；采取书面方式告知、通知的，可以通过直接送交、邮寄、转交等途径送达，将有关回执或者凭证附卷。

无法告知、通知，或者相关人员拒绝接收的，调查人员应当在工作记录或者有关文书上记明。

第二节 证 据

第五十九条 可以用于证明案件事实的材料都是证据，包括：

（一）物证；

（二）书证；

（三）证人证言；

（四）被害人陈述；

（五）被调查人陈述、供述和辩解；

（六）鉴定意见；

（七）勘验检查、辨认、调查实验等笔录；

（八）视听资料、电子数据。

监察机关向有关单位和个人收集、调取证据时，应当告知其必须依法如实提供证据。对于不按要求提供有关材料，泄露相关信息，伪造、隐匿、毁灭证据，提供虚假情况或者阻止他人提供证据的，依法追究法律责任。

监察机关依照监察法和本条例规定收集的证据材料，经审查符合法定要求的，在刑事诉讼中可以作为证据使用。

第六十条 监察机关认定案件事实应当以证据为根据，全面、客观地收集、固定被调查人有无违法犯罪以及情节轻重的各种证据，形成相互印证、完整稳定的证据链。

只有被调查人陈述或者供述，没有其他证据的，不能认定案件事实；没有被调查人陈述或者供述，证据符合法定标准的，可以认定案件事实。

第六十一条 证据必须经过查证属实，才能作为定案的根据。审查认定证据，应当结合案件的具体情况，从证据与待证事实的关联程度、各证据之间的联系、是否依照法定程序收集等方面进行综合判断。

第六十二条 监察机关调查终结的职务违法案件，应当事实清楚、证据确凿。证据确凿，应当符合下列条件：

（一）定性处置的事实都有证据证实；

（二）定案证据真实、合法；

（三）据以定案的证据之间不存在无法排除的矛盾；

（四）综合全案证据，所认定事实清晰且令人信服。

第六十三条 监察机关调查终结的职务犯罪案件，应当事实清楚，证据确实、充分。证据确实、充分，应当符合下列条件：

（一）定罪量刑的事实都有证据证明；

（二）据以定案的证据均经法定程序查证属实；

（三）综合全案证据，对所认定事实已排除合理怀疑。

证据不足的，不得移送人民检察院审查起诉。

第六十四条 严禁以暴力、威胁、引诱、欺骗以及非法限制人身自由等非法方法收集证据，严禁侮辱、打骂、虐待、体罚或者变相体罚被调查人、涉案人员和证人。

第六十五条 对于调查人员采用暴力、威胁以及非法限制人身自由等非法方法收集的被调查人供述、证人证言、被害人陈述，应当依法予以排除。

前款所称暴力的方法，是指采用殴打、违法使用戒具等方法或者变相肉刑的恶劣手段，使人遭受难以忍受的痛苦而违背意愿作出供述、证言、陈述；威胁的方法，是指采用以暴力或者严重损害本人及其近亲属合法权益等进行威胁的方法，使人遭受难以忍受的痛苦而违背意愿作出供述、证言、陈述。

收集物证、书证不符合法定程序，可能严重影响案件公正处理的，应当予以补正或者作出合理解释；不能补正或者作出合理解释的，对该证据应当予以排除。

第六十六条 监察机关监督检查、调查、案件审理、案件监督管理等部门发现监察人员在办理案件中，可能存在以非法方法收集证据情形的，应当依据职责进行调查核实。对于被调查人控告、举报调查人员采用非法方法收集证据，并提供涉嫌非法取证的人员、时间、地点、方式和内容等材料或者线索的，应当受理并进行审核。根据现有材料无法证明证据收集合法性的，应当进行调查核实。

经调查核实，确认或者不能排除以非法方法收集证据的，对有关证据依法予以排除，不得作为案件定性处置、移送审查起诉的依据。认定调查人员非法取证的，应当依法处理，另行指派调查人员重新调查取证。

监察机关接到对下级监察机关调查人员采用非法方法收集证据的控告、举报，可以直接进行调查核实，也可以交由下级监察机关调查核实。交由下级监察机关调查核实的，下级监察机关应当及时将调查结果报告上级监察机关。

第六十七条 对收集的证据材料及扣押的财物应当妥善保管，严格履行交接、调用手续，定期对账核实，不得违规使用、调换、损毁或者自行处理。

第六十八条 监察机关对行政机关在行政执法和查办案件中收集的物证、书证、视听资料、电子数据，勘验、检查等笔录，以及鉴定意见等证据材料，经审查符合法定要求的，可以作为证据使用。

根据法律、行政法规规定行使国家行政管理职权的组织在行政执法和查办案件中收集的证据材料，视为行政机关收集的证据材料。

第六十九条 监察机关对人民法院、人民检察院、公安机关、国家安全机关等在刑事诉讼中收集的物证、书证、视听资料、电子数据，勘验、检查、辨认、侦查实验等笔录，以及鉴定意见等证据材料，经审查符合法定要求的，可以作为证据使用。

监察机关办理职务违法案件，对于人民法院生效刑事判决、裁定和人民检察院不起诉决定采信的证据材料，可以直接作为证据使用。

第三节 谈 话

第七十条 监察机关在问题线索处置、初步核实和立案调查中，可以依法对涉嫌职务违法的监察对象进行谈话，要求其如实说明情况或者作出陈述。

谈话应当个别进行。负责谈话的人员不得少于二人。

第七十一条 对一般性问题线索的处置，可以采取谈话方式进行，对监察对象给予警示、批评、教育。谈话应当在工作地点等场所进行，明确告知谈话事项，注重谈清问题、取得教育效果。

第七十二条 采取谈话方式处置问题线索的，经审批可以由监察人员或者委托被谈话人所在单位主要负责人等进行谈话。

监察机关谈话应当形成谈话笔录或者记录。谈话结束后，可以根据需要要求被谈话人在十五个工作日以内作出书面说明。被谈话人应当在书面说明每页签名，修改的地方也应当签名。

委托谈话的，受委托人应当在收到委托函后的十五个工作日以内进行谈话。谈话结束后及时形成谈话情况材料报送监察机关，必要时附被谈话人的书面说明。

第七十三条 监察机关开展初步核实工作，一般不与被核查人接触；确有需要与被核查人谈话的，应当按规定报批。

第七十四条 监察机关对涉嫌职务违法的被调查人立案后，可以依法进行谈话。

与被调查人首次谈话时，应当出示《被调查人权利义务告知书》，由其签名、捺指印。被调查人拒绝签名、捺指印的，调查人员应当在文书上记明。对于被调查人未被限制人身自由的，应当在首次谈话时出具《谈话通知书》。

与涉嫌严重职务违法的被调查人进行谈话的，应当全程同步录音录像，并告知被调查人。告知情况应当在录音录像中予以反映，并在笔录中记明。

第七十五条 立案后，与未被限制人身自由的被调查人谈话的，应当在具备安全保障条件的场所进行。

调查人员按规定通知被调查人所在单位派员或者被调查人家属陪同被调查人到指定场所的，应当与陪同人员办理交接手续，填写《陪送交接单》。

第七十六条 调查人员与被留置的被调查人谈话的，按照法定程序在留置场所进行。

与在押的犯罪嫌疑人、被告人谈话的，应当持以监察机关名义出具的介绍信、工作证件，商请有关案件主管机关依法协助办理。

与在看守所、监狱服刑的人员谈话的，应当持以监察机关名义出具的介绍信、工作证件办理。

第七十七条 与被调查人进行谈话，应当合理安排时间、控制时长，保证其饮食和必要的休息时间。

第七十八条 谈话笔录应当在谈话现场制作。笔录应当详细具体，如实反映谈话情况。笔录制作完成后，应当交给被调查人核对。被调查人没有阅读能力的，应当向其宣读。

笔录记载有遗漏或者差错的，应当补充或者更正，由被调查人在补充或者更正处捺指印。被调查人核对无误后，应当在笔录中逐页签名、捺指印。被调查人拒绝签名、捺指印的，调查人员应当在笔录中记明。调查人员也应当在笔录中签名。

第七十九条 被调查人请求自行书写说明材料的，应当准许。必要时，调查人员可以要求被调查人自行书写说明材料。

被调查人应当在说明材料上逐页签名、捺指印，在末页写明日期。对说明材料有修改的，在修改之处应当捺指印。说明材料应当由二名调查人员接收，在首页记明接收的日期并签名。

第八十条 本条例第七十四条至第七十九条的规定，也适用于在初步核实中开展的谈话。

第四节 讯 问

第八十一条 监察机关对涉嫌职务犯罪的被调查人，可以依法进行讯问，要求其如实供述涉嫌犯罪的情况。

第八十二条 讯问被留置的被调查人，应当在留置场所进行。

第八十三条 讯问应当个别进行，调查人员不得少于二人。

首次讯问时，应当向被讯问人出示《被调查人权利义务告知书》，由其签名、捺指印。被讯问人拒绝签名、捺指印的，调查人员应当在文书上记明。被讯问人未被限制人身自由的，应当在首次讯问时向其出具《讯问通知书》。

讯问一般按照下列顺序进行：

（一）核实被讯问人的基本情况，包括姓名、曾用名、出生年月日、户籍地、身份证件号码、民族、职业、政治面貌、文化程度、工作单位及职务、住所、家庭情况、社会经历，是否属于党代表大会代表、人大代表、政协委员，是否受到过党纪政务处分，是否受到过刑事处罚等；

（二）告知被讯问人如实供述自己罪行可以依法从宽处理和认罪认罚的法律规定；

（三）讯问被讯问人是否有犯罪行为，让其陈述有罪的事实或者无罪的辩解，应当允许其连贯陈述。

调查人员的提问应当与调查的案件相关。被讯问人对调查人员的提问应当如实回答。调查人员对被讯问人的辩解，应当如实记录，认真查核。

讯问时，应当告知被讯问人将进行全程同步录音录像。告知情况应当在录音录像中予以反映，并在笔录中记明。

第八十四条 本条例第七十五条至第七十九条的要求，也适用于讯问。

第五节 询　　问

第八十五条 监察机关按规定报批后，可以依法对证人、被害人等人员进行询问，了解核实有关问题或者案件情况。

第八十六条 证人未被限制人身自由的，可以在其工作地点、住所或者其提出的地点进行询问，也可以通知其到指定地点接受询问。到证人提出的地点或者调查人员指定的地点进行询问的，应当在笔录中记明。

调查人员认为有必要或者证人提出需要由所在单位派员或者其家属陪同到询问地点的，应当办理交接手续并填写《陪送交接单》。

第八十七条 询问应当个别进行。负责询问的调查人员不得少于二人。

首次询问时，应当向证人出示《证人权利义务告知书》，由其签名、捺指印。证人拒绝签名、捺指印的，调查人员应当在文书上记明。证人未被限制人身自由的，应当在首次询问时向其出具《询问通知书》。

询问时，应当核实证人身份，问明证人的基本情况，告知证人应当如实提供证据、证言，以及作伪证或者隐匿证据应当承担的法律责任。不得向证人泄露案情，不得采用非法方法获取证言。

询问重大或者有社会影响案件的重要证人，应当对询问过程全程同步录音录像，并告知证人。告知情况应当在录音录像中予以反映，并在笔录中记明。

第八十八条 询问未成年人，应当通知其法定代理人到场。无法通知或者法定代理人不能到场的，应当通知未成年人的其他成年亲属或者所在学校、居住地基层组织的代表等有关人员到场。询问结束后，由法定代理人或者有关人员在笔录中签名。调查人员应当将到场情况记录在案。

询问聋、哑人，应当有通晓聋、哑手势的人员参加。调查人员应当在笔录中记明证人的聋、哑情况，以及翻译人员的姓名、工作单位和职业。询问不通晓当地通用语言、文字的证人，应当有翻译人员。询问结束后，由翻译人员在笔录中签名。

第八十九条 凡是知道案件情况的人，都有如实作证的义务。对故意提供虚假证言的证人，应当依法追究法律责任。

证人或者其他任何人不得帮助被调查人隐匿、毁灭、伪造证据或者串供，不得实施其他干扰调查活动的行为。

第九十条 证人、鉴定人、被害人因作证，本人或者近亲属人身安全面临危险，向监察机关请求保护的，监察机关应当受理并及时进行审查；对于确实存在人身安全危险的，监察机关应当采取必要的保护措施。监察机关发现存在上述情形的，应当主动采取保护措施。

监察机关可以采取下列一项或者多项保护措施：

（一）不公开真实姓名、住址和工作单位等个人信息；

（二）禁止特定的人员接触证人、鉴定人、被害人及其近亲属；

（三）对人身和住宅采取专门性保护措施；

（四）其他必要的保护措施。

依法决定不公开证人、鉴定人、被害人的真实姓名、住址和工作单位等个人信息的，可以在询问笔录等法律文书、证据材料中使用化名。但是应当另行书面说明使用化名的情况并标明密级，单独成卷。

监察机关采取保护措施需要协助的，可以提请公安机关等有关单位和要求有关个人依法予以协助。

第九十一条 本条例第七十六条至第七十九条的要求，也适用于询问。询问重要涉案人员，根据情况适用本条例第七十五条的规定。

询问被害人，适用询问证人的规定。

第六节 留　　置

第九十二条 监察机关调查严重职务违法或者职务犯罪，对于符合监察法第二十二条第一款规定的，经依法审批，可以对被调查人采取留置措施。

监察法第二十二条第一款规定的严重职务违法，是指根据监察机关已经掌握的事实及证据，被调查人涉嫌的职务违法行为情节严重，可能被给予撤职以上政务处分；重要问题，是指对被调查人涉嫌的职务违法或者职务犯罪，在定性处置、定罪量刑等方面有重要影响的事实、情节及证据。

监察法第二十二条第一款规定的已经掌握其部分违法犯罪事实及证据，是指同时具备下列情形：

（一）有证据证明发生了违法犯罪事实；

（二）有证据证明该违法犯罪事实是被调查人实施；

（三）证明被调查人实施违法犯罪行为的证据已经查证属实。

部分违法犯罪事实，既可以是单一违法犯罪行为的事实，也可以是数个违法犯罪行为中任何一个违法犯罪行为的事实。

第九十三条 被调查人具有下列情形之一的，可以认定为监察法第二十二条第一款第二项所规定的可能逃跑、自杀：

（一）着手准备自杀、自残或者逃跑的；

（二）曾经有自杀、自残或者逃跑行为的；

（三）有自杀、自残或者逃跑意图的；

（四）其他可能逃跑、自杀的情形。

第九十四条 被调查人具有下列情形之一的，可以认定为监察法第二十二条第一款第三项所规定的可能串供或者伪造、隐匿、毁灭证据：

（一）曾经或者企图串供，伪造、隐匿、毁灭、转移证据的；

（二）曾经或者企图威逼、恐吓、利诱、收买证人，干扰证人作证的；

（三）有同案人或者与被调查人存在密切关联违法犯罪的涉案人员在逃，重要证据尚未收集完成的；

（四）其他可能串供或者伪造、隐匿、毁灭证据的情形。

第九十五条 被调查人具有下列情形之一的，可以认定为监察法第二十二条第一款第四项所规定的可能有其他妨碍调查行为：

（一）可能继续实施违法犯罪行为的；

（二）有危害国家安全、公共安全等现实危险的；

（三）可能对举报人、控告人、被害人、证人、鉴定人等相关人员实施打击报复的；

（四）无正当理由拒不到案，严重影响调查的；

（五）其他可能妨碍调查的行为。

第九十六条 对下列人员不得采取留置措施：

（一）患有严重疾病、生活不能自理的；

（二）怀孕或者正在哺乳自己婴儿的妇女；

（三）系生活不能自理的人的唯一扶养人。

上述情形消除后，根据调查需要可以对相关人员采取留置措施。

第九十七条 采取留置措施时，调查人员不得少于二人，应当向被留置人员宣布《留置决定书》，告知被留置人员权利义务，要求其在《留置决定书》上签名、捺指印。被留置人员拒绝签名、捺指印的，调查人员应当在文书上记明。

第九十八条 采取留置措施后，应当在二十四小时以内通知被留置人员所在单位和家属。当面通知的，由有关人员在《留置通知书》上签名。无法当面通知的，可以先以电话等方式通知，并通过邮寄、转交等方式送达《留置通知书》，要求有关人员在《留置通知书》上签名。

因可能毁灭、伪造证据，干扰证人作证或者串供等有碍调查情形而不宜通知的，应当按规定报批，记录在案。有碍调查的情形消失后，应当立即通知被留置人员所在单位和家属。

第九十九条 县级以上监察机关需要提请公安机关协助采取留置措施的，应当按规定报批，请同级公安机关依法予以协助。提请协助时，应当出具《提请协助采取留置措施函》，列明提请协助的具体事项和建议，协助采取措施的时间、地点等内容，附《留置决定书》复印件。

因保密需要，不适合在采取留置措施前向公安机关告知留置对象姓名的，可以作出说明，进行保密处理。

需要提请异地公安机关协助采取留置措施的，应当按规定报批，向协作地同级监察机关出具协作函件和相关文书，由协作地监察机关提请当地公安机关依法予以协助。

第一百条 留置过程中，应当保障被留置人员的合法权益，尊重其人格和民族习俗，保障饮食、休息和安全，提供医疗服务。

第一百零一条 留置时间不得超过三个月，自向被留置人员宣布之日起算。具有下列情形之一的，经审批可以延长一次，延长时间不得超过三个月：

（一）案情重大，严重危害国家利益或者公共利益的；

（二）案情复杂，涉案人员多、金额巨大，涉及范围广的；

（三）重要证据尚未收集完成，或者重要涉案人员尚未到案，导致违法犯罪的主要事实仍须继续调查的；

（四）其他需要延长留置时间的情形。

省级以下监察机关采取留置措施的，延长留置时间应当报上一级监察机关批准。

延长留置时间的，应当在留置期满前向被留置人员宣布延长留置时间的决定，要求其在《延长留置时间决定书》上签名、捺指印。被留置人员拒绝签名、捺指印的，调查人员应当在文书上记明。

延长留置时间的，应当通知被留置人员家属。

第一百零二条 对被留置人员不需要继续采取留置措施的，应当按规定报批，及时解除留置。

调查人员应当向被留置人员宣布解除留置措施的决定，由其在《解除留置决定书》上签名、捺指印。被留置人员拒绝签名、捺指印的，调查人员应当在文书上记明。

解除留置措施的，应当及时通知被留置人员所在单位或者家属。调查人员应当与交接人办理交接手续，并由其在《解除留置通知书》上签名。无法通知或者有关人员拒绝签名的，调查人员应当在文书上记明。

案件依法移送人民检察院审查起诉的，留置措施自犯罪嫌疑人被执行拘留时自动解除，不再办理解除法律手续。

第一百零三条 留置场所应当建立健全保密、消防、医疗、餐饮及安保等安全工作责任制，制定紧急突发事件处置预案，采取安全防范措施。

留置期间发生被留置人员死亡、伤残、脱逃等办案安全事故、事件的，应当及时做好处置工作。相关情况应当立即报告监察机关主要负责人，并在二十四小时以内逐级上报至国家监察委员会。

第七节　查询、冻结

第一百零四条 监察机关调查严重职务违法或者职务犯罪，根据工作需要，按规定报批后，可以依法查询、冻结涉案单位和个人的存款、汇款、债券、股票、基金份额等财产。

第一百零五条 查询、冻结财产时，调查人员不得少于二人。调查人员应当出具《协助查询财产通知书》或者《协助冻结财产通知书》，送交银行或者其他金融机构、邮政部门等单位执行。有关单位和个人应当予以配合，并严格保密。

查询财产应当在《协助查询财产通知书》中填写查询账号、查询内容等信息。没有具体账号的，应当填写足以确定账户或者权利人的自然人姓名、身份证件号码或者企业法人名称、统一社会信用代码等信息。

冻结财产应当在《协助冻结财产通知书》中填写冻结账户名称、冻结账号、冻结数额、冻结期限起止时间等信息。冻结数额应当具体、明确，暂时无法确定具体数额的，应当在《协助冻结财产通知书》上明确写明“只收不付”。冻结证券和交易结算资金时，应当明确冻结的范围是否及于孳息。

冻结财产，应当为被调查人及其所扶养的亲属保留必需的生活费用。

第一百零六条 调查人员可以根据需要对查询结果进行打印、抄录、复制、拍照，要求相关单位在有关材料上加盖证明印章。对查询结果有疑问的，可以要求相关单位进行书面解释并加盖印章。

第一百零七条 监察机关对查询信息应当加强管理，规范信息交接、调阅、使用程序和手续，防止滥用和泄露。

调查人员不得查询与案件调查工作无关的信息。

第一百零八条 冻结财产的期限不得超过六个月。冻结期限到期未办理续冻手续的，冻结自动解除。

有特殊原因需要延长冻结期限的，应当在到期前按原程序报批，办理续冻手续。每次续冻期限不得超过六个月。

第一百零九条 已被冻结的财产可以轮候冻结，不得重复冻结。轮候冻结的，监察机关应当要求有关银行或者其他金融机构等单位在解除冻结或者作出处理前予以通知。

监察机关接受司法机关、其他监察机关等国家机关移送的涉案财物后，该国家机关采取的冻结期限届满，监察机关续行冻结的顺位与该国家机关冻结的顺位相同。

第一百一十条 冻结财产应当通知权利人或者其法定代理人、委托代理人，要求其在《冻结财产告知书》上签名。冻结股票、债券、基金份额等财产，应当告知权利人或者其法定代理人、委托代理人有权申请出售。

对于被冻结的股票、债券、基金份额等财产，权利人或者其法定代理人、委托代理人申请出售，不损害国家利益、被害人利益，不影响调查正常进行的，经审批可以在案件办结前由相关机构依法出售或者变现。对于被冻结的汇票、本票、支票即将到期的，经审批可以在案件办结前由相关机构依法出售或者变现。出售上述财产的，应当出具《许可出售冻结财产通知书》。

出售或者变现所得价款应当继续冻结在其对应的银行账户中；没有对应的银行账户的，应当存入监察机关指定的专用账户保管，并将存款凭证送监察机关登记。监察机关应当及时向权利人或者其法定代理人、委托代理人出具《出售冻结财产通知书》，并要求其签名。拒绝签名的，调查人员应当在文书上记明。

第一百一十一条　对于冻结的财产，应当及时核查。经查明与案件无关的，经审批，应当在查明后三日以内将《解除冻结财产通知书》送交有关单位执行。解除情况应当告知被冻结财产的权利人或者其法定代理人、委托代理人。

第八节　搜　　查

第一百一十二条　监察机关调查职务犯罪案件，为了收集犯罪证据、查获被调查人，按规定报批后，可以依法对被调查人以及可能隐藏被调查人或者犯罪证据的人的身体、物品、住处、工作地点和其他有关地方进行搜查。

第一百一十三条　搜查应当在调查人员主持下进行，调查人员不得少于二人。搜查女性的身体，由女性工作人员进行。

搜查时，应当有被搜查人或者其家属、其所在单位工作人员或者其他见证人在场。监察人员不得作为见证人。调查人员应当向被搜查人或者其家属、见证人出示《搜查证》，要求其签名。被搜查人或者其家属不在场，或者拒绝签名的，调查人员应当在文书上记明。

第一百一十四条　搜查时，应当要求在场人员予以配合，不得进行阻碍。对以暴力、威胁等方法阻碍搜查的，应当依法制止。对阻碍搜查构成违法犯罪的，依法追究法律责任。

第一百一十五条 县级以上监察机关需要提请公安机关依法协助采取搜查措施的，应当按规定报批，请同级公安机关予以协助。提请协助时，应当出具《提请协助采取搜查措施函》，列明提请协助的具体事项和建议，搜查时间、地点、目的等内容，附《搜查证》复印件。

需要提请异地公安机关协助采取搜查措施的，应当按规定报批，向协作地同级监察机关出具协作函件和相关文书，由协作地监察机关提请当地公安机关予以协助。

第一百一十六条 对搜查取证工作，应当全程同步录音录像。

对搜查情况应当制作《搜查笔录》，由调查人员和被搜查人或者其家属、见证人签名。被搜查人或者其家属不在场，或者拒绝签名的，调查人员应当在笔录中记明。

对于查获的重要物证、书证、视听资料、电子数据及其放置、存储位置应当拍照，并在《搜查笔录》中作出文字说明。

第一百一十七条 搜查时，应当避免未成年人或者其他不适宜在搜查现场的人在场。

搜查人员应当服从指挥、文明执法，不得擅自变更搜查对象和扩大搜查范围。搜查的具体时间、方法，在实施前应当严格保密。

第一百一十八条 在搜查过程中查封、扣押财物和文件的，按照查封、扣押的有关规定办理。

第九节 调　　取

第一百一十九条 监察机关按规定报批后，可以依法向有关单位和个人调取用以证明案件事实的证据材料。

第一百二十条 调取证据材料时，调查人员不得少于二人。调查人员应当依法出具《调取证据通知书》，必要时附《调取证据清单》。

有关单位和个人配合监察机关调取证据，应当严格保密。

第一百二十一条 调取物证应当调取原物。原物不便搬运、保存，或者依法应当返还，或者因保密工作需要不能调取原物的，可以将原物封存，并拍照、录像。对原物拍照或者录像时，应当足以反映原物的外形、内容。

调取书证、视听资料应当调取原件。取得原件确有困难或者因保密工作需要不能调取原件的，可以调取副本或者复制件。

调取物证的照片、录像和书证、视听资料的副本、复制件的，应当书面记明不能调取原物、原件的原因，原物、原件存放地点，制作过程，是否与原物、原件相符，并由调查人员和物证、书证、视听资料原持有人签名或者盖章。持有人无法签名、盖章或者拒绝签名、盖章的，应当在笔录中记明，由见证人签名。

第一百二十二条 调取外文材料作为证据使用的，应当交由具有资质的机构和人员出具中文译本。中文译本应当加盖翻译机构公章。

第一百二十三条 收集、提取电子数据，能够扣押原始存储介质的，应当予以扣押、封存并在笔录中记录封存状态。无法扣押原始存储介质的，可以提取电子数据，但应当在笔录中记明不能扣押的原因、原始存储介质的存放地点或者电子数据的来源等情况。

由于客观原因无法或者不宜采取前款规定方式收集、提取电子数据的，可以采取打印、拍照或者录像等方式固定相关证据，并在笔录中说明原因。

收集、提取的电子数据，足以保证完整性，无删除、修改、增加等情形的，可以作为证据使用。

收集、提取电子数据，应当制作笔录，记录案由、对象、内容，收集、提取电子数据的时间、地点、方法、过程，并附电子数据清单，注明类别、文件格式、完整性校验值等，由调查人员、电子数据持有人（提供人）签名或者盖章；电子数据持有人（提供人）无法签名或者拒绝签名的，应当在笔录中记明，由见证人签名或者盖章。有条件的，应当对相关活动进行录像。

第一百二十四条 调取的物证、书证、视听资料等原件，经查明与案件无关的，经审批，应当在查明后三日以内退还，并办理交接手续。

第十节 查封、扣押

第一百二十五条 监察机关按规定报批后，可以依法查封、扣押用以证明被调查人涉嫌违法犯罪以及情节轻重的财物、文件、电子数据等证据材料。

对于被调查人到案时随身携带的物品，以及被调查人或者其他相关人员主动上交的财物和文件，依法需要扣押的，依照前款规定办理。对于被调查人随身携带的与案件无关的个人用品，应当逐件登记，随案移交或者退还。

第一百二十六条 查封、扣押时，应当出具《查封/扣押通知书》，调查人员不得少于二人。持有人拒绝交出应当查封、扣押的财物和文件的，可以依法强制查封、扣押。

调查人员对于查封、扣押的财物和文件，应当会同在场见证人和被查封、扣押财物持有人进行清点核对，开列《查封/扣押财物、文件清单》，由调查人员、见证人和持有人签名或者盖章。持有人不在场或者拒绝签名、盖章的，调查人员应当在清单上记明。

查封、扣押财物，应当为被调查人及其所扶养的亲属保留必需的生活费用和物品。

第一百二十七条 查封、扣押不动产和置于该不动产上不宜移动的设施、家具和其他相关财物，以及车辆、船舶、航空器和大型机械、设备等财物，必要时可以依法扣押其权利证书，经拍照或者录像后原地封存。调查人员应当在查封清单上记明相关财物的所在地址和特征，已经拍照或者录像及其权利证书被扣押的情况，由调查人员、见证人和持有人签名或者盖章。持有人不在场或者拒绝签名、盖章的，调查人员应当在清单上记明。

查封、扣押前款规定财物的，必要时可以将被查封财物交给持有人或者其近亲属保管。调查人员应当告知保管人妥善保管，不得对被查封财物进行转移、变卖、毁损、抵押、赠予等处理。

调查人员应当将《查封/扣押通知书》送达不动产、生产设备或者车辆、船舶、航空器等财物的登记、管理部门，告知其在查封期间禁止办理抵押、转让、出售等权属关系变更、转移登记手续。相关情况应当在查封清单上记明。被查封、扣押的财物已经办理抵押登记的，监察机关在执行没收、追缴、责令退赔等决定时应当及时通知抵押权人。

第一百二十八条 查封、扣押下列物品，应当依法进行相应的处理：

（一）查封、扣押外币、金银珠宝、文物、名贵字画以及其他不易辨别真伪的贵重物品，具备当场密封条件的，应当当场密封，由二名以上调查人员在密封材料上签名并记明密封时间。不具备当场密封条件的，应当在笔录中记明，以拍照、录像等方法加以保全后进行封存。查封、扣押的贵重物品需要鉴定的，应当及时鉴定。

（二）查封、扣押存折、银行卡、有价证券等支付凭证和具有一定特征能够证明案情的现金，应当记明特征、编号、种类、面值、张数、金额等，当场密封，由二名以上调查人员在密封材料上签名并记明密封时间。

（三）查封、扣押易损毁、灭失、变质等不宜长期保存的物品以及有消费期限的卡、券，应当在笔录中记明，以拍照、录像等方法加以保全后进行封存，或者经审批委托有关机构变卖、拍卖。变卖、拍卖的价款存入专用账户保管，待调查终结后一并处理。

（四）对于可以作为证据使用的录音录像、电子数据存储介质，应当记明案由、对象、内容，录制、复制的时间、地点、规格、类别、应用长度、文件格式及长度等，制作清单。具备查封、扣押条件的电子设备、存储介质应当密封保存。必要时，可以请有关机关协助。

（五）对被调查人使用违法犯罪所得与合法收入共同购置的不可分割的财产，可以先行查封、扣押。对无法分割退还的财产，涉及违法的，可以在结案后委托有关单位拍卖、变卖，退还不属于违法所得的部分及孳息；涉及职务犯罪的，依法移送司法机关处置。

（六）查封、扣押危险品、违禁品，应当及时送交有关部门，或者根据工作需要严格封存保管。

第一百二十九条 对于需要启封的财物和文件，应当由二名以上调查人员共同办理。重新密封时，由二名以上调查人员在密封材料上签名、记明时间。

第一百三十条 查封、扣押涉案财物，应当按规定将涉案财物详细信息、《查封/扣押财物、文件清单》录入并上传监察机关涉案财物信息管理系统。

对于涉案款项，应当在采取措施后十五日以内存入监察机关指定的专用账户。对于涉案物品，应当在采取措施后三十日以内移交涉案财物保管部门保管。因特殊原因不能按时存入专用账户或者移交保管的，应当按规定报批，将保管情况录入涉案财物信息管理系统，在原因消除后及时存入或者移交。

第一百三十一条 对于已移交涉案财物保管部门保管的涉案财物，根据调查工作需要，经审批可以临时调用，并应当确保完好。调用结束后，应当及时归还。调用和归还时，调查人员、保管人员应当当面清点查验。保管部门应当对调用和归还情况进行登记，全程录像并上传涉案财物信息管理系统。

第一百三十二条 对于被扣押的股票、债券、基金份额等财产，以及即将到期的汇票、本票、支票，依法需要出售或者变现的，按照本条例关于出售冻结财产的规定办理。

第一百三十三条 监察机关接受司法机关、其他监察机关等国家机关移送的涉案财物后，该国家机关采取的查封、扣押期限届满，监察机关续行查封、扣押的顺位与该国家机关查封、扣押的顺位相同。

第一百三十四条 对查封、扣押的财物和文件，应当及时进行核查。经查明与案件无关的，经审批，应当在查明后三日以内解除查封、扣押，予以退还。解除查封、扣押的，应当向有关单位、原持有人或者近亲属送达《解除查封/扣押通知书》，附《解除查封/扣押财物、文件清单》，要求其签名或者盖章。

第一百三十五条 在立案调查之前，对监察对象及相关人员主动上交的涉案财物，经审批可以接收。

接收时，应当由二名以上调查人员，会同持有人和见证人进行清点核对，当场填写《主动上交财物登记表》。调查人员、持有人和见证人应当在登记表上签名或者盖章。

对于主动上交的财物，应当根据立案及调查情况及时决定是否依法查封、扣押。

第十一节 勘验检查

第一百三十六条 监察机关按规定报批后，可以依法对与违法犯罪有关的场所、物品、人身、尸体、电子数据等进行勘验检查。

第一百三十七条 依法需要勘验检查的，应当制作《勘验检查证》；需要委托勘验检查的，应当出具《委托勘验检查书》，送具有专门知识、勘验检查资格的单位（人员）办理。

第一百三十八条 勘验检查应当由二名以上调查人员主持，邀请与案件无关的见证人在场。勘验检查情况应当制作笔录，并由参加勘验检查人员和见证人签名。

勘验检查现场、拆封电子数据存储介质应当全程同步录音录像。对现场情况应当拍摄现场照片、制作现场图，并由勘验检查人员签名。

第一百三十九条 为了确定被调查人或者相关人员的某些特征、伤害情况或者生理状态，可以依法对其人身进行检查。必要时可以聘请法医或者医师进行人身检查。检查女性身体，应当由女性工作人员或者医师进行。被调查人拒绝检查的，可以依法强制检查。

人身检查不得采用损害被检查人生命、健康或者贬低其名誉、人格的方法。对人身检查过程中知悉的个人隐私，应当严格保密。

对人身检查的情况应当制作笔录，由参加检查的调查人员、检查人员、被检查人员和见证人签名。被检查人员拒绝签名的，调查人员应当在笔录中记明。

第一百四十条 为查明案情，在必要的时候，经审批可以依法进行调查实验。调查实验，可以聘请有关专业人员参加，也可以要求被调查人、被害人、证人参加。

进行调查实验，应当全程同步录音录像，制作调查实验笔录，由参加实验的人签名。进行调查实验，禁止一切足以造成危险、侮辱人格的行为。

第一百四十一条 调查人员在必要时，可以依法让被害人、证人和被调查人对与违法犯罪有关的物品、文件、尸体或者场所进行辨认；也可以让被害人、证人对被调查人进行辨认，或者让被调查人对涉案人员进行辨认。

辨认工作应当由二名以上调查人员主持进行。在辨认前，应当向辨认人详细询问辨认对象的具体特征，避免辨认人见到辨认对象，并告知辨认人作虚假辨认应当承担的法律责任。几名辨认人对同一辨认对象进行辨认时，应当由辨认人个别进行。辨认应当形成笔录，并由调查人员、辨认人签名。

第一百四十二条 辨认人员时，被辨认的人数不得少于七人，照片不得少于十张。

辨认人不愿公开进行辨认时，应当在不暴露辨认人的情况下进行辨认，并为其保守秘密。

第一百四十三条 组织辨认物品时一般应当辨认实物。被辨认的物品系名贵字画等贵重物品或者存在不便搬运等情况的，可以对实物照片进行辨认。辨认人进行辨认时，应当在辨认出的实物照片与附纸骑缝上捺指印予以确认，在附纸上写明该实物涉案情况并签名、捺指印。

辨认物品时，同类物品不得少于五件，照片不得少于五张。

对于难以找到相似物品的特定物，可以将该物品照片交由辨认人进行确认后，在照片与附纸骑缝上捺指印，在附纸上写明该物品涉案情况并签名、捺指印。在辨认人确认前，应当向其详细询问物品的具体特征，并对确认过程和结果形成笔录。

第一百四十四条 辨认笔录具有下列情形之一的，不得作为认定案件的依据：

（一）辨认开始前使辨认人见到辨认对象的；

（二）辨认活动没有个别进行的；

（三）辨认对象没有混杂在具有类似特征的其他对象中，或者供辨认的对象数量不符合规定的，但特定辨认对象除外；

（四）辨认中给辨认人明显暗示或者明显有指认嫌疑的；

（五）辨认不是在调查人员主持下进行的；

（六）违反有关规定，不能确定辨认笔录真实性的其他情形。

辨认笔录存在其他瑕疵的，应当结合全案证据审查其真实性和关联性，作出综合判断。

第十二节 鉴　　定

第一百四十五条 监察机关为解决案件中的专门性问题，按规定报批后，可以依法进行鉴定。

鉴定时应当出具《委托鉴定书》，由二名以上调查人员送交具有鉴定资格的鉴定机构、鉴定人进行鉴定。

第一百四十六条 监察机关可以依法开展下列鉴定：

（一）对笔迹、印刷文件、污损文件、制成时间不明的文件和以其他形式表现的文件等进行鉴定；

（二）对案件中涉及的财务会计资料及相关财物进行会计鉴定；

（三）对被调查人、证人的行为能力进行精神病鉴定；

（四）对人体造成的损害或者死因进行人身伤亡医学鉴定；

（五）对录音录像资料进行鉴定；

（六）对因电子信息技术应用而出现的材料及其派生物进行电子证据鉴定；

（七）其他可以依法进行的专业鉴定。

第一百四十七条 监察机关应当为鉴定提供必要条件，向鉴定人送交有关检材和对比样本等原始材料，介绍与鉴定有关的情况。调查人员应当明确提出要求鉴定事项，但不得暗示或者强迫鉴定人作出某种鉴定意见。

监察机关应当做好检材的保管和送检工作，记明检材送检环节的责任人，确保检材在流转环节的同一性和不被污染。

第一百四十八条 鉴定人应当在出具的鉴定意见上签名，并附鉴定机构和鉴定人的资质证明或者其他证明文件。多个鉴定人的鉴定意见不一致的，应当在鉴定意见上记明分歧的内容和理由，并且分别签名。

监察机关对于法庭审理中依法决定鉴定人出庭作证的，应当予以协调。

鉴定人故意作虚假鉴定的，应当依法追究法律责任。

第一百四十九条 调查人员应当对鉴定意见进行审查。对经审查作为证据使用的鉴定意见，应当告知被调查人及相关单位、人员，送达《鉴定意见告知书》。

被调查人或者相关单位、人员提出补充鉴定或者重新鉴定申请，经审查符合法定要求的，应当按规定报批，进行补充鉴定或者重新鉴定。

对鉴定意见告知情况可以制作笔录，载明告知内容和被告知人的意见等。

第一百五十条 经审查具有下列情形之一的，应当补充鉴定：

（一）鉴定内容有明显遗漏的；

（二）发现新的有鉴定意义的证物的；

（三）对鉴定证物有新的鉴定要求的；

（四）鉴定意见不完整，委托事项无法确定的；

（五）其他需要补充鉴定的情形。

第一百五十一条 经审查具有下列情形之一的，应当重新鉴定：

（一）鉴定程序违法或者违反相关专业技术要求的；

（二）鉴定机构、鉴定人不具备鉴定资质和条件的；

（三）鉴定人故意作出虚假鉴定或者违反回避规定的；

（四）鉴定意见依据明显不足的；

（五）检材虚假或者被损坏的；

（六）其他应当重新鉴定的情形。

决定重新鉴定的，应当另行确定鉴定机构和鉴定人。

第一百五十二条 因无鉴定机构，或者根据法律法规等规定，监察机关可以指派、聘请具有专门知识的人就案件的专门性问题出具报告。

第十三节 技术调查

第一百五十三条 监察机关根据调查涉嫌重大贪污贿赂等职务犯罪需要，依照规定的权限和程序报经批准，可以依法采取技术调查措施，按照规定交公安机关或者国家有关执法机关依法执行。

前款所称重大贪污贿赂等职务犯罪，是指具有下列情形之一：

（一）案情重大复杂，涉及国家利益或者重大公共利益的；

（二）被调查人可能被判处十年以上有期徒刑、无期徒刑或者死刑的；

（三）案件在全国或者本省、自治区、直辖市范围内有较大影响的。

第一百五十四条 依法采取技术调查措施的，监察机关应当出具《采取技术调查措施委托函》《采取技术调查措施决定书》和《采取技术调查措施适用对象情况表》，送交有关机关执行。其中，设区的市级以下监察机关委托有关执行机关采取技术调查措施，还应当提供《立案决定书》。

第一百五十五条 技术调查措施的期限按照监察法的规定执行，期限届满前未办理延期手续的，到期自动解除。

对于不需要继续采取技术调查措施的，监察机关应当按规定及时报批，将《解除技术调查措施决定书》送交有关机关执行。

需要依法变更技术调查措施种类或者增加适用对象的，监察机关应当重新办理报批和委托手续，依法送交有关机关执行。

第一百五十六条 对于采取技术调查措施收集的信息和材料，依法需要作为刑事诉讼证据使用的，监察机关应当按规定报批，出具《调取技术调查证据材料通知书》向有关执行机关调取。

对于采取技术调查措施收集的物证、书证及其他证据材料，监察机关应当制作书面说明，写明获取证据的时间、地点、数量、特征以及采取技术调查措施的批准机关、种类等。调查人员应当在书面说明上签名。

对于采取技术调查措施获取的证据材料，如果使用该证据材料可能危及有关人员的人身安全，或者可能产生其他严重后果的，应当采取不暴露有关人员身份、技术方法等保护措施。必要时，可以建议由审判人员在庭外进行核实。

第一百五十七条 调查人员对采取技术调查措施过程中知悉的国家秘密、商业秘密、个人隐私，应当严格保密。

采取技术调查措施获取的证据、线索及其他有关材料，只能用于对违法犯罪的调查、起诉和审判，不得用于其他用途。

对采取技术调查措施获取的与案件无关的材料，应当经审批及时销毁。对销毁情况应当制作记录，由调查人员签名。

第十四节 通　　缉

第一百五十八条 县级以上监察机关对在逃的应当被留置人员，依法决定在本行政区域内通缉的，应当按规定报批，送交同级公安机关执行。送交执行时，应当出具《通缉决定书》，附《留置决定书》等法律文书和被通缉人员信息，以及承办单位、承办人员等有关情况。

通缉范围超出本行政区域的，应当报有决定权的上级监察机关出具《通缉决定书》，并附《留置决定书》及相关材料，送交同级公安机关执行。

第一百五十九条 国家监察委员会依法需要提请公安部对在逃人员发布公安部通缉令的，应当先提请公安部采取网上追逃措施。如情况紧急，可以向公安部同时出具《通缉决定书》和《提请采取网上追逃措施函》。

省级以下监察机关报请国家监察委员会提请公安部发布公安部通缉令的，应当先提请本地公安机关采取网上追逃措施。

第一百六十条 监察机关接到公安机关抓获被通缉人员的通知后，应当立即核实被抓获人员身份，并在接到通知后二十四小时以内派员办理交接手续。边远或者交通不便地区，至迟不得超过三日。

公安机关在移交前，将被抓获人员送往当地监察机关留置场所临时看管的，当地监察机关应当接收，并保障临时看管期间的安全，对工作信息严格保密。

监察机关需要提请公安机关协助将被抓获人员带回的，应当按规定报批，请本地同级公安机关依法予以协助。提请协助时，应当出具《提请协助采取留置措施函》，附《留置决定书》复印件及相关材料。

第一百六十一条 监察机关对于被通缉人员已经归案、死亡，或者依法撤销留置决定以及发现有其他不需要继续采取通缉措施情形的，应当经审批出具《撤销通缉通知书》，送交协助采取原措施的公安机关执行。

第十五节 限制出境

第一百六十二条 监察机关为防止被调查人及相关人员逃匿境外，按规定报批后，可以依法决定采取限制出境措施，交由移民管理机构依法执行。

第一百六十三条 监察机关采取限制出境措施应当出具有关函件，与《采取限制出境措施决定书》一并送交移民管理机构执行。其中，采取边控措施的，应当附《边控对象通知书》；采取法定不批准出境措施的，应当附《法定不准出境人员报备表》。

第一百六十四条 限制出境措施有效期不超过三个月，到期自动解除。

到期后仍有必要继续采取措施的，应当按原程序报批。承办部门应当出具有关函件，在到期前与《延长限制出境措施期限决定书》一并送交移民管理机构执行。延长期限每次不得超过三个月。

第一百六十五条 监察机关接到口岸移民管理机构查获被决定采取留置措施的边控对象的通知后，应当于二十四小时以内到达口岸办理移交手续。无法及时到达的，应当委托当地监察机关及时前往口岸办理移交手续。当地监察机关应当予以协助。

第一百六十六条 对于不需要继续采取限制出境措施的，应当按规定报批，及时予以解除。承办部门应当出具有关函件，与《解除限制出境措施决定书》一并送交移民管理机构执行。

第一百六十七条 县级以上监察机关在重要紧急情况下，经审批可以依法直接向口岸所在地口岸移民管理机构提请办理临时限制出境措施。

第五章 监察程序

第一节 线索处置

第一百六十八条 监察机关应当对问题线索归口受理、集中管理、分类处置、定期清理。

第一百六十九条 监察机关对于报案或者举报应当依法接受。属于本级监察机关管辖的，依法予以受理；属于其他监察机关管辖的，应当在五个工作日以内予以转送。

监察机关可以向下级监察机关发函交办检举控告，并进行督办，下级监察机关应当按期回复办理结果。

第一百七十条 对于涉嫌职务违法或者职务犯罪的公职人员主动投案的，应当依法接待和办理。

第一百七十一条 监察机关对于执法机关、司法机关等其他机关移送的问题线索，应当及时审核，并按照下列方式办理：

（一）本单位有管辖权的，及时研究提出处置意见；

（二）本单位没有管辖权但其他监察机关有管辖权的，在五个工作日以内转送有管辖权的监察机关；

（三）本单位对部分问题线索有管辖权的，对有管辖权的部分提出处置意见，并及时将其他问题线索转送有管辖权的机关；

（四）监察机关没有管辖权的，及时退回移送机关。

第一百七十二条 信访举报部门归口受理本机关管辖监察对象涉嫌职务违法和职务犯罪问题的检举控告，统一接收有关监察机关以及其他单位移送的相关检举控告，移交本机关监督检查部门或者相关部门，并将移交情况通报案件监督管理部门。

案件监督管理部门统一接收巡视巡察机构和审计机关、执法机关、司法机关等其他机关移送的职务违法和职务犯罪问题线索，按程序移交本机关监督检查部门或者相关部门办理。

监督检查部门、调查部门在工作中发现的相关问题线索，属于本部门受理范围的，应当报送案件监督管理部门备案；属于本机关其他部门受理范围的，经审批后移交案件监督管理部门分办。

第一百七十三条 案件监督管理部门应当对问题线索实行集中管理、动态更新，定期汇总、核对问题线索及处置情况，向监察机关主要负责人报告，并向相关部门通报。

问题线索承办部门应当指定专人负责管理线索，逐件编号登记、建立管理台账。线索管理处置各环节应当由经手人员签名，全程登记备查，及时与案件监督管理部门核对。

第一百七十四条 监督检查部门应当结合问题线索所涉及地区、部门、单位总体情况进行综合分析，提出处置意见并制定处置方案，经审批按照谈话、函询、初步核实、暂存待查、予以了结等方式进行处置，或者按照职责移送调查部门处置。

函询应当以监察机关办公厅（室）名义发函给被反映人，并抄送其所在单位和派驻监察机构主要负责人。被函询人应当在收到函件后十五个工作日以内写出说明材料，由其所在单位主要负责人签署意见后发函回复。被函询人为所在单位主要负责人的，或者被函询人所作说明涉及所在单位主要负责人的，应当直接发函回复监察机关。

被函询人已经退休的，按照第二款规定程序办理。

监察机关根据工作需要，经审批可以对谈话、函询情况进行核实。

第一百七十五条 检举控告人使用本人真实姓名或者本单位名称，有电话等具体联系方式的，属于实名检举控告。监察机关对实名检举控告应当优先办理、优先处置，依法给予答复。虽有署名但不是检举控告人真实姓名（单位名称）或者无法验证的检举控告，按照匿名检举控告处理。

信访举报部门对属于本机关受理的实名检举控告，应当在收到检举控告之日起十五个工作日以内按规定告知实名检举控告人受理情况，并做好记录。

调查人员应当将实名检举控告的处理结果在办结之日起十五个工作日以内向检举控告人反馈，并记录反馈情况。对检举控告人提出异议的应当如实记录，并向其进行说明；对提供新证据材料的，应当依法核查处理。

第二节 初步核实

第一百七十六条 监察机关对具有可查性的职务违法和职务犯罪问题线索，应当按规定报批后，依法开展初步核实工作。

第一百七十七条 采取初步核实方式处置问题线索，应当确定初步核实对象，制定工作方案，明确需要核实的问题和采取的措施，成立核查组。

在初步核实中应当注重收集客观性证据，确保真实性和准确性。

第一百七十八条 在初步核实中发现或者受理被核查人新的具有可查性的问题线索的，应当经审批纳入原初核方案开展核查。

第一百七十九条 核查组在初步核实工作结束后应当撰写初步核实情况报告，列明被核查人基本情况、反映的主要问题、办理依据、初步核实结果、存在疑点、处理建议，由全体人员签名。

承办部门应当综合分析初步核实情况，按照拟立案调查、予以了结、谈话提醒、暂存待查，或者移送有关部门、机关处理等方式提出处置建议，按照批准初步核实的程序报批。

第三节 立案

第一百八十条 监察机关经过初步核实，对于已经掌握监察对象涉嫌职务违法或者职务犯罪的部分事实和证据，认为需要追究其法律责任的，应当按规定报批后，依法立案调查。

第一百八十一条 监察机关立案调查职务违法或者职务犯罪案件，需要对涉嫌行贿犯罪、介绍贿赂犯罪或者共同职务犯罪的涉案人员立案调查的，应当一并办理立案手续。需要交由下级监察机关立案的，经审批交由下级监察机关办理立案手续。

对单位涉嫌受贿、行贿等职务犯罪，需要追究法律责任的，依法对该单位办理立案调查手续。对事故（事件）中存在职务违法或者职务犯罪问题，需要追究法律责任，但相关责任人员尚不明确的，可以以事立案。对单位立案或者以事立案后，经调查确定相关责任人员的，按照管理权限报批确定被调查人。

监察机关根据人民法院生效刑事判决、裁定和人民检察院不起诉决定认定的事实，需要对监察对象给予政务处分的，可以由相关监督检查部门依据司法机关的生效判决、裁定、决定及其认定的事实、性质和情节，提出给予政务处分的意见，按程序移送审理。对依法被追究行政法律责任的监察对象，需要给予政务处分的，应当依法办理立案手续。

第一百八十二条 对案情简单、经过初步核实已查清主要职务违法事实，应当追究监察对象法律责任，不再需要开展调查的，立案和移送审理可以一并报批，履行立案程序后再移送审理。

第一百八十三条 上级监察机关需要指定下级监察机关立案调查的，应当按规定报批，向被指定管辖的监察机关出具《指定管辖决定书》，由其办理立案手续。

第一百八十四条 批准立案后，应当由二名以上调查人员出示证件，向被调查人宣布立案决定。宣布立案决定后，应当及时向被调查人所在单位等相关组织送达《立案通知书》，并向被调查人所在单位主要负责人通报。

对涉嫌严重职务违法或者职务犯罪的公职人员立案调查并采取留置措施的，应当按规定通知被调查人家属，并向社会公开发布。

第四节 调　　查

第一百八十五条 监察机关对已经立案的职务违法或者职务犯罪案件应

当依法进行调查，收集证据查明违法犯罪事实。

调查职务违法或者职务犯罪案件，对被调查人没有采取留置措施的，应当在立案后一年以内作出处理决定；对被调查人解除留置措施的，应当在解除留置措施后一年以内作出处理决定。案情重大复杂的案件，经上一级监察机关批准，可以适当延长，但延长期限不得超过六个月。

被调查人在监察机关立案调查以后逃匿的，调查期限自被调查人到案之日起重新计算。

第一百八十六条 案件立案后，监察机关主要负责人应当依照法定程序批准确定调查方案。

监察机关应当组成调查组依法开展调查。调查工作应当严格按照批准的方案执行，不得随意扩大调查范围、变更调查对象和事项，对重要事项应当及时请示报告。调查人员在调查工作期间，未经批准不得单独接触任何涉案人员及其特定关系人，不得擅自采取调查措施。

第一百八十七条 调查组应当将调查认定的涉嫌违法犯罪事实形成书面材料，交给被调查人核对，听取其意见。被调查人应当在书面材料上签署意见。对被调查人签署不同意见或者拒不签署意见的，调查组应当作出说明或者注明情况。对被调查人提出申辩的事实、理由和证据应当进行核实，成立的予以采纳。

调查组对于立案调查的涉嫌行贿犯罪、介绍贿赂犯罪或者共同职务犯罪的涉案人员，在查明其涉嫌犯罪问题后，依照前款规定办理。

对于按照本条例规定，对立案和移送审理一并报批的案件，应当在报批前履行本条第一款规定的程序。

第一百八十八条 调查组在调查工作结束后应当集体讨论，形成调查报告。调查报告应当列明被调查人基本情况、问题线索来源及调查依据、调查过程，涉嫌的主要职务违法或者职务犯罪事实，被调查人的态度和认识，处置建议及法律依据，并由调查组组长以及有关人员签名。

对调查过程中发现的重要问题和形成的意见建议，应当形成专题报告。

第一百八十九条 调查组对被调查人涉嫌职务犯罪拟依法移送人民检察院审查起诉的，应当起草《起诉建议书》。《起诉建议书》应当载明被调查人基本情况，调查简况，认罪认罚情况，采取留置措施的时间，涉嫌职务犯罪事实以及证据，对被调查人从重、从轻、减轻或者免除处罚等情节，提出对被调查人移送起诉的理由和法律依据，采取强制措施的建议，并注明移送案卷数及涉案财物等内容。

调查组应当形成被调查人到案经过及量刑情节方面的材料，包括案件来源、到案经过，自动投案、如实供述、立功等量刑情节，认罪悔罪态度、退赃、避免和减少损害结果发生等方面的情况说明及相关材料。被检举揭发的问题已被立案、查破，被检举揭发人已被采取调查措施或者刑事强制措施、起诉或者审判的，还应当附有关法律文书。

第一百九十条 经调查认为被调查人构成职务违法或者职务犯罪的，应当区分不同情况提出相应处理意见，经审批将调查报告、职务违法或者职务犯罪事实材料、涉案财物报告、涉案人员处理意见等材料，连同全部证据和文书手续移送审理。

对涉嫌职务犯罪的案件材料应当按照刑事诉讼要求单独立卷，与《起诉建议书》、涉案财物报告、同步录音录像资料及其自查报告等材料一并移送审理。

调查全过程形成的材料应当案结卷成、事毕归档。

第五节 审 理

第一百九十一条 案件审理部门收到移送审理的案件后，应当审核材料是否齐全、手续是否完备。对被调查人涉嫌职务犯罪的，还应当审核相关案卷材料是否符合职务犯罪案件立卷要求，是否在调查报告中单独表述已查明的涉嫌犯罪问题，是否形成《起诉建议书》。

经审核符合移送条件的，应当予以受理；不符合移送条件的，经审批可以暂缓受理或者不予受理，并要求调查部门补充完善材料。

第一百九十二条 案件审理部门受理案件后，应当成立由二人以上组成的审理组，全面审理案卷材料。

案件审理部门对于受理的案件，应当以监察法、政务处分法、刑法、《中华人民共和国刑事诉讼法》等法律法规为准绳，对案件事实证据、性质认定、程序手续、涉案财物等进行全面审理。

案件审理部门应当强化监督制约职能，对案件严格审核把关，坚持实事求是、独立审理，依法提出审理意见。坚持调查与审理相分离的原则，案件调查人员不得参与审理。

第一百九十三条 审理工作应当坚持民主集中制原则，经集体审议形成审理意见。

第一百九十四条 审理工作应当在受理之日起一个月以内完成，重大复杂案件经批准可以适当延长。

第一百九十五条 案件审理部门根据案件审理情况，经审批可以与被调查人谈话，告知其在审理阶段的权利义务，核对涉嫌违法犯罪事实，听取其辩解意见，了解有关情况。与被调查人谈话时，案件审理人员不得少于二人。

具有下列情形之一的，一般应当与被调查人谈话：

（一）对被调查人采取留置措施，拟移送起诉的；

（二）可能存在以非法方法收集证据情形的；

（三）被调查人对涉嫌违法犯罪事实材料签署不同意见或者拒不签署意见的；

（四）被调查人要求向案件审理人员当面陈述的；

（五）其他有必要与被调查人进行谈话的情形。

第一百九十六条 经审理认为主要违法犯罪事实不清、证据不足的，应当经审批将案件退回承办部门重新调查。

有下列情形之一，需要补充完善证据的，经审批可以退回补充调查：

（一）部分事实不清、证据不足的；

（二）遗漏违法犯罪事实的；

（三）其他需要进一步查清案件事实的情形。

案件审理部门将案件退回重新调查或者补充调查的，应当出具审核意见，写明调查事项、理由、调查方向、需要补充收集的证据及其证明作用等，连同案卷材料一并送交承办部门。

承办部门补充调查结束后，应当经审批将补证情况报告及相关证据材料，连同案卷材料一并移送案件审理部门；对确实无法查明的事项或者无法补充的证据，应当作出书面说明。重新调查终结后，应当重新形成调查报告，依法移送审理。

重新调查完毕移送审理的，审理期限重新计算。补充调查期间不计入审理期限。

第一百九十七条 审理工作结束后应当形成审理报告，载明被调查人基本情况、调查简况、涉嫌违法或者犯罪事实、被调查人态度和认识、涉案财物处置、承办部门意见、审理意见等内容，提请监察机关集体审议。

对被调查人涉嫌职务犯罪需要追究刑事责任的，应当形成《起诉意见书》，作为审理报告附件。《起诉意见书》应当忠实于事实真象，载明被调查人基本情况，调查简况，采取留置措施的时间，依法查明的犯罪事实和证据，从重、从轻、减轻或者免除处罚等情节，涉案财物情况，涉嫌罪名和法律依据，采取强制措施的建议，以及其他需要说明的情况。

案件审理部门经审理认为现有证据不足以证明被调查人存在违法犯罪行为，且通过退回补充调查仍无法达到证明标准的，应当提出撤销案件的建议。

第一百九十八条 上级监察机关办理下级监察机关管辖案件的，可以经审理后按程序直接进行处置，也可以经审理形成处置意见后，交由下级监察机关办理。

第一百九十九条 被指定管辖的监察机关在调查结束后应当将案件移送审理，提请监察机关集体审议。

上级监察机关将其所管辖的案件指定管辖的，被指定管辖的下级监察机关应当按照前款规定办理后，将案件报上级监察机关依法作出政务处分决定。上级监察机关在作出决定前，应当进行审理。

上级监察机关将下级监察机关管辖的案件指定其他下级监察机关管辖的，被指定管辖的监察机关应当按照第一款规定办理后，将案件送交有管理权限的监察机关依法作出政务处分决定。有管理权限的监察机关应当进行审理，审理意见与被指定管辖的监察机关意见不一致的，双方应当进行沟通；经沟通不能取得一致意见的，报请有权决定的上级监察机关决定。经协商，有管理权限的监察机关在被指定管辖的监察机关审理阶段可以提前阅卷，沟通了解情况。

对于前款规定的重大、复杂案件，被指定管辖的监察机关经集体审议后将处理意见报有权决定的上级监察机关审核同意的，有管理权限的监察机关可以经集体审议后依法处置。

第六节　处　　置

第二百条　监察机关根据监督、调查结果，依据监察法、政务处分法等规定进行处置。

第二百零一条　监察机关对于公职人员有职务违法行为但情节较轻的，可以依法进行谈话提醒、批评教育、责令检查，或者予以诫勉。上述方式可以单独使用，也可以依据规定合并使用。

谈话提醒、批评教育应当由监察机关相关负责人或者承办部门负责人进行，可以由被谈话提醒、批评教育人所在单位有关负责人陪同；经批准也可以委托其所在单位主要负责人进行。对谈话提醒、批评教育情况应当制作记录。

被责令检查的公职人员应当作出书面检查并进行整改。整改情况在一定范围内通报。

诫勉由监察机关以谈话或者书面方式进行。以谈话方式进行的，应当制作记录。

第二百零二条　对违法的公职人员依法需要给予政务处分的，应当根据情节轻重作出警告、记过、记大过、降级、撤职、开除的政务处分决定，制作政务处分决定书。

第二百零三条　监察机关应当将政务处分决定书在作出后一个月以内送达被处分人和被处分人所在机关、单位，并依法履行宣布、书面告知程序。

政务处分决定自作出之日起生效。有关机关、单位、组织应当依法及时执行处分决定，并将执行情况向监察机关报告。处分决定应当在作出之日起一个月以内执行完毕，特殊情况下经监察机关批准可以适当延长办理期限，最迟不得超过六个月。

第二百零四条 监察机关对不履行或者不正确履行职责造成严重后果或者恶劣影响的领导人员，可以按照管理权限采取通报、诫勉、政务处分等方式进行问责；提出组织处理的建议。

第二百零五条 监察机关依法向监察对象所在单位提出监察建议的，应当经审批制作监察建议书。

监察建议书一般应当包括下列内容：

（一）监督调查情况；

（二）调查中发现的主要问题及其产生的原因；

（三）整改建议、要求和期限；

（四）向监察机关反馈整改情况的要求。

第二百零六条 监察机关经调查，对没有证据证明或者现有证据不足以证明被调查人存在违法犯罪行为的，应当依法撤销案件。省级以下监察机关撤销案件后，应当在七个工作日以内向上一级监察机关报送备案报告。上一级监察机关监督检查部门负责备案工作。

省级以下监察机关拟撤销上级监察机关指定管辖或者交办案件的，应当将《撤销案件意见书》连同案卷材料，在法定调查期限到期七个工作日前报指定管辖或者交办案件的监察机关审查。对于重大、复杂案件，在法定调查期限到期十个工作日前报指定管辖或者交办案件的监察机关审查。

指定管辖或者交办案件的监察机关由监督检查部门负责审查工作。指定管辖或者交办案件的监察机关同意撤销案件的，下级监察机关应当作出撤销案件决定，制作《撤销案件决定书》；指定管辖或者交办案件的监察机关不同意撤销案件的，下级监察机关应当执行该决定。

监察机关对于撤销案件的决定应当向被调查人宣布，由其在《撤销案件决定书》上签名、捺指印，立即解除留置措施，并通知其所在机关、单位。

撤销案件后又发现重要事实或者有充分证据，认为被调查人有违法犯罪事实需要追究法律责任的，应当重新立案调查。

第二百零七条 对于涉嫌行贿等犯罪的非监察对象，案件调查终结后依法移送起诉。综合考虑行为性质、手段、后果、时间节点、认罪悔罪态度等具体情况，对于情节较轻，经审批不予移送起诉的，应当采取批评教育、责令具结悔过等方式处置；应当给予行政处罚的，依法移送有关行政执法部门。

对于有行贿行为的涉案单位和人员，按规定记入相关信息记录，可以作为信用评价的依据。

对于涉案单位和人员通过行贿等非法手段取得的财物及孳息，应当依法予以没收、追缴或者责令退赔。对于违法取得的其他不正当利益，依照法律法规及有关规定予以纠正处理。

第二百零八条 对查封、扣押、冻结的涉嫌职务犯罪所得财物及孳息应当妥善保管，并制作《移送司法机关涉案财物清单》随案移送人民检察院。对作为证据使用的实物应当随案移送；对不宜移送的，应当将清单、照片和其他证明文件随案移送。

对于移送人民检察院的涉案财物，价值不明的，应当在移送起诉前委托进行价格认定。在价格认定过程中，需要对涉案财物先行作出真伪鉴定或者出具技术、质量检测报告的，应当委托有关鉴定机构或者检测机构进行真伪鉴定或者技术、质量检测。

对不属于犯罪所得但属于违法取得的财物及孳息，应当依法予以没收、追缴或者责令退赔，并出具有关法律文书。

对经认定不属于违法所得的财物及孳息，应当及时予以返还，并办理签收手续。

第二百零九条 监察机关经调查，对违法取得的财物及孳息决定追缴或者责令退赔的，可以依法要求公安、自然资源、住房城乡建设、市场监管、金融监管等部门以及银行等机构、单位予以协助。

追缴涉案财物以追缴原物为原则，原物已经转化为其他财物的，应当追缴转化后的财物；有证据证明依法应当追缴、没收的涉案财物无法找到、被他人善意取得、价值灭失减损或者与其他合法财产混合且不可分割的，可以依法追缴、没收其他等值财产。

追缴或者责令退赔应当自处置决定作出之日起一个月以内执行完毕。因被调查人的原因逾期执行的除外。

人民检察院、人民法院依法将不认定为犯罪所得的相关涉案财物退回监察机关的，监察机关应当依法处理。

第二百一十条 监察对象对监察机关作出的涉及本人的处理决定不服的，可以在收到处理决定之日起一个月以内，向作出决定的监察机关申请复审。复审机关应当依法受理，并在受理后一个月以内作出复审决定。监察对象对复审决定仍不服的，可以在收到复审决定之日起一个月以内，向上一级监察机关申请复核。复核机关应当依法受理，并在受理后二个月以内作出复核决定。

上一级监察机关的复核决定和国家监察委员会的复审、复核决定为最终决定。

第二百一十一条 复审、复核机关承办部门应当成立工作组，调阅原案卷宗，必要时可以进行调查取证。承办部门应当集体研究，提出办理意见，经审批作出复审、复核决定。决定应当送达申请人，抄送相关单位，并在一定范围内宣布。

复审、复核期间，不停止原处理决定的执行。复审、复核机关经审查认定处理决定有错误或者不当的，应当依法撤销、变更原处理决定，或者责令原处理机关及时予以纠正。复审、复核机关经审查认定处理决定事实清楚、适用法律正确的，应当予以维持。

坚持复审复核与调查审理分离，原案调查、审理人员不得参与复审复核。

第七节 移送审查起诉

第二百一十二条 监察机关决定对涉嫌职务犯罪的被调查人移送起诉的，应当出具《起诉意见书》，连同案卷材料、证据等，一并移送同级人民检察院。

监察机关案件审理部门负责与人民检察院审查起诉的衔接工作，调查、案件监督管理等部门应当予以协助。

国家监察委员会派驻或者派出的监察机构、监察专员调查的职务犯罪案件，应当依法移送省级人民检察院审查起诉。

第二百一十三条 涉嫌职务犯罪的被调查人和涉案人员符合监察法第三

十一条、第三十二条规定情形的，结合其案发前的一贯表现、违法犯罪行为的情节、后果和影响等因素，监察机关经综合研判和集体审议，报上一级监察机关批准，可以在移送人民检察院时依法提出从轻、减轻或者免除处罚等从宽处罚建议。报请批准时，应当一并提供主要证据材料、忏悔反思材料。

上级监察机关相关监督检查部门负责审查工作，重点审核拟认定的从宽处罚情形、提出的从宽处罚建议，经审批在十五个工作日以内作出批复。

第二百一十四条 涉嫌职务犯罪的被调查人有下列情形之一，如实交代自己主要犯罪事实的，可以认定为监察法第三十一条第一项规定的自动投案，真诚悔罪悔过：

（一）职务犯罪问题未被监察机关掌握，向监察机关投案的；

（二）在监察机关谈话、函询过程中，如实交代监察机关未掌握的涉嫌职务犯罪问题的；

（三）在初步核实阶段，尚未受到监察机关谈话时投案的；

（四）职务犯罪问题虽被监察机关立案，但尚未受到讯问或者采取留置措施，向监察机关投案的；

（五）因伤病等客观原因无法前往投案，先委托他人代为表达投案意愿，或者以书信、网络、电话、传真等方式表达投案意愿，后到监察机关接受处理的；

（六）涉嫌职务犯罪潜逃后又投案，包括在被通缉、抓捕过程中投案的；

（七）经查实确已准备去投案，或者正在投案途中被有关机关抓获的；

（八）经他人规劝或者在他人陪同下投案的；

（九）虽未向监察机关投案，但向其所在党组织、单位或者有关负责人员投案，向有关巡视巡察机构投案，以及向公安机关、人民检察院、人民法院投案的；

（十）具有其他应当视为自动投案的情形的。

被调查人自动投案后不能如实交代自己的主要犯罪事实，或者自动投案并如实供述自己的罪行后又翻供的，不能适用前款规定。

第二百一十五条 涉嫌职务犯罪的被调查人有下列情形之一的，可以认定为监察法第三十一条第二项规定的积极配合调查工作，如实供述监察机关还未掌握的违法犯罪行为：

（一）监察机关所掌握线索针对的犯罪事实不成立，在此范围外被调查人主动交代其他罪行的；

（二）主动交代监察机关尚未掌握的犯罪事实，与监察机关已掌握的犯罪事实属不同种罪行的；

（三）主动交代监察机关尚未掌握的犯罪事实，与监察机关已掌握的犯罪事实属同种罪行的；

（四）监察机关掌握的证据不充分，被调查人如实交代有助于收集定案证据的。

前款所称同种罪行和不同种罪行，一般以罪名区分。被调查人如实供述其他罪行的罪名与监察机关已掌握犯罪的罪名不同，但属选择性罪名或者在法律、事实上密切关联的，应当认定为同种罪行。

第二百一十六条 涉嫌职务犯罪的被调查人有下列情形之一的，可以认定为监察法第三十一条第三项规定的积极退赃，减少损失：

（一）全额退赃的；

（二）退赃能力不足，但被调查人及其亲友在监察机关追缴赃款赃物过程中积极配合，且大部分已追缴到位的；

（三）犯罪后主动采取措施避免损失发生，或者积极采取有效措施减少、挽回大部分损失的。

第二百一十七条 涉嫌职务犯罪的被调查人有下列情形之一的，可以认定为监察法第三十一条第四项规定的具有重大立功表现：

（一）检举揭发他人重大犯罪行为且经查证属实的；

（二）提供其他重大案件的重要线索且经查证属实的；

（三）阻止他人重大犯罪活动的；

（四）协助抓捕其他重大职务犯罪案件被调查人、重大犯罪嫌疑人（包括同案犯）的；

（五）为国家挽回重大损失等对国家和社会有其他重大贡献的。

前款所称重大犯罪一般是指依法可能被判处无期徒刑以上刑罚的犯罪行为；重大案件一般是指在本省、自治区、直辖市或者全国范围内有较大影响的案件；查证属实一般是指有关案件已被监察机关或者司法机关立案调查、侦查，被调查人、犯罪嫌疑人被监察机关采取留置措施或者被司法机关采取强制措施，或者被告人被人民法院作出有罪判决，并结合案件事实、证据进行判断。

监察法第三十一条第四项规定的案件涉及国家重大利益，是指案件涉及国家主权和领土完整、国家安全、外交、社会稳定、经济发展等情形。

第二百一十八条 涉嫌行贿等犯罪的涉案人员有下列情形之一的，可以认定为监察法第三十二条规定的揭发有关被调查人职务违法犯罪行为，查证属实或者提供重要线索，有助于调查其他案件：

（一）揭发所涉案件以外的被调查人职务犯罪行为，经查证属实的；

（二）提供的重要线索指向具体的职务犯罪事实，对调查其他案件起到实质性推动作用的；

（三）提供的重要线索有助于加快其他案件办理进度，或者对其他案件固定关键证据、挽回损失、追逃追赃等起到积极作用的。

第二百一十九条 从宽处罚建议一般应当在移送起诉时作为《起诉意见书》内容一并提出，特殊情况下也可以在案件移送后、人民检察院提起公诉前，单独形成从宽处罚建议书移送人民检察院。对于从宽处罚建议所依据的证据材料，应当一并移送人民检察院。

监察机关对于被调查人在调查阶段认罪认罚，但不符合监察法规定的提出从宽处罚建议条件，在移送起诉时没有提出从宽处罚建议的，应当在《起诉意见书》中写明其自愿认罪认罚的情况。

第二百二十条 监察机关一般应当在正式移送起诉十日前，向拟移送的人民检察院采取书面通知等方式预告移送事宜。对于已采取留置措施的案件，发现被调查人因身体等原因存在不适宜羁押等可能影响刑事强制措施执行情形的，应当通报人民检察院。对于未采取留置措施的案件，可以根据案件具体情况，向人民检察院提出对被调查人采取刑事强制措施的建议。

第二百二十一条 监察机关办理的职务犯罪案件移送起诉，需要指定起诉、审判管辖的，应当与同级人民检察院协商有关程序事宜。需要由同级人民检察院的上级人民检察院指定管辖的，应当商请同级人民检察院办理指定管辖事宜。

监察机关一般应当在移送起诉二十日前，将商请指定管辖函送交同级人民检察院。商请指定管辖函应当附案件基本情况，对于被调查人已被其他机关立案侦查的犯罪认为需要并案审查起诉的，一并进行说明。

派驻或者派出的监察机构、监察专员调查的职务犯罪案件需要指定起诉、审判管辖的，应当报派出机关办理指定管辖手续。

第二百二十二条 上级监察机关指定下级监察机关进行调查，移送起诉时需要人民检察院依法指定管辖的，应当在移送起诉前由上级监察机关与同级人民检察院协商有关程序事宜。

第二百二十三条 监察机关对已经移送起诉的职务犯罪案件，发现遗漏被调查人罪行需要补充移送起诉的，应当经审批出具《补充起诉意见书》，连同相关案卷材料、证据等一并移送同级人民检察院。

对于经人民检察院指定管辖的案件需要补充移送起诉的，可以直接移送原受理移送起诉的人民检察院；需要追加犯罪嫌疑人、被告人的，应当再次商请人民检察院办理指定管辖手续。

第二百二十四条 对于涉嫌行贿犯罪、介绍贿赂犯罪或者共同职务犯罪等关联案件的涉案人员，移送起诉时一般应当随主案确定管辖。

主案与关联案件由不同监察机关立案调查的，调查关联案件的监察机关在移送起诉前，应当报告或者通报调查主案的监察机关，由其统一协调案件管辖事宜。因特殊原因，关联案件不宜随主案确定管辖的，调查主案的监察机关应当及时通报和协调有关事项。

第二百二十五条 监察机关对于人民检察院在审查起诉中书面提出的下列要求应当予以配合：

（一）认为可能存在以非法方法收集证据情形，要求监察机关对证据收集的合法性作出说明或者提供相关证明材料的；

（二）排除非法证据后，要求监察机关另行指派调查人员重新取证的；

（三）对物证、书证、视听资料、电子数据及勘验检查、辨认、调查实验等笔录存在疑问，要求调查人员提供获取、制作的有关情况的；

（四）要求监察机关对案件中某些专门性问题进行鉴定，或者对勘验检查进行复验、复查的；

（五）认为主要犯罪事实已经查清，仍有部分证据需要补充完善，要求监察机关补充提供证据的；

（六）人民检察院依法提出的其他工作要求。

第二百二十六条 监察机关对于人民检察院依法退回补充调查的案件，应当向主要负责人报告，并积极开展补充调查工作。

第二百二十七条 对人民检察院退回补充调查的案件，经审批分别作出下列处理：

（一）认定犯罪事实的证据不够充分的，应当在补充证据后，制作补充调查报告书，连同相关材料一并移送人民检察院审查，对无法补充完善的证据，应当作出书面情况说明，并加盖监察机关或者承办部门公章；

（二）在补充调查中发现新的同案犯或者增加、变更犯罪事实，需要追究刑事责任的，应当重新提出处理意见，移送人民检察院审查；

（三）犯罪事实的认定出现重大变化，认为不应当追究被调查人刑事责任的，应当重新提出处理意见，将处理结果书面通知人民检察院并说明理由；

（四）认为移送起诉的犯罪事实清楚，证据确实、充分的，应当说明理由，移送人民检察院依法审查。

第二百二十八条 人民检察院在审查起诉过程中发现新的职务违法或者职务犯罪问题线索并移送监察机关的，监察机关应当依法处置。

第二百二十九条 在案件审判过程中，人民检察院书面要求监察机关补充提供证据，对证据进行补正、解释，或者协助人民检察院补充侦查的，监察机关应当予以配合。监察机关不能提供有关证据材料的，应当书面说明情况。

人民法院在审判过程中就证据收集合法性问题要求有关调查人员出庭说明情况时，监察机关应当依法予以配合。

第二百三十条 监察机关认为人民检察院不起诉决定有错误的，应当在收到不起诉决定书后三十日以内，依法向其上一级人民检察院提请复议。监察机关应当将上述情况及时向上一级监察机关书面报告。

第二百三十一条 对于监察机关移送起诉的案件，人民检察院作出不起诉决定，人民法院作出无罪判决，或者监察机关经人民检察院退回补充调查后不再移送起诉，涉及对被调查人已生效政务处分事实认定的，监察机关应当依法对政务处分决定进行审核。认为原政务处分决定认定事实清楚、适用法律正确的，不再改变；认为原政务处分决定确有错误或者不当的，依法予以撤销或者变更。

第二百三十二条 对于贪污贿赂、失职渎职等职务犯罪案件，被调查人逃匿，在通缉一年后不能到案，或者被调查人死亡，依法应当追缴其违法所得及其他涉案财产的，承办部门在调查终结后应当依法移送审理。

监察机关应当经集体审议，出具《没收违法所得意见书》，连同案卷材料、证据等，一并移送人民检察院依法提出没收违法所得的申请。

监察机关将《没收违法所得意见书》移送人民检察院后，在逃的被调查人自动投案或者被抓获的，监察机关应当及时通知人民检察院。

第二百三十三条 监察机关立案调查拟适用缺席审判程序的贪污贿赂犯罪案件，应当逐级报送国家监察委员会同意。

监察机关承办部门认为在境外的被调查人犯罪事实已经查清，证据确实、充分，依法应当追究刑事责任的，应当依法移送审理。

监察机关应当经集体审议，出具《起诉意见书》，连同案卷材料、证据等，一并移送人民检察院审查起诉。

在审查起诉或者缺席审判过程中，犯罪嫌疑人、被告人向监察机关自动投案或者被抓获的，监察机关应当立即通知人民检察院、人民法院。

第六章 反腐败国际合作

第一节 工作职责和领导体制

第二百三十四条 国家监察委员会统筹协调与其他国家、地区、国际组织开展反腐败国际交流、合作。

国家监察委员会组织《联合国反腐败公约》等反腐败国际条约的实施以及履约审议等工作，承担《联合国反腐败公约》司法协助中央机关有关工作。

国家监察委员会组织协调有关单位建立集中统一、高效顺畅的反腐败国际追逃追赃和防逃协调机制，统筹协调、督促指导各级监察机关反腐败国际追逃追赃等涉外案件办理工作，具体履行下列职责：

（一）制定反腐败国际追逃追赃和防逃工作计划，研究工作中的重要问题；

（二）组织协调反腐败国际追逃追赃等重大涉外案件办理工作；

（三）办理由国家监察委员会管辖的涉外案件；

（四）指导地方各级监察机关依法开展涉外案件办理工作；

（五）汇总和通报全国职务犯罪外逃案件信息和追逃追赃工作信息；

（六）建立健全反腐败国际追逃追赃和防逃合作网络；

（七）承担监察机关开展国际刑事司法协助的主管机关职责；

（八）承担其他与反腐败国际追逃追赃等涉外案件办理工作相关的职责。

第二百三十五条 地方各级监察机关在国家监察委员会领导下，统筹协调、督促指导本地区反腐败国际追逃追赃等涉外案件办理工作，具体履行下列职责：

（一）落实上级监察机关关于反腐败国际追逃追赃和防逃工作部署，制定工作计划；

（二）按照管辖权限或者上级监察机关指定管辖，办理涉外案件；

（三）按照上级监察机关要求，协助配合其他监察机关开展涉外案件办理工作；

（四）汇总和通报本地区职务犯罪外逃案件信息和追逃追赃工作信息；

（五）承担本地区其他与反腐败国际追逃追赃等涉外案件办理工作相关的职责。

省级监察委员会应当会同有关单位，建立健全本地区反腐败国际追逃追赃和防逃协调机制。

国家监察委员会派驻或者派出的监察机构、监察专员统筹协调、督促指导本部门反腐败国际追逃追赃等涉外案件办理工作，参照第一款规定执行。

第二百三十六条 国家监察委员会国际合作局归口管理监察机关反腐败国际追逃追赃等涉外案件办理工作。地方各级监察委员会应当明确专责部门，归口管理本地区涉外案件办理工作。

国家监察委员会派驻或者派出的监察机构、监察专员和地方各级监察机关办理涉外案件中有关执法司法国际合作事项，应当逐级报送国家监察委员会审批。由国家监察委员会依法直接或者协调有关单位与有关国家（地区）相关机构沟通，以双方认可的方式实施。

第二百三十七条 监察机关应当建立追逃追赃和防逃工作内部联络机制。承办部门在调查过程中，发现被调查人或者重要涉案人员外逃、违法所得及其他涉案财产被转移到境外的，可以请追逃追赃部门提供工作协助。监察机关将案件移送人民检察院审查起诉后，仍有重要涉案人员外逃或者未追缴的违法所得及其他涉案财产的，应当由追逃追赃部门继续办理，或者由追逃追赃部门指定协调有关单位办理。

第二节 国（境）内工作

第二百三十八条 监察机关应当将防逃工作纳入日常监督内容，督促相关机关、单位建立健全防逃责任机制。

监察机关在监督、调查工作中，应当根据情况制定对监察对象、重要涉案人员的防逃方案，防范人员外逃和资金外流风险。监察机关应当会同同级组织人事、外事、公安、移民管理等单位健全防逃预警机制，对存在外逃风险的监察对象早发现、早报告、早处置。

第二百三十九条 监察机关应当加强与同级人民银行、公安等单位的沟通协作，推动预防、打击利用离岸公司和地下钱庄等向境外转移违法所得及其他涉案财产，对涉及职务违法和职务犯罪的行为依法进行调查。

第二百四十条 国家监察委员会派驻或者派出的监察机构、监察专员和地方各级监察委员会发现监察对象出逃、失踪、出走，或者违法所得及其他涉案财产被转移至境外的，应当在二十四小时以内将有关信息逐级报送至国家监察委员会国际合作局，并迅速开展相关工作。

第二百四十一条 监察机关追逃追赃部门统一接收巡视巡察机构、审计机关、行政执法部门、司法机关等单位移交的外逃信息。

监察机关对涉嫌职务违法和职务犯罪的外逃人员，应当明确承办部门，建立案件档案。

第二百四十二条 监察机关应当依法全面收集外逃人员涉嫌职务违法和职务犯罪证据。

第二百四十三条 开展反腐败国际追逃追赃等涉外案件办理工作，应当把思想教育贯穿始终，落实宽严相济刑事政策，依法适用认罪认罚从宽制度，促使外逃人员回国投案或者配合调查、主动退赃。开展相关工作，应当尊重所在国家（地区）的法律规定。

第二百四十四条 外逃人员归案、违法所得及其他涉案财产被追缴后，承办案件的监察机关应当将情况逐级报送国家监察委员会国际合作局。监察机关应当依法对涉案人员和违法所得及其他涉案财产作出处置，或者请有关单位依法处置。对不需要继续采取相关措施的，应当及时解除或者撤销。

第三节 对外合作

第二百四十五条 监察机关对依法应当留置或者已经决定留置的外逃人员，需要申请发布国际刑警组织红色通报的，应当逐级报送国家监察委员会审核。国家监察委员会审核后，依法通过公安部向国际刑警组织提出申请。

需要延期、暂停、撤销红色通报的，申请发布红色通报的监察机关应当逐级报送国家监察委员会审核，由国家监察委员会依法通过公安部联系国际刑警组织办理。

第二百四十六条 地方各级监察机关通过引渡方式办理相关涉外案件的，应当按照引渡法、相关双边及多边国际条约等规定准备引渡请求书及相关材料，逐级报送国家监察委员会审核。由国家监察委员会依法通过外交等渠道向外国提出引渡请求。

第二百四十七条 地方各级监察机关通过刑事司法协助方式办理相关涉外案件的，应当按照国际刑事司法协助法、相关双边及多边国际条约等规定准备刑事司法协助请求书及相关材料，逐级报送国家监察委员会审核。由国家监察委员会依法直接或者通过对外联系机关等渠道，向外国提出刑事司法协助请求。

国家监察委员会收到外国提出的刑事司法协助请求书及所附材料，经审查认为符合有关规定的，作出决定并交由省级监察机关执行，或者转交其他有关主管机关。省级监察机关应当立即执行，或者交由下级监察机关执行，并将执行结果或者妨碍执行的情形及时报送国家监察委员会。在执行过程中，需要依法采取查询、调取、查封、扣押、冻结等措施或者需要返还涉案财物的，根据我国法律规定和国家监察委员会的执行决定办理有关法律手续。

第二百四十八条 地方各级监察机关通过执法合作方式办理相关涉外案件的，应当将合作事项及相关材料逐级报送国家监察委员会审核。由国家监察委员会依法直接或者协调有关单位，向有关国家（地区）相关机构提交并开展合作。

第二百四十九条 地方各级监察机关通过境外追诉方式办理相关涉外案件的，应当提供外逃人员相关违法线索和证据，逐级报送国家监察委员会审核。由国家监察委员会依法直接或者协调有关单位向有关国家（地区）相关机构提交，请其依法对外逃人员调查、起诉和审判，并商有关国家（地区）遣返外逃人员。

第二百五十条 监察机关对依法应当追缴的境外违法所得及其他涉案财产，应当责令涉案人员以合法方式退赔。涉案人员拒不退赔的，可以依法通过下列方式追缴：

（一）在开展引渡等追逃合作时，随附请求有关国家（地区）移交相关违法所得及其他涉案财产；

（二）依法启动违法所得没收程序，由人民法院对相关违法所得及其他涉案财产作出冻结、没收裁定，请有关国家（地区）承认和执行，并予以返还；

（三）请有关国家（地区）依法追缴相关违法所得及其他涉案财产，并予以返还；

（四）通过其他合法方式追缴。

第七章　对监察机关和监察人员的监督

第二百五十一条　监察机关和监察人员必须自觉坚持党的领导，在党组织的管理、监督下开展工作，依法接受本级人民代表大会及其常务委员会的监督，接受民主监督、司法监督、社会监督、舆论监督，加强内部监督制约机制建设，确保权力受到严格的约束和监督。

第二百五十二条　各级监察委员会应当按照监察法第五十三条第二款规定，由主任在本级人民代表大会常务委员会全体会议上报告专项工作。

在报告专项工作前，应当与本级人民代表大会有关专门委员会沟通协商，并配合开展调查研究等工作。各级人民代表大会常务委员会审议专项工作报告时，本级监察委员会应当根据要求派出领导成员列席相关会议，听取意见。

各级监察委员会应当认真研究办理本级人民代表大会常务委员会反馈的审议意见，并按照要求书面报告办理情况。

第二百五十三条　各级监察委员会应当积极接受、配合本级人民代表大会常务委员会组织的执法检查。对本级人民代表大会常务委员会的执法检查报告，应当认真研究处理，并向其报告处理情况。

第二百五十四条　各级监察委员会在本级人民代表大会常务委员会会议审议与监察工作有关的议案和报告时，应当派相关负责人到会听取意见，回答询问。

监察机关对依法交由监察机关答复的质询案应当按照要求进行答复。口头答复的，由监察机关主要负责人或者委派相关负责人到会答复。书面答复的，由监察机关主要负责人签署。

第二百五十五条　各级监察机关应当通过互联网政务媒体、报刊、广播、电视等途径，向社会及时准确公开下列监察工作信息：

（一）监察法规；

（二）依法应当向社会公开的案件调查信息；

（三）检举控告地址、电话、网站等信息；

（四）其他依法应当公开的信息。

第二百五十六条 各级监察机关可以根据工作需要，按程序选聘特约监察员履行监督、咨询等职责。特约监察员名单应当向社会公布。

监察机关应当为特约监察员依法开展工作提供必要条件和便利。

第二百五十七条 监察机关实行严格的人员准入制度，严把政治关、品行关、能力关、作风关、廉洁关。监察人员必须忠诚坚定、担当尽责、遵纪守法、清正廉洁。

第二百五十八条 监察机关应当建立监督检查、调查、案件监督管理、案件审理等部门相互协调制约的工作机制。

监督检查和调查部门实行分工协作、相互制约。监督检查部门主要负责联系地区、部门、单位的日常监督检查和对涉嫌一般违法问题线索处置。调查部门主要负责对涉嫌严重职务违法和职务犯罪问题线索进行初步核实和立案调查。

案件监督管理部门负责对监督检查、调查工作全过程进行监督管理，做好线索管理、组织协调、监督检查、督促办理、统计分析等工作。案件监督管理部门发现监察人员在监督检查、调查中有违规办案行为的，及时督促整改；涉嫌违纪违法的，根据管理权限移交相关部门处理。

第二百五十九条 监察机关应当对监察权运行关键环节进行经常性监督检查，适时开展专项督查。案件监督管理、案件审理等部门应当按照各自职责，对问题线索处置、调查措施使用、涉案财物管理等进行监督检查，建立常态化、全覆盖的案件质量评查机制。

第二百六十条 监察机关应当加强对监察人员执行职务和遵纪守法情况的监督，按照管理权限依法对监察人员涉嫌违法犯罪问题进行调查处置。

第二百六十一条 监察机关及其监督检查、调查部门负责人应当定期检查调查期间的录音录像、谈话笔录、涉案财物登记资料，加强对调查全过程的监督，发现问题及时纠正并报告。

第二百六十二条 对监察人员打听案情、过问案件、说情干预的，办理监察事项的监察人员应当及时向上级负责人报告。有关情况应当登记备案。

发现办理监察事项的监察人员未经批准接触被调查人、涉案人员及其特定关系人，或者存在交往情形的，知情的监察人员应当及时向上级负责人报告。有关情况应当登记备案。

第二百六十三条 办理监察事项的监察人员有监察法第五十八条所列情形之一的，应当自行提出回避；没有自行提出回避的，监察机关应当依法决定其回避，监察对象、检举人及其他有关人员也有权要求其回避。

选用借调人员、看护人员、调查场所，应当严格执行回避制度。

第二百六十四条 监察人员自行提出回避，或者监察对象、检举人及其他有关人员要求监察人员回避的，应当书面或者口头提出，并说明理由。口头提出的，应当形成记录。

监察机关主要负责人的回避，由上级监察机关主要负责人决定；其他监察人员的回避，由本级监察机关主要负责人决定。

第二百六十五条 上级监察机关应当通过专项检查、业务考评、开展复查等方式，强化对下级监察机关及监察人员执行职务和遵纪守法情况的监督。

第二百六十六条 监察机关应当对监察人员有计划地进行政治、理论和业务培训。培训应当坚持理论联系实际、按需施教、讲求实效，突出政治机关特色，建设高素质专业化监察队伍。

第二百六十七条 监察机关应当严格执行保密制度，控制监察事项知悉范围和时间。监察人员不准私自留存、隐匿、查阅、摘抄、复制、携带问题线索和涉案资料，严禁泄露监察工作秘密。

监察机关应当建立健全检举控告保密制度，对检举控告人的姓名（单位名称）、工作单位、住址、电话和邮箱等有关情况以及检举控告内容必须严格保密。

第二百六十八条 监察机关涉密人员离岗离职后，应当遵守脱密期管理规定，严格履行保密义务，不得泄露相关秘密。

第二百六十九条 监察人员离任三年以内，不得从事与监察和司法工作相关联且可能发生利益冲突的职业。

监察人员离任后，不得担任原任职监察机关办理案件的诉讼代理人或者辩护人，但是作为当事人的监护人或者近亲属代理诉讼或者进行辩护的除外。

第二百七十条 监察人员应当严格遵守有关规范领导干部配偶、子女及其配偶经商办企业行为的规定。

第二百七十一条 监察机关在履行职责过程中应当依法保护企业产权和自主经营权，严禁利用职权非法干扰企业生产经营。需要企业经营者协助调查的，应当依法保障其合法的人身、财产等权益，避免或者减少对涉案企业正常生产、经营活动的影响。

查封企业厂房、机器设备等生产资料，企业继续使用对该财产价值无重大影响的，可以允许其使用。对于正在运营或者正在用于科技创新、产品研发的设备和技术资料等，一般不予查封、扣押，确需调取违法犯罪证据的，可以采取拍照、复制等方式。

第二百七十二条 被调查人及其近亲属认为监察机关及监察人员存在监察法第六十条第一款规定的有关情形，向监察机关提出申诉的，由监察机关案件监督管理部门依法受理，并按照法定的程序和时限办理。

第二百七十三条 监察机关在维护监督执法调查工作纪律方面失职失责的，依法追究责任。监察人员涉嫌严重职务违法、职务犯罪或者对案件处置出现重大失误的，既应当追究直接责任，还应当严肃追究负有责任的领导人员责任。

监察机关应当建立办案质量责任制，对滥用职权、失职失责造成严重后果的，实行终身责任追究。

第八章 法律责任

第二百七十四条 有关单位拒不执行监察机关依法作出的下列处理决定的，应当由其主管部门、上级机关责令改正，对单位给予通报批评，对负有责任的领导人员和直接责任人员依法给予处理：

（一）政务处分决定；

（二）问责决定；

（三）谈话提醒、批评教育、责令检查，或者予以诫勉的决定；

（四）采取调查措施的决定；

（五）复审、复核决定；

（六）监察机关依法作出的其他处理决定。

第二百七十五条 监察对象对控告人、申诉人、批评人、检举人、证人、监察人员进行打击、压制等报复陷害的，监察机关应当依法给予政务处分。构成犯罪的，依法追究刑事责任。

第二百七十六条 控告人、检举人、证人采取捏造事实、伪造材料等方式诬告陷害的，监察机关应当依法给予政务处分，或者移送有关机关处理。构成犯罪的，依法追究刑事责任。

监察人员因依法履行职责遭受不实举报、诬告陷害、侮辱诽谤，致使名誉受到损害的，监察机关应当会同有关部门及时澄清事实，消除不良影响，并依法追究相关单位或者个人的责任。

第二百七十七条 监察机关应当建立健全办案安全责任制。承办部门主要负责人和调查组组长是调查安全第一责任人。调查组应当指定专人担任安全员。

地方各级监察机关履行管理、监督职责不力发生严重办案安全事故的，或者办案中存在严重违规违纪违法行为的，省级监察机关主要负责人应当向国家监察委员会作出检讨，并予以通报、严肃追责问责。

案件监督管理部门应当对办案安全责任制落实情况组织经常性检查和不定期抽查，发现问题及时报告并督促整改。

第二百七十八条 监察人员在履行职责中有下列行为之一的，依法严肃处理；构成犯罪的，依法追究刑事责任：

（一）贪污贿赂、徇私舞弊的；

（二）不履行或者不正确履行监督职责，应当发现的问题没有发现，或者发现问题不报告、不处置，造成严重影响的；

（三）未经批准、授权处置问题线索，发现重大案情隐瞒不报，或者私自留存、处理涉案材料的；

（四）利用职权或者职务上的影响干预调查工作的；

（五）违法窃取、泄露调查工作信息，或者泄露举报事项、举报受理情况以及举报人信息的；

（六）对被调查人或者涉案人员逼供、诱供，或者侮辱、打骂、虐待、体罚或者变相体罚的；

（七）违反规定处置查封、扣押、冻结的财物的；

（八）违反规定导致发生办案安全事故，或者发生安全事故后隐瞒不报、报告失实、处置不当的；

（九）违反规定采取留置措施的；

（十）违反规定限制他人出境，或者不按规定解除出境限制的；

（十一）其他职务违法和职务犯罪行为。

第二百七十九条 对监察人员在履行职责中存在违法行为的，可以根据情节轻重，依法进行谈话提醒、批评教育、责令检查、诫勉，或者给予政务处分。构成犯罪的，依法追究刑事责任。

第二百八十条 监察机关及其工作人员在行使职权时，有下列情形之一的，受害人可以申请国家赔偿：

（一）采取留置措施后，决定撤销案件的；

（二）违法没收、追缴或者违法查封、扣押、冻结财物造成损害的；

（三）违法行使职权，造成被调查人、涉案人员或者证人身体伤害或者死亡的；

（四）非法剥夺他人人身自由的；

（五）其他侵犯公民、法人和其他组织合法权益造成损害的。

受害人死亡的，其继承人和其他有扶养关系的亲属有权要求赔偿；受害的法人或者其他组织终止的，其权利承受人有权要求赔偿。

第二百八十一条 监察机关及其工作人员违法行使职权侵犯公民、法人和其他组织的合法权益造成损害的，该机关为赔偿义务机关。申请赔偿应当向赔偿义务机关提出，由该机关负责复审复核工作的部门受理。

赔偿以支付赔偿金为主要方式。能够返还财产或者恢复原状的，予以返还财产或者恢复原状。

第九章 附　　则

第二百八十二条 本条例所称监察机关，包括各级监察委员会及其派驻或者派出监察机构、监察专员。

第二百八十三条 本条例所称“近亲属”，是指夫、妻、父、母、子、女、同胞兄弟姊妹。

第二百八十四条 本条例所称以上、以下、以内，包括本级、本数。

第二百八十五条 期间以时、日、月、年计算，期间开始的时和日不算在期间以内。本条例另有规定的除外。

按照年、月计算期间的，到期月的对应日为期间的最后一日；没有对应日的，月末日为期间的最后一日。

期间的最后一日是法定休假日的，以法定休假日结束的次日为期间的最后一日。但被调查人留置期间应当至到期之日为止，不得因法定休假日而延长。

第二百八十六条 本条例由国家监察委员会负责解释。

第二百八十七条 本条例自发布之日起施行。

中华人民共和国监察官法

（2021年8月20日第十三届全国人民代表大会常务委员会第三十次会议通过　2021年8月20日中华人民共和国主席令第92号公布　自2022年1月1日起施行）

第一章　总　　则

第一条 为了加强对监察官的管理和监督，保障监察官依法履行职责，维护监察官合法权益，推进高素质专业化监察官队伍建设，推进监察工作规范化、法治化，根据宪法和《中华人民共和国监察法》，制定本法。

第二条 监察官的管理和监督坚持中国共产党领导，坚持以马克思列宁主义、毛泽东思想、邓小平理论、“三个代表”重要思想、科学发展观、习近平新时代中国特色社会主义思想为指导，坚持党管干部原则，增强监察官的使命感、责任感、荣誉感，建设忠诚干净担当的监察官队伍。

第三条 监察官包括下列人员：

（一）各级监察委员会的主任、副主任、委员；

（二）各级监察委员会机关中的监察人员；

（三）各级监察委员会派驻或者派出到中国共产党机关、国家机关、法律法规授权或者委托管理公共事务的组织和单位以及所管辖的行政区域等的监察机构中的监察人员、监察专员；

（四）其他依法行使监察权的监察机构中的监察人员。

对各级监察委员会派驻到国有企业的监察机构工作人员、监察专员，以及国有企业中其他依法行使监察权的监察机构工作人员的监督管理，参照执行本法有关规定。

第四条 监察官应当忠诚坚定、担当尽责、清正廉洁，做严格自律、作风优良、拒腐防变的表率。

第五条 监察官应当维护宪法和法律的尊严和权威，以事实为根据，以法律为准绳，客观公正地履行职责，保障当事人的合法权益。

第六条 监察官应当严格按照规定的权限和程序履行职责，坚持民主集中制，重大事项集体研究。

第七条 监察机关应当建立健全对监察官的监督制度和机制，确保权力受到严格约束。

监察官应当自觉接受组织监督和民主监督、社会监督、舆论监督。

第八条 监察官依法履行职责受法律保护，不受行政机关、社会团体和个人的干涉。

第二章 监察官的职责、义务和权利

第九条 监察官依法履行下列职责：

（一）对公职人员开展廉政教育；

（二）对公职人员依法履职、秉公用权、廉洁从政从业以及道德操守情况进行监督检查；

（三）对法律规定由监察机关管辖的职务违法和职务犯罪进行调查；

（四）根据监督、调查的结果，对办理的监察事项提出处置意见；

（五）开展反腐败国际合作方面的工作；

（六）法律规定的其他职责。

监察官在职权范围内对所办理的监察事项负责。

第十条 监察官应当履行下列义务：

（一）自觉坚持中国共产党领导，严格执行中国共产党和国家的路线方针政策、重大决策部署；

（二）模范遵守宪法和法律；

（三）维护国家和人民利益，秉公执法，勇于担当、敢于监督，坚决同腐败现象作斗争；

（四）依法保障监察对象及有关人员的合法权益；

（五）忠于职守，勤勉尽责，努力提高工作质量和效率；

（六）保守国家秘密和监察工作秘密，对履行职责中知悉的商业秘密和个人隐私、个人信息予以保密；

（七）严守纪律，恪守职业道德，模范遵守社会公德、家庭美德；

（八）自觉接受监督；

（九）法律规定的其他义务。

第十一条 监察官享有下列权利：

（一）履行监察官职责应当具有的职权和工作条件；

（二）履行监察官职责应当享有的职业保障和福利待遇；

（三）人身、财产和住所安全受法律保护；

（四）提出申诉或者控告；

（五）《中华人民共和国公务员法》等法律规定的其他权利。

第三章 监察官的条件和选用

第十二条 担任监察官应当具备下列条件：

（一）具有中华人民共和国国籍；

（二）忠于宪法，坚持中国共产党领导和社会主义制度；

（三）具有良好的政治素质、道德品行和廉洁作风；

（四）熟悉法律、法规、政策，具有履行监督、调查、处置等职责的专业知识和能力；

（五）具有正常履行职责的身体条件和心理素质；

（六）具备高等学校本科及以上学历；

（七）法律规定的其他条件。

本法施行前的监察人员不具备前款第六项规定的学历条件的，应当接受培训和考核，具体办法由国家监察委员会制定。

第十三条 有下列情形之一的，不得担任监察官：

（一）因犯罪受过刑事处罚，以及因犯罪情节轻微被人民检察院依法作出不起诉决定或者被人民法院依法免予刑事处罚的；

（二）被撤销中国共产党党内职务、留党察看、开除党籍的；

（三）被撤职或者开除公职的；

（四）被依法列为失信联合惩戒对象的；

（五）配偶已移居国（境）外，或者没有配偶但是子女均已移居国（境）外的；

（六）法律规定的其他情形。

第十四条 监察官的选用，坚持德才兼备、以德为先，坚持五湖四海、任人唯贤，坚持事业为上、公道正派，突出政治标准，注重工作实绩。

第十五条 监察官采用考试、考核的办法，从符合监察官条件的人员中择优选用。

第十六条 录用监察官，应当依照法律和国家有关规定采取公开考试、严格考察、平等竞争、择优录取的办法。

第十七条 监察委员会可以根据监察工作需要，依照法律和国家有关规定从中国共产党机关、国家机关、事业单位、国有企业等机关、单位从事公务的人员中选择符合任职条件的人员担任监察官。

第十八条 监察委员会可以根据监察工作需要，依照法律和国家有关规定在从事与监察机关职能职责相关的职业或者教学、研究的人员中选拔或者聘任符合任职条件的人员担任监察官。

第四章 监察官的任免

第十九条 国家监察委员会主任由全国人民代表大会选举和罢免，副主任、委员由国家监察委员会主任提请全国人民代表大会常务委员会任免。

地方各级监察委员会主任由本级人民代表大会选举和罢免，副主任、委员由监察委员会主任提请本级人民代表大会常务委员会任免。

新疆生产建设兵团各级监察委员会主任、副主任、委员，由新疆维吾尔自治区监察委员会主任提请自治区人民代表大会常务委员会任免。

其他监察官的任免，按照管理权限和规定的程序办理。

第二十条 监察官就职时应当依照法律规定进行宪法宣誓。

第二十一条 监察官有下列情形之一的，应当免去其监察官职务：

（一）丧失中华人民共和国国籍的；

（二）职务变动不需要保留监察官职务的；

（三）退休的；

（四）辞职或者依法应当予以辞退的；

（五）因违纪违法被调离或者开除的；

（六）法律规定的其他情形。

第二十二条 监察官不得兼任人民代表大会常务委员会的组成人员，不得兼任行政机关、审判机关、检察机关的职务，不得兼任企业或者其他营利性组织、事业单位的职务，不得兼任人民陪审员、人民监督员、执业律师、仲裁员和公证员。

监察官因工作需要兼职的，应当按照管理权限批准，但是不得领取兼职报酬。

第二十三条 监察官担任县级、设区的市级监察委员会主任的，应当按照有关规定实行地域回避。

第二十四条 监察官之间有夫妻关系、直系血亲关系、三代以内旁系血亲以及近姻亲关系的，不得同时担任下列职务：

（一）同一监察委员会的主任、副主任、委员，上述人员和其他监察官；

（二）监察委员会机关同一部门的监察官；

（三）同一派驻机构、派出机构或者其他监察机构的监察官；

（四）上下相邻两级监察委员会的主任、副主任、委员。

第五章 监察官的管理

第二十五条 监察官等级分为十三级，依次为总监察官、一级副总监察官、二级副总监察官，一级高级监察官、二级高级监察官、三级高级监察官、四级高级监察官，一级监察官、二级监察官、三级监察官、四级监察官、五级监察官、六级监察官。

第二十六条 国家监察委员会主任为总监察官。

第二十七条 监察官等级的确定，以监察官担任的职务职级、德才表现、业务水平、工作实绩和工作年限等为依据。

监察官等级晋升采取按期晋升和择优选升相结合的方式，特别优秀或者作出特别贡献的，可以提前选升。

第二十八条 监察官的等级设置、确定和晋升的具体办法，由国家另行规定。

第二十九条 初任监察官实行职前培训制度。

第三十条 对监察官应当有计划地进行政治、理论和业务培训。

培训应当突出政治机关特色，坚持理论联系实际、按需施教、讲求实效，提高专业能力。

监察官培训情况，作为监察官考核的内容和任职、等级晋升的依据之一。

第三十一条 监察官培训机构按照有关规定承担培训监察官的任务。

第三十二条 国家加强监察学科建设，鼓励具备条件的普通高等学校设置监察专业或者开设监察课程，培养德才兼备的高素质监察官后备人才，提高监察官的专业能力。

第三十三条 监察官依照法律和国家有关规定实行任职交流。

第三十四条 监察官申请辞职，应当由本人书面提出，按照管理权限批准后，依照规定的程序免去其职务。

第三十五条 监察官有依法应当予以辞退情形的，依照规定的程序免去其职务。

辞退监察官应当按照管理权限决定。辞退决定应当以书面形式通知被辞退的监察官，并列明作出决定的理由和依据。

第六章 监察官的考核和奖励

第三十六条 对监察官的考核，应当全面、客观、公正，实行平时考核、专项考核和年度考核相结合。

第三十七条 监察官的考核应当按照管理权限，全面考核监察官的德、能、勤、绩、廉，重点考核政治素质、工作实绩和廉洁自律情况。

第三十八条 年度考核结果分为优秀、称职、基本称职和不称职四个等次。

考核结果作为调整监察官等级、工资以及监察官奖惩、免职、降职、辞退的依据。

第三十九条 年度考核结果以书面形式通知监察官本人。监察官对考核结果如果有异议，可以申请复核。

第四十条 对在监察工作中有显著成绩和贡献，或者有其他突出事迹的监察官、监察官集体，给予奖励。

第四十一条 监察官有下列表现之一的，给予奖励：

（一）履行监督职责，成效显著的；

（二）在调查、处置职务违法和职务犯罪工作中，做出显著成绩和贡献的；

（三）提出有价值的监察建议，对防止和消除重大风险隐患效果显著的；

（四）研究监察理论、总结监察实践经验成果突出，对监察工作有指导作用的；

（五）有其他功绩的。

监察官的奖励按照有关规定办理。

第七章 监察官的监督和惩戒

第四十二条 监察机关应当规范工作流程，加强内部监督制约机制建设，强化对监察官执行职务和遵守法律情况的监督。

第四十三条 任何单位和个人对监察官的违纪违法行为，有权检举、控告。受理检举、控告的机关应当及时调查处理，并将结果告知检举人、控告人。

对依法检举、控告的单位和个人，任何人不得压制和打击报复。

第四十四条 对于审判机关、检察机关、执法部门等移送的监察官违纪违法履行职责的问题线索，监察机关应当及时调查处理。

第四十五条 监察委员会根据工作需要，按照规定从各方面代表中聘请特约监察员等监督人员，对监察官履行职责情况进行监督，提出加强和改进监察工作的意见、建议。

第四十六条 监察官不得打听案情、过问案件、说情干预。对于上述行为，办理监察事项的监察官应当及时向上级报告。有关情况应当登记备案。

办理监察事项的监察官未经批准不得接触被调查人、涉案人员及其特定关系人，或者与其进行交往。对于上述行为，知悉情况的监察官应当及时向上级报告。有关情况应当登记备案。

第四十七条 办理监察事项的监察官有下列情形之一的，应当自行回避，监察对象、检举人、控告人及其他有关人员也有权要求其回避；没有主动申请回避的，监察机关应当依法决定其回避：

（一）是监察对象或者检举人、控告人的近亲属的；

（二）担任过本案的证人的；

（三）本人或者其近亲属与办理的监察事项有利害关系的；

（四）有可能影响监察事项公正处理的其他情形的。

第四十八条 监察官应当严格执行保密制度，控制监察事项知悉范围和时间，不得私自留存、隐匿、查阅、摘抄、复制、携带问题线索和涉案资料，严禁泄露监察工作秘密。

监察官离岗离职后，应当遵守脱密期管理规定，严格履行保密义务，不得泄露相关秘密。

第四十九条 监察官离任三年内，不得从事与监察和司法工作相关联且可能发生利益冲突的职业。

监察官离任后，不得担任原任职监察机关办理案件的诉讼代理人或者辩护人，但是作为当事人的监护人或者近亲属代理诉讼、进行辩护的除外。

监察官被开除后，不得担任诉讼代理人或者辩护人，但是作为当事人的监护人或者近亲属代理诉讼、进行辩护的除外。

第五十条 监察官应当遵守有关规范领导干部配偶、子女及其配偶经商办企业行为的规定。违反规定的，予以处理。

第五十一条 监察官的配偶、父母、子女及其配偶不得以律师身份担任该监察官所任职监察机关办理案件的诉讼代理人、辩护人，或者提供其他有偿法律服务。

第五十二条 监察官有下列行为之一的，依法给予处理；构成犯罪的，依法追究刑事责任：

（一）贪污贿赂的；

（二）不履行或者不正确履行监督职责，应当发现的问题没有发现，或者发现问题不报告、不处置，造成恶劣影响的；

（三）未经批准、授权处置问题线索，发现重大案情隐瞒不报，或者私自留存、处理涉案材料的；

（四）利用职权或者职务上的影响干预调查工作、以案谋私的；

（五）窃取、泄露调查工作信息，或者泄露举报事项、举报受理情况以及举报人信息的；

（六）隐瞒、伪造、变造、故意损毁证据、案件材料的；

（七）对被调查人或者涉案人员逼供、诱供，或者侮辱、打骂、虐待、体罚、变相体罚的；

（八）违反规定采取调查措施或者处置涉案财物的；

（九）违反规定发生办案安全事故，或者发生安全事故后隐瞒不报、报告失实、处置不当的；

（十）其他职务违法犯罪行为。

监察官有其他违纪违法行为，影响监察官队伍形象，损害国家和人民利益的，依法追究相应责任。

第五十三条 监察官涉嫌违纪违法，已经被立案审查、调查、侦查，不宜继续履行职责的，按照管理权限和规定的程序暂时停止其履行职务。

第五十四条 实行监察官责任追究制度，对滥用职权、失职失责造成严重后果的，终身追究责任或者进行问责。

监察官涉嫌严重职务违法、职务犯罪或者对案件处置出现重大失误的，应当追究负有责任的领导人员和直接责任人员的责任。

第八章　监察官的职业保障

第五十五条　除下列情形外，不得将监察官调离：

（一）按规定需要任职回避的；

（二）按规定实行任职交流的；

（三）因机构、编制调整需要调整工作的；

（四）因违纪违法不适合继续从事监察工作的；

（五）法律规定的其他情形。

第五十六条　任何单位或者个人不得要求监察官从事超出法定职责范围的事务。

对任何干涉监察官依法履职的行为，监察官有权拒绝并予以全面如实记录和报告；有违纪违法情形的，由有关机关根据情节轻重追究有关人员的责任。

第五十七条　监察官的职业尊严和人身安全受法律保护。

任何单位和个人不得对监察官及其近亲属打击报复。

对监察官及其近亲属实施报复陷害、侮辱诽谤、暴力侵害、威胁恐吓、滋事骚扰等违法犯罪行为的，应当依法从严惩治。

第五十八条　监察官因依法履行职责遭受不实举报、诬告陷害、侮辱诽谤，致使名誉受到损害的，监察机关应当会同有关部门及时澄清事实，消除不良影响，并依法追究相关单位或者个人的责任。

第五十九条　监察官因依法履行职责，本人及其近亲属人身安全面临危险的，监察机关、公安机关应当对监察官及其近亲属采取人身保护、禁止特定人员接触等必要保护措施。

第六十条　监察官实行国家规定的工资制度，享受监察官等级津贴和其他津贴、补贴、奖金、保险、福利待遇。监察官的工资及等级津贴制度，由国家另行规定。

第六十一条　监察官因公致残的，享受国家规定的伤残待遇。监察官因公牺牲或者病故的，其亲属享受国家规定的抚恤和优待。

第六十二条　监察官退休后，享受国家规定的养老金和其他待遇。

第六十三条 对于国家机关及其工作人员侵犯监察官权利的行为，监察官有权提出控告。

受理控告的机关应当依法调查处理，并将调查处理结果及时告知本人。

第六十四条 监察官对涉及本人的政务处分、处分和人事处理不服的，可以依照规定的程序申请复审、复核，提出申诉。

第六十五条 对监察官的政务处分、处分或者人事处理错误的，应当及时予以纠正；造成名誉损害的，应当恢复名誉、消除影响、赔礼道歉；造成经济损失的，应当赔偿。对打击报复的直接责任人员，应当依法追究其责任。

第九章 附 则

第六十六条 有关监察官的权利、义务和管理制度，本法已有规定的，适用本法的规定；本法未作规定的，适用《中华人民共和国公务员法》等法律法规的规定。

第六十七条 中国人民解放军和中国人民武装警察部队的监察官制度，按照国家和军队有关规定执行。

第六十八条 本法自2022年1月1日起施行。

中华人民共和国刑法（节录）

（1979年7月1日第五届全国人民代表大会第二次会议通过 1997年3月14日第八届全国人民代表大会第五次会议修订 根据1998年12月29日第九届全国人民代表大会常务委员会第六次会议通过的《全国人民代表大会常务委员会关于惩治骗购外汇、逃汇和非法买卖外汇犯罪的决定》、1999年12月25日第九届全国人民代表大会常务委员会第十三次会议通过的《中华人民共和国刑法修正案》、2001年8月31日第九届全国人民代表大会常务委员会第二十三次会议通过的《中华人民共和国刑法修正案（二）》、2001年12月29日第九届全国人民代表大会常务委员会第二十五次会议通过的《中华人民共和国刑法修正案（三）》、2002年12月28日第九届全国人民代表大会常务委员会第三十一次会议通过的《中华人民共和国刑法修正案（四）》、2005年2月28日第十届全国人民代表大会常务委员会第十四次会议通过的《中华人民共和国刑法修正案（五）》、2006年6月29日第十届全国人民代表大会常务委员会第二十二次会议通过的《中华人民共和国刑法修正案（六）》、2009年2月28日第十一届全国人民代表大会常务委员会第七次会议通过的《中华人民共和国刑法修正案（七）》、2009年8月27日第十一届全国人民代表大会常务委员会第十次会议通过的《全国人民代表大会常务委员会关于修改部分法律的决定》、2011年2月25日第十一届全国人民代表大会常务委员会第十九次会议通过的《中华人民共和国刑法修正案（八）》、2015年8月29日第十二届全国人民代表大会常务委员会第十六次会议通过的《中华人民共和国刑法修正案（九）》、2017年11月4日第十二届全国人民代表大会常务委员会第三十次会议通过的《中华人民共和国刑法修正案（十）》和2020年12月26日第十三届全国人民代表大会常务委员会第二十四次会议通过的《中华人民共和国刑法修正案（十一）》修正)①

第一编　总　　则

第一章　刑法的任务、基本原则和适用范围

第一条　为了惩罚犯罪，保护人民，根据宪法，结合我国同犯罪作斗争的具体经验及实际情况，制定本法。

第二条　中华人民共和国刑法的任务，是用刑罚同一切犯罪行为作斗争，以保卫国家安全，保卫人民民主专政的政权和社会主义制度，保护国有

---

① 刑法、历次刑法修正案、涉及修改刑法的决定的施行日期，分别依据各法律所规定的施行日期确定。

财产和劳动群众集体所有的财产，保护公民私人所有的财产，保护公民的人身权利、民主权利和其他权利，维护社会秩序、经济秩序，保障社会主义建设事业的顺利进行。

第三条 法律明文规定为犯罪行为的，依照法律定罪处刑；法律没有明文规定为犯罪行为的，不得定罪处刑。

第四条 对任何人犯罪，在适用法律上一律平等。不允许任何人有超越法律的特权。

第五条 刑罚的轻重，应当与犯罪分子所犯罪行和承担的刑事责任相适应。

第六条 凡在中华人民共和国领域内犯罪的，除法律有特别规定的以外，都适用本法。

凡在中华人民共和国船舶或者航空器内犯罪的，也适用本法。

犯罪的行为或者结果有一项发生在中华人民共和国领域内的，就认为是在中华人民共和国领域内犯罪。

第七条 中华人民共和国公民在中华人民共和国领域外犯本法规定之罪的，适用本法，但是按本法规定的最高刑为三年以下有期徒刑的，可以不予追究。

中华人民共和国国家工作人员和军人在中华人民共和国领域外犯本法规定之罪的，适用本法。

第八条 外国人在中华人民共和国领域外对中华人民共和国国家或者公民犯罪，而按本法规定的最低刑为三年以上有期徒刑的，可以适用本法，但是按照犯罪地的法律不受处罚的除外。

第九条 对于中华人民共和国缔结或者参加的国际条约所规定的罪行，中华人民共和国在所承担条约义务的范围内行使刑事管辖权的，适用本法。

第十条 凡在中华人民共和国领域外犯罪，依照本法应当负刑事责任的，虽然经过外国审判，仍然可以依照本法追究，但是在外国已经受过刑罚处罚的，可以免除或者减轻处罚。

第十一条 享有外交特权和豁免权的外国人的刑事责任，通过外交途径解决。

第十二条 中华人民共和国成立以后本法施行以前的行为，如果当时的法律不认为是犯罪的，适用当时的法律；如果当时的法律认为是犯罪的，依照本法总则第四章第八节的规定应当追诉的，按照当时的法律追究刑事责任，但是如果本法不认为是犯罪或者处刑较轻的，适用本法。

本法施行以前，依照当时的法律已经作出的生效判决，继续有效。

第二章 犯　　罪

第一节 犯罪和刑事责任

第十三条 一切危害国家主权、领土完整和安全，分裂国家、颠覆人民民主专政的政权和推翻社会主义制度，破坏社会秩序和经济秩序，侵犯国有财产或者劳动群众集体所有的财产，侵犯公民私人所有的财产，侵犯公民的人身权利、民主权利和其他权利，以及其他危害社会的行为，依照法律应当受刑罚处罚的，都是犯罪，但是情节显著轻微危害不大的，不认为是犯罪。

第十四条 明知自己的行为会发生危害社会的结果，并且希望或者放任这种结果发生，因而构成犯罪的，是故意犯罪。

故意犯罪，应当负刑事责任。

第十五条 应当预见自己的行为可能发生危害社会的结果，因为疏忽大意而没有预见，或者已经预见而轻信能够避免，以致发生这种结果的，是过失犯罪。

过失犯罪，法律有规定的才负刑事责任。

第十六条 行为在客观上虽然造成了损害结果，但是不是出于故意或者过失，而是由于不能抗拒或者不能预见的原因所引起的，不是犯罪。

第十七条 已满十六周岁的人犯罪，应当负刑事责任。

已满十四周岁不满十六周岁的人，犯故意杀人、故意伤害致人重伤或者死亡、强奸、抢劫、贩卖毒品、放火、爆炸、投放危险物质罪的，应当负刑事责任。

已满十二周岁不满十四周岁的人，犯故意杀人、故意伤害罪，致人死亡或者以特别残忍手段致人重伤造成严重残疾，情节恶劣，经最高人民检察院核准追诉的，应当负刑事责任。

对依照前三款规定追究刑事责任的不满十八周岁的人，应当从轻或者减轻处罚。

因不满十六周岁不予刑事处罚的，责令其父母或者其他监护人加以管教；在必要的时候，依法进行专门矫治教育。①

第十七条之一 已满七十五周岁的人故意犯罪的，可以从轻或者减轻处罚；过失犯罪的，应当从轻或者减轻处罚。②

第十八条 精神病人在不能辨认或者不能控制自己行为的时候造成危害结果，经法定程序鉴定确认的，不负刑事责任，但是应当责令他的家属或者监护人严加看管和医疗；在必要的时候，由政府强制医疗。

间歇性的精神病人在精神正常的时候犯罪，应当负刑事责任。

尚未完全丧失辨认或者控制自己行为能力的精神病人犯罪的，应当负刑事责任，但是可以从轻或者减轻处罚。

醉酒的人犯罪，应当负刑事责任。

第十九条 又聋又哑的人或者盲人犯罪，可以从轻、减轻或者免除处罚。

第二十条 为了使国家、公共利益、本人或者他人的人身、财产和其他权利免受正在进行的不法侵害，而采取的制止不法侵害的行为，对不法侵害人造成损害的，属于正当防卫，不负刑事责任。

正当防卫明显超过必要限度造成重大损害的，应当负刑事责任，但是应当减轻或者免除处罚。

对正在进行行凶、杀人、抢劫、强奸、绑架以及其他严重危及人身安全

---

① 根据2020年12月26日《中华人民共和国刑法修正案（十一）》修改。原条文为："已满十六周岁的人犯罪，应当负刑事责任。

"已满十四周岁不满十六周岁的人，犯故意杀人、故意伤害致人重伤或者死亡、强奸、抢劫、贩卖毒品、放火、爆炸、投毒罪的，应当负刑事责任。

"已满十四周岁不满十八周岁的人犯罪，应当从轻或者减轻处罚。

"因不满十六周岁不予刑事处罚的，责令他的家长或者监护人加以管教；在必要的时候，也可以由政府收容教养。"

② 根据2011年2月25日《中华人民共和国刑法修正案（八）》增加。

的暴力犯罪，采取防卫行为，造成不法侵害人伤亡的，不属于防卫过当，不负刑事责任。

第二十一条 为了使国家、公共利益、本人或者他人的人身、财产和其他权利免受正在发生的危险，不得已采取的紧急避险行为，造成损害的，不负刑事责任。

紧急避险超过必要限度造成不应有的损害的，应当负刑事责任，但是应当减轻或者免除处罚。

第一款中关于避免本人危险的规定，不适用于职务上、业务上负有特定责任的人。

第二节 犯罪的预备、未遂和中止

第二十二条 为了犯罪，准备工具、制造条件的，是犯罪预备。

对于预备犯，可以比照既遂犯从轻、减轻处罚或者免除处罚。

第二十三条 已经着手实行犯罪，由于犯罪分子意志以外的原因而未得逞的，是犯罪未遂。

对于未遂犯，可以比照既遂犯从轻或者减轻处罚。

第二十四条 在犯罪过程中，自动放弃犯罪或者自动有效地防止犯罪结果发生的，是犯罪中止。

对于中止犯，没有造成损害的，应当免除处罚；造成损害的，应当减轻处罚。

第三节 共同犯罪

第二十五条 共同犯罪是指二人以上共同故意犯罪。

二人以上共同过失犯罪，不以共同犯罪论处；应当负刑事责任的，按照他们所犯的罪分别处罚。

第二十六条 组织、领导犯罪集团进行犯罪活动的或者在共同犯罪中起主要作用的，是主犯。

三人以上为共同实施犯罪而组成的较为固定的犯罪组织，是犯罪集团。

对组织、领导犯罪集团的首要分子，按照集团所犯的全部罪行处罚。

对于第三款规定以外的主犯，应当按照其所参与的或者组织、指挥的全部犯罪处罚。

第二十七条 在共同犯罪中起次要或者辅助作用的，是从犯。

对于从犯，应当从轻、减轻处罚或者免除处罚。

第二十八条 对于被胁迫参加犯罪的，应当按照他的犯罪情节减轻处罚或者免除处罚。

第二十九条 教唆他人犯罪的，应当按照他在共同犯罪中所起的作用处罚。教唆不满十八周岁的人犯罪的，应当从重处罚。

如果被教唆的人没有犯被教唆的罪，对于教唆犯，可以从轻或者减轻处罚。

第四节 单位犯罪

第三十条① 公司、企业、事业单位、机关、团体实施的危害社会的行为，法律规定为单位犯罪的，应当负刑事责任。

第三十一条 单位犯罪的，对单位判处罚金，并对其直接负责的主管人员和其他直接责任人员判处刑罚。本法分则和其他法律另有规定的，依照规定。

第三章 刑 罚

第一节 刑罚的种类

第三十二条 刑罚分为主刑和附加刑。

第三十三条 主刑的种类如下：

---

① 根据2014年4月24日通过的《全国人民代表大会常务委员会关于〈中华人民共和国刑法〉第三十条的解释》：

“全国人民代表大会常务委员会根据司法实践中遇到的情况，讨论了刑法第三十条的含义及公司、企业、事业单位、机关、团体等单位实施刑法规定的危害社会的行为，法律未规定追究单位的刑事责任的，如何适用刑法有关规定的问题，解释如下：

“公司、企业、事业单位、机关、团体等单位实施刑法规定的危害社会的行为，刑法分则和其他法律未规定追究单位的刑事责任的，对组织、策划、实施该危害社会行为的人依法追究刑事责任。”

（一）管制；

（二）拘役；

（三）有期徒刑；

（四）无期徒刑；

（五）死刑。

第三十四条 附加刑的种类如下：

（一）罚金；

（二）剥夺政治权利；

（三）没收财产。

附加刑也可以独立适用。

第三十五条 对于犯罪的外国人，可以独立适用或者附加适用驱逐出境。

第三十六条 由于犯罪行为而使被害人遭受经济损失的，对犯罪分子除依法给予刑事处罚外，并应根据情况判处赔偿经济损失。

承担民事赔偿责任的犯罪分子，同时被判处罚金，其财产不足以全部支付的，或者被判处没收财产的，应当先承担对被害人的民事赔偿责任。

第三十七条 对于犯罪情节轻微不需要判处刑罚的，可以免予刑事处罚，但是可以根据案件的不同情况，予以训诫或者责令具结悔过、赔礼道歉、赔偿损失，或者由主管部门予以行政处罚或者行政处分。

第三十七条之一 因利用职业便利实施犯罪，或者实施违背职业要求的特定义务的犯罪被判处刑罚的，人民法院可以根据犯罪情况和预防再犯罪的需要，禁止其自刑罚执行完毕之日或者假释之日起从事相关职业，期限为三年至五年。

被禁止从事相关职业的人违反人民法院依照前款规定作出的决定的，由公安机关依法给予处罚；情节严重的，依照本法第三百一十三条的规定定罪处罚。

其他法律、行政法规对其从事相关职业另有禁止或者限制性规定的，从其规定。①

---

① 根据2015年8月29日《中华人民共和国刑法修正案（九）》增加。

第二节 管　制

第三十八条 管制的期限，为三个月以上二年以下。

判处管制，可以根据犯罪情况，同时禁止犯罪分子在执行期间从事特定活动，进入特定区域、场所，接触特定的人。①

对判处管制的犯罪分子，依法实行社区矫正。②

违反第二款规定的禁止令的，由公安机关依照《中华人民共和国治安管理处罚法》的规定处罚。③

第三十九条 被判处管制的犯罪分子，在执行期间，应当遵守下列规定：

（一）遵守法律、行政法规，服从监督；

（二）未经执行机关批准，不得行使言论、出版、集会、结社、游行、示威自由的权利；

（三）按照执行机关规定报告自己的活动情况；

（四）遵守执行机关关于会客的规定；

（五）离开所居住的市、县或者迁居，应当报经执行机关批准。

对于被判处管制的犯罪分子，在劳动中应当同工同酬。

第四十条 被判处管制的犯罪分子，管制期满，执行机关应即向本人和其所在单位或者居住地的群众宣布解除管制。

第四十一条 管制的刑期，从判决执行之日起计算；判决执行以前先行羁押的，羁押一日折抵刑期二日。

第三节 拘　役

第四十二条 拘役的期限，为一个月以上六个月以下。

---

① 根据2011年2月25日《中华人民共和国刑法修正案（八）》增加一款，作为第二款。

② 根据2011年2月25日《中华人民共和国刑法修正案（八）》修改。原条文为：“被判处管制的犯罪分子，由公安机关执行。”

③ 根据2011年2月25日《中华人民共和国刑法修正案（八）》增加一款，作为第四款。

第四十三条 被判处拘役的犯罪分子，由公安机关就近执行。

在执行期间，被判处拘役的犯罪分子每月可以回家一天至两天；参加劳动的，可以酌量发给报酬。

第四十四条 拘役的刑期，从判决执行之日起计算；判决执行以前先行羁押的，羁押一日折抵刑期一日。

第四节 有期徒刑、无期徒刑

第四十五条 有期徒刑的期限，除本法第五十条、第六十九条规定外，为六个月以上十五年以下。

第四十六条 被判处有期徒刑、无期徒刑的犯罪分子，在监狱或者其他执行场所执行；凡有劳动能力的，都应当参加劳动，接受教育和改造。

第四十七条 有期徒刑的刑期，从判决执行之日起计算；判决执行以前先行羁押的，羁押一日折抵刑期一日。

第五节 死　　刑

第四十八条 死刑只适用于罪行极其严重的犯罪分子。对于应当判处死刑的犯罪分子，如果不是必须立即执行的，可以判处死刑同时宣告缓期二年执行。

死刑除依法由最高人民法院判决的以外，都应当报请最高人民法院核准。死刑缓期执行的，可以由高级人民法院判决或者核准。

第四十九条 犯罪的时候不满十八周岁的人和审判的时候怀孕的妇女，不适用死刑。

审判的时候已满七十五周岁的人，不适用死刑，但以特别残忍手段致人死亡的除外。①

第五十条 判处死刑缓期执行的，在死刑缓期执行期间，如果没有故意犯罪，二年期满以后，减为无期徒刑；如果确有重大立功表现，二年期满以

---

① 根据2011年2月25日《中华人民共和国刑法修正案（八）》增加一款，作为第二款。

后，减为二十五年有期徒刑；如果故意犯罪，情节恶劣的，报请最高人民法院核准后执行死刑；对于故意犯罪未执行死刑的，死刑缓期执行的期间重新计算，并报最高人民法院备案。①

对被判处死刑缓期执行的累犯以及因故意杀人、强奸、抢劫、绑架、放火、爆炸、投放危险物质或者有组织的暴力性犯罪被判处死刑缓期执行的犯罪分子，人民法院根据犯罪情节等情况可以同时决定对其限制减刑。②

第五十一条 死刑缓期执行的期间，从判决确定之日起计算。死刑缓期执行减为有期徒刑的刑期，从死刑缓期执行期满之日起计算。

第六节 罚 金

第五十二条 判处罚金，应当根据犯罪情节决定罚金数额。

第五十三条 罚金在判决指定的期限内一次或者分期缴纳。期满不缴纳的，强制缴纳。对于不能全部缴纳罚金的，人民法院在任何时候发现被执行人有可以执行的财产，应当随时追缴。

由于遭遇不能抗拒的灾祸等原因缴纳确实有困难的，经人民法院裁定，可以延期缴纳、酌情减少或者免除。③

---

① 根据2011年2月25日《中华人民共和国刑法修正案（八）》第一次修改。原条文为："判处死刑缓期执行的，在死刑缓期执行期间，如果没有故意犯罪，二年期满以后，减为无期徒刑；如果确有重大立功表现，二年期满以后，减为十五年以上二十年以下有期徒刑；如果故意犯罪，查证属实的，由最高人民法院核准，执行死刑。"

根据2015年8月29日《中华人民共和国刑法修正案（九）》第二次修改。原第一款条文为："判处死刑缓期执行的，在死刑缓期执行期间，如果没有故意犯罪，二年期满以后，减为无期徒刑；如果确有重大立功表现，二年期满以后，减为二十五年有期徒刑；如果故意犯罪，查证属实的，由最高人民法院核准，执行死刑。"

② 根据2011年2月25日《中华人民共和国刑法修正案（八）》增加。

③ 根据2015年8月29日《中华人民共和国刑法修正案（九）》修改。原条文为："罚金在判决指定的期限内一次或者分期缴纳。期满不缴纳的，强制缴纳。对于不能全部缴纳罚金的，人民法院在任何时候发现被执行人有可以执行的财产，应当随时追缴。如果由于遭遇不能抗拒的灾祸缴纳确实有困难的，可以酌情减少或者免除。"

第七节 剥夺政治权利

第五十四条 剥夺政治权利是剥夺下列权利：

（一）选举权和被选举权；

（二）言论、出版、集会、结社、游行、示威自由的权利；

（三）担任国家机关职务的权利；

（四）担任国有公司、企业、事业单位和人民团体领导职务的权利。

第五十五条 剥夺政治权利的期限，除本法第五十七条规定外，为一年以上五年以下。

判处管制附加剥夺政治权利的，剥夺政治权利的期限与管制的期限相等，同时执行。

第五十六条 对于危害国家安全的犯罪分子应当附加剥夺政治权利；对于故意杀人、强奸、放火、爆炸、投毒、抢劫等严重破坏社会秩序的犯罪分子，可以附加剥夺政治权利。

独立适用剥夺政治权利的，依照本法分则的规定。

第五十七条 对于被判处死刑、无期徒刑的犯罪分子，应当剥夺政治权利终身。

在死刑缓期执行减为有期徒刑或者无期徒刑减为有期徒刑的时候，应当把附加剥夺政治权利的期限改为三年以上十年以下。

第五十八条 附加剥夺政治权利的刑期，从徒刑、拘役执行完毕之日或者从假释之日起计算；剥夺政治权利的效力当然施用于主刑执行期间。

被剥夺政治权利的犯罪分子，在执行期间，应当遵守法律、行政法规和国务院公安部门有关监督管理的规定，服从监督；不得行使本法第五十四条规定的各项权利。

第八节 没收财产

第五十九条 没收财产是没收犯罪分子个人所有财产的一部或者全部。没收全部财产的，应当对犯罪分子个人及其扶养的家属保留必需的生活费用。

在判处没收财产的时候，不得没收属于犯罪分子家属所有或者应有的财产。

第六十条 没收财产以前犯罪分子所负的正当债务，需要以没收的财产偿还的，经债权人请求，应当偿还。

第四章 刑罚的具体运用

第一节 量 刑

第六十一条 对于犯罪分子决定刑罚的时候，应当根据犯罪的事实、犯罪的性质、情节和对于社会的危害程度，依照本法的有关规定判处。

第六十二条 犯罪分子具有本法规定的从重处罚、从轻处罚情节的，应当在法定刑的限度以内判处刑罚。

第六十三条 犯罪分子具有本法规定的减轻处罚情节的，应当在法定刑以下判处刑罚；本法规定有数个量刑幅度的，应当在法定量刑幅度的下一个量刑幅度内判处刑罚。①

犯罪分子虽然不具有本法规定的减轻处罚情节，但是根据案件的特殊情况，经最高人民法院核准，也可以在法定刑以下判处刑罚。

第六十四条 犯罪分子违法所得的一切财物，应当予以追缴或者责令退赔；对被害人的合法财产，应当及时返还；违禁品和供犯罪所用的本人财物，应当予以没收。没收的财物和罚金，一律上缴国库，不得挪用和自行处理。

第二节 累 犯

第六十五条 被判处有期徒刑以上刑罚的犯罪分子，刑罚执行完毕或者赦免以后，在五年以内再犯应当判处有期徒刑以上刑罚之罪的，是累犯，应当从重处罚，但是过失犯罪和不满十八周岁的人犯罪的除外。②

---

① 根据 2011 年 2 月 25 日《中华人民共和国刑法修正案（八）》修改。原第一款条文为：“犯罪分子具有本法规定的减轻处罚情节的，应当在法定刑以下判处刑罚。”

② 根据 2011 年 2 月 25 日《中华人民共和国刑法修正案（八）》修改。原第一款条文为：“被判处有期徒刑以上刑罚的犯罪分子，刑罚执行完毕或者赦免以后，在五年以内再犯应当判处有期徒刑以上刑罚之罪的，是累犯，应当从重处罚，但是过失犯罪除外。”

前款规定的期限，对于被假释的犯罪分子，从假释期满之日起计算。

第六十六条 危害国家安全犯罪、恐怖活动犯罪、黑社会性质的组织犯罪的犯罪分子，在刑罚执行完毕或者赦免以后，在任何时候再犯上述任一类罪的，都以累犯论处。①

第三节 自首和立功

第六十七条 犯罪以后自动投案，如实供述自己的罪行的，是自首。对于自首的犯罪分子，可以从轻或者减轻处罚。其中，犯罪较轻的，可以免除处罚。

被采取强制措施的犯罪嫌疑人、被告人和正在服刑的罪犯，如实供述司法机关还未掌握的本人其他罪行的，以自首论。

犯罪嫌疑人虽不具有前两款规定的自首情节，但是如实供述自己罪行的，可以从轻处罚；因其如实供述自己罪行，避免特别严重后果发生的，可以减轻处罚。②

第六十八条 犯罪分子有揭发他人犯罪行为，查证属实的，或者提供重要线索，从而得以侦破其他案件等立功表现的，可以从轻或者减轻处罚；有重大立功表现的，可以减轻或者免除处罚。③

第四节 数罪并罚

第六十九条 判决宣告以前一人犯数罪的，除判处死刑和无期徒刑的以外，应当在总和刑期以下、数刑中最高刑期以上，酌情决定执行的刑期，但是管制最高不能超过三年，拘役最高不能超过一年，有期徒刑总和刑期不满三十五年的，最高不能超过二十年，总和刑期在三十五年以上的，最高不能

---

① 根据2011年2月25日《中华人民共和国刑法修正案（八）》修改。原条文为："危害国家安全的犯罪分子在刑罚执行完毕或者赦免以后，在任何时候再犯危害国家安全罪的，都以累犯论处。"

② 根据2011年2月25日《中华人民共和国刑法修正案（八）》增加一款，作为第三款。

③ 根据2011年2月25日《中华人民共和国刑法修正案（八）》修改，删去本条第二款。原第二款条文为："犯罪后自首又有重大立功表现的，应当减轻或者免除处罚。"

超过二十五年。

数罪中有判处有期徒刑和拘役的，执行有期徒刑。数罪中有判处有期徒刑和管制，或者拘役和管制的，有期徒刑、拘役执行完毕后，管制仍须执行。①

数罪中有判处附加刑的，附加刑仍须执行，其中附加刑种类相同的，合并执行，种类不同的，分别执行。②

第七十条 判决宣告以后，刑罚执行完毕以前，发现被判刑的犯罪分子在判决宣告以前还有其他罪没有判决的，应当对新发现的罪作出判决，把前后两个判决所判处的刑罚，依照本法第六十九条的规定，决定执行的刑罚。已经执行的刑期，应当计算在新判决决定的刑期以内。

第七十一条 判决宣告以后，刑罚执行完毕以前，被判刑的犯罪分子又犯罪的，应当对新犯的罪作出判决，把前罪没有执行的刑罚和后罪所判处的刑罚，依照本法第六十九条的规定，决定执行的刑罚。

第五节 缓 刑

第七十二条 对于被判处拘役、三年以下有期徒刑的犯罪分子，同时符合下列条件的，可以宣告缓刑，对其中不满十八周岁的人、怀孕的妇女和已满七十五周岁的人，应当宣告缓刑：

（一）犯罪情节较轻；

（二）有悔罪表现；

（三）没有再犯罪的危险；

（四）宣告缓刑对所居住社区没有重大不良影响。

宣告缓刑，可以根据犯罪情况，同时禁止犯罪分子在缓刑考验期限内从

---

① 根据2015年8月29日《中华人民共和国刑法修正案（九）》增加一款，作为第二款。原第二款作为第三款。

② 根据2011年2月25日《中华人民共和国刑法修正案（八）》修改。原条文为：“判决宣告以前一人犯数罪的，除判处死刑和无期徒刑的以外，应当在总和刑期以下、数刑中最高刑期以上，酌情决定执行的刑期，但是管制最高不能超过三年，拘役最高不能超过一年，有期徒刑最高不能超过二十年。

“如果数罪中有判处附加刑的，附加刑仍须执行。”

事特定活动，进入特定区域、场所，接触特定的人。

被宣告缓刑的犯罪分子，如果被判处附加刑，附加刑仍须执行。①

第七十三条 拘役的缓刑考验期限为原判刑期以上一年以下，但是不能少于二个月。

有期徒刑的缓刑考验期限为原判刑期以上五年以下，但是不能少于一年。

缓刑考验期限，从判决确定之日起计算。

第七十四条 对于累犯和犯罪集团的首要分子，不适用缓刑。②

第七十五条 被宣告缓刑的犯罪分子，应当遵守下列规定：

（一）遵守法律、行政法规，服从监督；

（二）按照考察机关的规定报告自己的活动情况；

（三）遵守考察机关关于会客的规定；

（四）离开所居住的市、县或者迁居，应当报经考察机关批准。

第七十六条 对宣告缓刑的犯罪分子，在缓刑考验期限内，依法实行社区矫正，如果没有本法第七十七条规定的情形，缓刑考验期满，原判的刑罚就不再执行，并公开予以宣告。③

第七十七条 被宣告缓刑的犯罪分子，在缓刑考验期限内犯新罪或者发现判决宣告以前还有其他罪没有判决的，应当撤销缓刑，对新犯的罪或者新发现的罪作出判决，把前罪和后罪所判处的刑罚，依照本法第六十九条的规定，决定执行的刑罚。

---

① 根据2011年2月25日《中华人民共和国刑法修正案（八）》修改。原条文为："对于被判处拘役、三年以下有期徒刑的犯罪分子，根据犯罪分子的犯罪情节和悔罪表现，适用缓刑确实不致再危害社会的，可以宣告缓刑。

"被宣告缓刑的犯罪分子，如果被判处附加刑，附加刑仍须执行。"

② 根据2011年2月25日《中华人民共和国刑法修正案（八）》修改。原条文为："对于累犯，不适用缓刑。"

③ 根据2011年2月25日《中华人民共和国刑法修正案（八）》修改。原条文为："被宣告缓刑的犯罪分子，在缓刑考验期限内，由公安机关考察，所在单位或者基层组织予以配合，如果没有本法第七十七条规定的情形，缓刑考验期满，原判的刑罚就不再执行，并公开予以宣告。"

被宣告缓刑的犯罪分子，在缓刑考验期限内，违反法律、行政法规或者国务院有关部门关于缓刑的监督管理规定，或者违反人民法院判决中的禁止令，情节严重的，应当撤销缓刑，执行原判刑罚。①

第六节 减　　刑

第七十八条 被判处管制、拘役、有期徒刑、无期徒刑的犯罪分子，在执行期间，如果认真遵守监规，接受教育改造，确有悔改表现的，或者有立功表现的，可以减刑；有下列重大立功表现之一的，应当减刑：

（一）阻止他人重大犯罪活动的；

（二）检举监狱内外重大犯罪活动，经查证属实的；

（三）有发明创造或者重大技术革新的；

（四）在日常生产、生活中舍己救人的；

（五）在抗御自然灾害或者排除重大事故中，有突出表现的；

（六）对国家和社会有其他重大贡献的。

减刑以后实际执行的刑期不能少于下列期限：

（一）判处管制、拘役、有期徒刑的，不能少于原判刑期的二分之一；

（二）判处无期徒刑的，不能少于十三年；

（三）人民法院依照本法第五十条第二款规定限制减刑的死刑缓期执行的犯罪分子，缓期执行期满后依法减为无期徒刑的，不能少于二十五年，缓期执行期满后依法减为二十五年有期徒刑的，不能少于二十年。②

第七十九条 对于犯罪分子的减刑，由执行机关向中级以上人民法院提出减刑建议书。人民法院应当组成合议庭进行审理，对确有悔改或者立功事实的，裁定予以减刑。非经法定程序不得减刑。

---

① 根据 2011 年 2 月 25 日《中华人民共和国刑法修正案（八）》修改。原第二款条文为：“被宣告缓刑的犯罪分子，在缓刑考验期限内，违反法律、行政法规或者国务院公安部门有关缓刑的监督管理规定，情节严重的，应当撤销缓刑，执行原判刑罚。”

② 根据 2011 年 2 月 25 日《中华人民共和国刑法修正案（八）》修改。原第二款条文为：“减刑以后实际执行的刑期，判处管制、拘役、有期徒刑的，不能少于原判刑期的二分之一；判处无期徒刑的，不能少于十年。”

第八十条 无期徒刑减为有期徒刑的刑期，从裁定减刑之日起计算。

第七节 假 释

第八十一条 被判处有期徒刑的犯罪分子，执行原判刑期二分之一以上，被判处无期徒刑的犯罪分子，实际执行十三年以上，如果认真遵守监规，接受教育改造，确有悔改表现，没有再犯罪的危险的，可以假释。如果有特殊情况，经最高人民法院核准，可以不受上述执行刑期的限制。

对累犯以及因故意杀人、强奸、抢劫、绑架、放火、爆炸、投放危险物质或者有组织的暴力性犯罪被判处十年以上有期徒刑、无期徒刑的犯罪分子，不得假释。

对犯罪分子决定假释时，应当考虑其假释后对所居住社区的影响。①

第八十二条 对于犯罪分子的假释，依照本法第七十九条规定的程序进行。非经法定程序不得假释。

第八十三条 有期徒刑的假释考验期限，为没有执行完毕的刑期；无期徒刑的假释考验期限为十年。

假释考验期限，从假释之日起计算。

第八十四条 被宣告假释的犯罪分子，应当遵守下列规定：

（一）遵守法律、行政法规，服从监督；

（二）按照监督机关的规定报告自己的活动情况；

（三）遵守监督机关关于会客的规定；

（四）离开所居住的市、县或者迁居，应当报经监督机关批准。

第八十五条 对假释的犯罪分子，在假释考验期限内，依法实行社区矫正，如果没有本法第八十六条规定的情形，假释考验期满，就认为原判刑罚

---

① 根据2011年2月25日《中华人民共和国刑法修正案（八）》修改。原条文为："被判处有期徒刑的犯罪分子，执行原判刑期二分之一以上，被判处无期徒刑的犯罪分子，实际执行十年以上，如果认真遵守监规，接受教育改造，确有悔改表现，假释后不致再危害社会的，可以假释。如果有特殊情况，经最高人民法院核准，可以不受上述执行刑期的限制。

"对累犯以及因杀人、爆炸、抢劫、强奸、绑架等暴力性犯罪被判处十年以上有期徒刑、无期徒刑的犯罪分子，不得假释。"

已经执行完毕，并公开予以宣告。①

第八十六条 被假释的犯罪分子，在假释考验期限内犯新罪，应当撤销假释，依照本法第七十一条的规定实行数罪并罚。

在假释考验期限内，发现被假释的犯罪分子在判决宣告以前还有其他罪没有判决的，应当撤销假释，依照本法第七十条的规定实行数罪并罚。

被假释的犯罪分子，在假释考验期限内，有违反法律、行政法规或者国务院有关部门关于假释的监督管理规定的行为，尚未构成新的犯罪的，应当依照法定程序撤销假释，收监执行未执行完毕的刑罚。②

第八节 时 效

第八十七条 犯罪经过下列期限不再追诉：

（一）法定最高刑为不满五年有期徒刑的，经过五年；

（二）法定最高刑为五年以上不满十年有期徒刑的，经过十年；

（三）法定最高刑为十年以上有期徒刑的，经过十五年；

（四）法定最高刑为无期徒刑、死刑的，经过二十年。如果二十年以后认为必须追诉的，须报请最高人民检察院核准。

第八十八条 在人民检察院、公安机关、国家安全机关立案侦查或者在人民法院受理案件以后，逃避侦查或者审判的，不受追诉期限的限制。

被害人在追诉期限内提出控告，人民法院、人民检察院、公安机关应当立案而不予立案的，不受追诉期限的限制。

第八十九条 追诉期限从犯罪之日起计算；犯罪行为有连续或者继续状态的，从犯罪行为终了之日起计算。

在追诉期限以内又犯罪的，前罪追诉的期限从犯后罪之日起计算。

---

① 根据2011年2月25日《中华人民共和国刑法修正案（八）》修改。原条文为：“被假释的犯罪分子，在假释考验期限内，由公安机关予以监督，如果没有本法第八十六条规定的情形，假释考验期满，就认为原判刑罚已经执行完毕，并公开予以宣告。”

② 根据2011年2月25日《中华人民共和国刑法修正案（八）》修改。原第三款条文为：“被假释的犯罪分子，在假释考验期限内，有违反法律、行政法规或者国务院公安部门有关假释的监督管理规定的行为，尚未构成新的犯罪的，应当依照法定程序撤销假释，收监执行未执行完毕的刑罚。”

第五章 其他规定

第九十条 民族自治地方不能全部适用本法规定的，可以由自治区或者省的人民代表大会根据当地民族的政治、经济、文化的特点和本法规定的基本原则，制定变通或者补充的规定，报请全国人民代表大会常务委员会批准施行。

第九十一条 本法所称公共财产，是指下列财产：

（一）国有财产；

（二）劳动群众集体所有的财产；

（三）用于扶贫和其他公益事业的社会捐助或者专项基金的财产。

在国家机关、国有公司、企业、集体企业和人民团体管理、使用或者运输中的私人财产，以公共财产论。

第九十二条 本法所称公民私人所有的财产，是指下列财产：

（一）公民的合法收入、储蓄、房屋和其他生活资料；

（二）依法归个人、家庭所有的生产资料；

（三）个体户和私营企业的合法财产；

（四）依法归个人所有的股份、股票、债券和其他财产。

第九十三条① 本法所称国家工作人员，是指国家机关中从事公务的

---

① 根据2009年8月27日修正的《全国人民代表大会常务委员会关于〈中华人民共和国刑法〉第九十三条第二款的解释》：

“全国人民代表大会常务委员会讨论了村民委员会等村基层组织人员在从事哪些工作时属于刑法第九十三条第二款规定的‘其他依照法律从事公务的人员’，解释如下：

“村民委员会等村基层组织人员协助人民政府从事下列行政管理工作，属于刑法第九十三条第二款规定的‘其他依照法律从事公务的人员’：

“（一）救灾、抢险、防汛、优抚、扶贫、移民、救济款物的管理；

“（二）社会捐助公益事业款物的管理；

“（三）国有土地的经营和管理；

“（四）土地征收、征用补偿费用的管理；

“（五）代征、代缴税款；

“（六）有关计划生育、户籍、征兵工作；

“（七）协助人民政府从事的其他行政管理工作。

“村民委员会等村基层组织人员从事前款规定的公务，利用职务上的便利，非法占有公共财物、挪用公款、索取他人财物或者非法收受他人财物，构成犯罪的，适用刑法第三百八十二条和第三百八十三条贪污罪、第三百八十四条挪用公款罪、第三百八十五条和第三百八十六条受贿罪的规定。”

人员。

国有公司、企业、事业单位、人民团体中从事公务的人员和国家机关、国有公司、企业、事业单位委派到非国有公司、企业、事业单位、社会团体从事公务的人员，以及其他依照法律从事公务的人员，以国家工作人员论。

第九十四条 本法所称司法工作人员，是指有侦查、检察、审判、监管职责的工作人员。

第九十五条 本法所称重伤，是指有下列情形之一的伤害：

（一）使人肢体残废或者毁人容貌的；

（二）使人丧失听觉、视觉或者其他器官机能的；

（三）其他对于人身健康有重大伤害的。

第九十六条 本法所称违反国家规定，是指违反全国人民代表大会及其常务委员会制定的法律和决定，国务院制定的行政法规、规定的行政措施、发布的决定和命令。

第九十七条 本法所称首要分子，是指在犯罪集团或者聚众犯罪中起组织、策划、指挥作用的犯罪分子。

第九十八条 本法所称告诉才处理，是指被害人告诉才处理。如果被害人因受强制、威吓无法告诉的，人民检察院和被害人的近亲属也可以告诉。

第九十九条 本法所称以上、以下、以内，包括本数。

第一百条 依法受过刑事处罚的人，在入伍、就业的时候，应当如实向有关单位报告自己曾受过刑事处罚，不得隐瞒。

犯罪的时候不满十八周岁被判处五年有期徒刑以下刑罚的人，免除前款规定的报告义务。①

第一百零一条 本法总则适用于其他有刑罚规定的法律，但是其他法律有特别规定的除外。

---

① 根据2011年2月25日《中华人民共和国刑法修正案（八）》增加一款，作为第二款。

第二编　分　　则

……

第八章　贪污贿赂罪

第三百八十二条　国家工作人员利用职务上的便利，侵吞、窃取、骗取或者以其他手段非法占有公共财物的，是贪污罪。

受国家机关、国有公司、企业、事业单位、人民团体委托管理、经营国有财产的人员，利用职务上的便利，侵吞、窃取、骗取或者以其他手段非法占有国有财物的，以贪污论。

与前两款所列人员勾结，伙同贪污的，以共犯论处。

第三百八十三条　对犯贪污罪的，根据情节轻重，分别依照下列规定处罚：

（一）贪污数额较大或者有其他较重情节的，处三年以下有期徒刑或者拘役，并处罚金。

（二）贪污数额巨大或者有其他严重情节的，处三年以上十年以下有期徒刑，并处罚金或者没收财产。

（三）贪污数额特别巨大或者有其他特别严重情节的，处十年以上有期徒刑或者无期徒刑，并处罚金或者没收财产；数额特别巨大，并使国家和人民利益遭受特别重大损失的，处无期徒刑或者死刑，并处没收财产。

对多次贪污未经处理的，按照累计贪污数额处罚。

犯第一款罪，在提起公诉前如实供述自己罪行、真诚悔罪、积极退赃，避免、减少损害结果的发生，有第一项规定情形的，可以从轻、减轻或者免除处罚；有第二项、第三项规定情形的，可以从轻处罚。

犯第一款罪，有第三项规定情形被判处死刑缓期执行的，人民法院根据犯罪情节等情况可以同时决定在其死刑缓期执行二年期满依法减为无期徒刑后，终身监禁，不得减刑、假释。①

第三百八十四条② 国家工作人员利用职务上的便利，挪用公款归个人使用，进行非法活动的，或者挪用公款数额较大、进行营利活动的，或者挪用公款数额较大、超过三个月未还的，是挪用公款罪，处五年以下有期徒刑或者拘役；情节严重的，处五年以上有期徒刑。挪用公款数额巨大不退还的，处十年以上有期徒刑或者无期徒刑。

挪用用于救灾、抢险、防汛、优抚、扶贫、移民、救济款物归个人使用的，从重处罚。

第三百八十五条 国家工作人员利用职务上的便利，索取他人财物的，或者非法收受他人财物，为他人谋取利益的，是受贿罪。

国家工作人员在经济往来中，违反国家规定，收受各种名义的回扣、手续费，归个人所有的，以受贿论处。

---

① 根据2015年8月29日《中华人民共和国刑法修正案（九）》修改。原条文为："对犯贪污罪的，根据情节轻重，分别依照下列规定处罚：

"（一）个人贪污数额在十万元以上的，处十年以上有期徒刑或者无期徒刑，可以并处没收财产；情节特别严重的，处死刑，并处没收财产。

"（二）个人贪污数额在五万元以上不满十万元的，处五年以上有期徒刑，可以并处没收财产；情节特别严重的，处无期徒刑，并处没收财产。

"（三）个人贪污数额在五千元以上不满五万元的，处一年以上七年以下有期徒刑；情节严重的，处七年以上十年以下有期徒刑。个人贪污数额在五千元以上不满一万元，犯罪后有悔改表现、积极退赃的，可以减轻处罚或者免予刑事处罚，由其所在单位或者上级主管机关给予行政处分。

"（四）个人贪污数额不满五千元，情节较重的，处二年以下有期徒刑或者拘役；情节较轻的，由其所在单位或者上级主管机关酌情给予行政处分。

"对多次贪污未经处理的，按照累计贪污数额处罚。"

② 根据2002年4月28日通过的《全国人民代表大会常务委员会关于〈中华人民共和国刑法〉第三百八十四条第一款的解释》：

"全国人民代表大会常务委员会讨论了刑法第三百八十四条第一款规定的国家工作人员利用职务上的便利，挪用公款'归个人使用'的含义问题，解释如下：

"有下列情形之一的，属于挪用公款'归个人使用'：

"（一）将公款供本人、亲友或者其他自然人使用的；

"（二）以个人名义将公款供其他单位使用的；

"（三）个人决定以单位名义将公款供其他单位使用，谋取个人利益的。"

第三百八十六条 对犯受贿罪的，根据受贿所得数额及情节，依照本法第三百八十三条的规定处罚。索贿的从重处罚。

第三百八十七条 国家机关、国有公司、企业、事业单位、人民团体，索取、非法收受他人财物，为他人谋取利益，情节严重的，对单位判处罚金，并对其直接负责的主管人员和其他直接责任人员，处五年以下有期徒刑或者拘役。

前款所列单位，在经济往来中，在帐外暗中收受各种名义的回扣、手续费的，以受贿论，依照前款的规定处罚。

第三百八十八条 国家工作人员利用本人职权或者地位形成的便利条件，通过其他国家工作人员职务上的行为，为请托人谋取不正当利益，索取请托人财物或者收受请托人财物的，以受贿论处。

第三百八十八条之一 国家工作人员的近亲属或者其他与该国家工作人员关系密切的人，通过该国家工作人员职务上的行为，或者利用该国家工作人员职权或者地位形成的便利条件，通过其他国家工作人员职务上的行为，为请托人谋取不正当利益，索取请托人财物或者收受请托人财物，数额较大或者有其他较重情节的，处三年以下有期徒刑或者拘役，并处罚金；数额巨大或者有其他严重情节的，处三年以上七年以下有期徒刑，并处罚金；数额特别巨大或者有其他特别严重情节的，处七年以上有期徒刑，并处罚金或者没收财产。

离职的国家工作人员或者其近亲属以及其他与其关系密切的人，利用该离职的国家工作人员原职权或者地位形成的便利条件实施前款行为的，依照前款的规定定罪处罚。①

第三百八十九条 为谋取不正当利益，给予国家工作人员以财物的，是行贿罪。

在经济往来中，违反国家规定，给予国家工作人员以财物，数额较大的，或者违反国家规定，给予国家工作人员以各种名义的回扣、手续费的，以行贿论处。

① 根据2009年2月28日《中华人民共和国刑法修正案（七）》增加。

因被勒索给予国家工作人员以财物，没有获得不正当利益的，不是行贿。

第三百九十条 对犯行贿罪的，处五年以下有期徒刑或者拘役，并处罚金；因行贿谋取不正当利益，情节严重的，或者使国家利益遭受重大损失的，处五年以上十年以下有期徒刑，并处罚金；情节特别严重的，或者使国家利益遭受特别重大损失的，处十年以上有期徒刑或者无期徒刑，并处罚金或者没收财产。

行贿人在被追诉前主动交待行贿行为的，可以从轻或者减轻处罚。其中，犯罪较轻的，对侦破重大案件起关键作用的，或者有重大立功表现的，可以减轻或者免除处罚。①

第三百九十条之一 为谋取不正当利益，向国家工作人员的近亲属或者其他与该国家工作人员关系密切的人，或者向离职的国家工作人员或者其近亲属以及其他与其关系密切的人行贿的，处三年以下有期徒刑或者拘役，并处罚金；情节严重的，或者使国家利益遭受重大损失的，处三年以上七年以下有期徒刑，并处罚金；情节特别严重的，或者使国家利益遭受特别重大损失的，处七年以上十年以下有期徒刑，并处罚金。

单位犯前款罪的，对单位判处罚金，并对其直接负责的主管人员和其他直接责任人员，处三年以下有期徒刑或者拘役，并处罚金。②

第三百九十一条 为谋取不正当利益，给予国家机关、国有公司、企业、事业单位、人民团体以财物的，或者在经济往来中，违反国家规定，给

---

① 根据2015年8月29日《中华人民共和国刑法修正案（九）》修改。原条文为："对犯行贿罪的，处五年以下有期徒刑或者拘役；因行贿谋取不正当利益，情节严重的，或者使国家利益遭受重大损失的，处五年以上十年以下有期徒刑；情节特别严重的，处十年以上有期徒刑或者无期徒刑，可以并处没收财产。

"行贿人在被追诉前主动交待行贿行为的，可以减轻处罚或者免除处罚。"

② 根据2015年8月29日《中华人民共和国刑法修正案（九）》增加。

予各种名义的回扣、手续费的，处三年以下有期徒刑或者拘役，并处罚金。①

单位犯前款罪的，对单位判处罚金，并对其直接负责的主管人员和其他直接责任人员，依照前款的规定处罚。

第三百九十二条 向国家工作人员介绍贿赂，情节严重的，处三年以下有期徒刑或者拘役，并处罚金。②

介绍贿赂人在被追诉前主动交待介绍贿赂行为的，可以减轻处罚或者免除处罚。

第三百九十三条 单位为谋取不正当利益而行贿，或者违反国家规定，给予国家工作人员以回扣、手续费，情节严重的，对单位判处罚金，并对其直接负责的主管人员和其他直接责任人员，处五年以下有期徒刑或者拘役，并处罚金。因行贿取得的违法所得归个人所有的，依照本法第三百八十九条、第三百九十条的规定定罪处罚。③

第三百九十四条 国家工作人员在国内公务活动或者对外交往中接受礼物，依照国家规定应当交公而不交公，数额较大的，依照本法第三百八十二条、第三百八十三条的规定定罪处罚。

第三百九十五条 国家工作人员的财产、支出明显超过合法收入，差额巨大的，可以责令该国家工作人员说明来源，不能说明来源的，差额部分以非法所得论，处五年以下有期徒刑或者拘役；差额特别巨大的，处五年以上

---

① 根据2015年8月29日《中华人民共和国刑法修正案（九）》修改。原第一款条文为："为谋取不正当利益，给予国家机关、国有公司、企业、事业单位、人民团体以财物的，或者在经济往来中，违反国家规定，给予各种名义的回扣、手续费的，处三年以下有期徒刑或者拘役。"

② 根据2015年8月29日《中华人民共和国刑法修正案（九）》修改。原第一款条文为："向国家工作人员介绍贿赂，情节严重的，处三年以下有期徒刑或者拘役。"

③ 根据2015年8月29日《中华人民共和国刑法修正案（九）》修改。原条文为："单位为谋取不正当利益而行贿，或者违反国家规定，给予国家工作人员以回扣、手续费，情节严重的，对单位判处罚金，并对其直接负责的主管人员和其他直接责任人员，处五年以下有期徒刑或者拘役。因行贿取得的违法所得归个人所有的，依照本法第三百八十九条、第三百九十条的规定定罪处罚。"

十年以下有期徒刑。财产的差额部分予以追缴。①

国家工作人员在境外的存款，应当依照国家规定申报。数额较大、隐瞒不报的，处二年以下有期徒刑或者拘役；情节较轻的，由其所在单位或者上级主管机关酌情给予行政处分。

第三百九十六条 国家机关、国有公司、企业、事业单位、人民团体，违反国家规定，以单位名义将国有资产集体私分给个人，数额较大的，对其直接负责的主管人员和其他直接责任人员，处三年以下有期徒刑或者拘役，并处或者单处罚金；数额巨大的，处三年以上七年以下有期徒刑，并处罚金。

司法机关、行政执法机关违反国家规定，将应当上缴国家的罚没财物，以单位名义集体私分给个人的，依照前款的规定处罚。

第九章 渎职罪②

第三百九十七条③ 国家机关工作人员滥用职权或者玩忽职守，致使公共财产、国家和人民利益遭受重大损失的，处三年以下有期徒刑或者拘役；情节特别严重的，处三年以上七年以下有期徒刑。本法另有规定的，依照规定。

国家机关工作人员徇私舞弊，犯前款罪的，处五年以下有期徒刑或者拘

---

① 根据2009年2月28日《中华人民共和国刑法修正案（七）》修改。原第一款条文为：“国家工作人员的财产或者支出明显超过合法收入，差额巨大的，可以责令说明来源。本人不能说明其来源是合法的，差额部分以非法所得论，处五年以下有期徒刑或者拘役，财产的差额部分予以追缴。”

② 根据2002年12月28日通过的《全国人民代表大会常务委员会关于〈中华人民共和国刑法〉第九章渎职罪主体适用问题的解释》：

“全国人大常委会根据司法实践中遇到的情况，讨论了刑法第九章渎职罪主体的适用问题，解释如下：

“在依照法律、法规规定行使国家行政管理职权的组织中从事公务的人员，或者在受国家机关委托代表国家机关行使职权的组织中从事公务的人员，或者虽未列入国家机关人员编制但在国家机关中从事公务的人员，在代表国家机关行使职权时，有渎职行为，构成犯罪的，依照刑法关于渎职罪的规定追究刑事责任。”

③ 根据1998年12月29日通过的《全国人民代表大会常务委员会关于惩治骗购外汇、逃汇和非法买卖外汇犯罪的决定》：“六、海关、外汇管理部门的工作人员严重不负责任，造成大量外汇被骗购或者逃汇，致使国家利益遭受重大损失的，依照刑法第三百九十七条的规定定罪处罚。”

役；情节特别严重的，处五年以上十年以下有期徒刑。本法另有规定的，依照规定。

第三百九十八条 国家机关工作人员违反保守国家秘密法的规定，故意或者过失泄露国家秘密，情节严重的，处三年以下有期徒刑或者拘役；情节特别严重的，处三年以上七年以下有期徒刑。

非国家机关工作人员犯前款罪的，依照前款的规定酌情处罚。

第三百九十九条 司法工作人员徇私枉法、徇情枉法，对明知是无罪的人而使他受追诉、对明知是有罪的人而故意包庇不使他受追诉，或者在刑事审判活动中故意违背事实和法律作枉法裁判的，处五年以下有期徒刑或者拘役；情节严重的，处五年以上十年以下有期徒刑；情节特别严重的，处十年以上有期徒刑。

在民事、行政审判活动中故意违背事实和法律作枉法裁判，情节严重的，处五年以下有期徒刑或者拘役；情节特别严重的，处五年以上十年以下有期徒刑。

在执行判决、裁定活动中，严重不负责任或者滥用职权，不依法采取诉讼保全措施、不履行法定执行职责，或者违法采取诉讼保全措施、强制执行措施，致使当事人或者其他人的利益遭受重大损失的，处五年以下有期徒刑或者拘役；致使当事人或者其他人的利益遭受特别重大损失的，处五年以上十年以下有期徒刑。

司法工作人员收受贿赂，有前三款行为的，同时又构成本法第三百八十五条规定之罪的，依照处罚较重的规定定罪处罚。①

---

① 根据2002年12月28日《中华人民共和国刑法修正案（四）》修改。原条文为："司法工作人员徇私枉法、徇情枉法，对明知是无罪的人而使他受追诉、对明知是有罪的人而故意包庇不使他受追诉，或者在刑事审判活动中故意违背事实和法律作枉法裁判的，处五年以下有期徒刑或者拘役；情节严重的，处五年以上十年以下有期徒刑；情节特别严重的，处十年以上有期徒刑。

"在民事、行政审判活动中故意违背事实和法律作枉法裁判，情节严重的，处五年以下有期徒刑或者拘役；情节特别严重的，处五年以上十年以下有期徒刑。

"司法工作人员贪赃枉法，有前两款行为的，同时又构成本法第三百八十五条规定之罪的，依照处罚较重的规定定罪处罚。"

第三百九十九条之一 依法承担仲裁职责的人员，在仲裁活动中故意违背事实和法律作枉法裁决，情节严重的，处三年以下有期徒刑或者拘役；情节特别严重的，处三年以上七年以下有期徒刑。①

第四百条 司法工作人员私放在押的犯罪嫌疑人、被告人或者罪犯的，处五年以下有期徒刑或者拘役；情节严重的，处五年以上十年以下有期徒刑；情节特别严重的，处十年以上有期徒刑。

司法工作人员由于严重不负责任，致使在押的犯罪嫌疑人、被告人或者罪犯脱逃，造成严重后果的，处三年以下有期徒刑或者拘役；造成特别严重后果的，处三年以上十年以下有期徒刑。

第四百零一条 司法工作人员徇私舞弊，对不符合减刑、假释、暂予监外执行条件的罪犯，予以减刑、假释或者暂予监外执行的，处三年以下有期徒刑或者拘役；情节严重的，处三年以上七年以下有期徒刑。

第四百零二条 行政执法人员徇私舞弊，对依法应当移交司法机关追究刑事责任的不移交，情节严重的，处三年以下有期徒刑或者拘役；造成严重后果的，处三年以上七年以下有期徒刑。

第四百零三条 国家有关主管部门的国家机关工作人员，徇私舞弊，滥用职权，对不符合法律规定条件的公司设立、登记申请或者股票、债券发行、上市申请，予以批准或者登记，致使公共财产、国家和人民利益遭受重大损失的，处五年以下有期徒刑或者拘役。

上级部门强令登记机关及其工作人员实施前款行为的，对其直接负责的主管人员，依照前款的规定处罚。

第四百零四条 税务机关的工作人员徇私舞弊，不征或者少征应征税款，致使国家税收遭受重大损失的，处五年以下有期徒刑或者拘役；造成特别重大损失的，处五年以上有期徒刑。

第四百零五条 税务机关的工作人员违反法律、行政法规的规定，在办理发售发票、抵扣税款、出口退税工作中，徇私舞弊，致使国家利益遭受重大损失的，处五年以下有期徒刑或者拘役；致使国家利益遭受特别重大损失

---

① 根据2006年6月29日《中华人民共和国刑法修正案（六）》增加。

的，处五年以上有期徒刑。

其他国家机关工作人员违反国家规定，在提供出口货物报关单、出口收汇核销单等出口退税凭证的工作中，徇私舞弊，致使国家利益遭受重大损失的，依照前款的规定处罚。

第四百零六条 国家机关工作人员在签订、履行合同过程中，因严重不负责任被诈骗，致使国家利益遭受重大损失的，处三年以下有期徒刑或者拘役；致使国家利益遭受特别重大损失的，处三年以上七年以下有期徒刑。

第四百零七条 林业主管部门的工作人员违反森林法的规定，超过批准的年采伐限额发放林木采伐许可证或者违反规定滥发林木采伐许可证，情节严重，致使森林遭受严重破坏的，处三年以下有期徒刑或者拘役。

第四百零八条 负有环境保护监督管理职责的国家机关工作人员严重不负责任，导致发生重大环境污染事故，致使公私财产遭受重大损失或者造成人身伤亡的严重后果的，处三年以下有期徒刑或者拘役。

第四百零八条之一 负有食品药品安全监督管理职责的国家机关工作人员，滥用职权或者玩忽职守，有下列情形之一，造成严重后果或者有其他严重情节的，处五年以下有期徒刑或者拘役；造成特别严重后果或者有其他特别严重情节的，处五年以上十年以下有期徒刑：

（一）瞒报、谎报食品安全事故、药品安全事件的；

（二）对发现的严重食品药品安全违法行为未按规定查处的；

（三）在药品和特殊食品审批审评过程中，对不符合条件的申请准予许可的；

（四）依法应当移交司法机关追究刑事责任不移交的；

（五）有其他滥用职权或者玩忽职守行为的。①

徇私舞弊犯前款罪的，从重处罚。②

---

① 根据2020年12月26日《中华人民共和国刑法修正案（十一）》修改。原第一款条文为："负有食品安全监督管理职责的国家机关工作人员，滥用职权或者玩忽职守，导致发生重大食品安全事故或者造成其他严重后果的，处五年以下有期徒刑或者拘役；造成特别严重后果的，处五年以上十年以下有期徒刑。"

② 根据2011年2月25日《中华人民共和国刑法修正案（八）》增加。

第四百零九条 从事传染病防治的政府卫生行政部门的工作人员严重不负责任，导致传染病传播或者流行，情节严重的，处三年以下有期徒刑或者拘役。

第四百一十条① 国家机关工作人员徇私舞弊，违反土地管理法规，滥用职权，非法批准征收、征用、占用土地，或者非法低价出让国有土地使用权，情节严重的，处三年以下有期徒刑或者拘役；致使国家或者集体利益遭受特别重大损失的，处三年以上七年以下有期徒刑。

第四百一十一条 海关工作人员徇私舞弊，放纵走私，情节严重的，处五年以下有期徒刑或者拘役；情节特别严重的，处五年以上有期徒刑。

第四百一十二条 国家商检部门、商检机构的工作人员徇私舞弊，伪造检验结果的，处五年以下有期徒刑或者拘役；造成严重后果的，处五年以上十年以下有期徒刑。

前款所列人员严重不负责任，对应当检验的物品不检验，或者延误检验出证、错误出证，致使国家利益遭受重大损失的，处三年以下有期徒刑或者拘役。

第四百一十三条 动植物检疫机关的检疫人员徇私舞弊，伪造检疫结果的，处五年以下有期徒刑或者拘役；造成严重后果的，处五年以上十年以下有期徒刑。

前款所列人员严重不负责任，对应当检疫的检疫物不检疫，或者延误检疫出证、错误出证，致使国家利益遭受重大损失的，处三年以下有期徒刑或

---

① 根据2009年8月27日修正的《全国人民代表大会常务委员会关于〈中华人民共和国刑法〉第二百二十八条、第三百四十二条、第四百一十条的解释》：

“全国人民代表大会常务委员会讨论了刑法第二百二十八条、第三百四十二条、第四百一十条规定的‘违反土地管理法规’和第四百一十条规定的‘非法批准征收、征用、占用土地’的含义问题，解释如下：

“刑法第二百二十八条、第三百四十二条、第四百一十条规定的‘违反土地管理法规’，是指违反土地管理法、森林法、草原法等法律以及有关行政法规中关于土地管理的规定。

“刑法第四百一十条规定的‘非法批准征收、征用、占用土地’，是指非法批准征收、征用、占用耕地、林地等农用地以及其他土地。”

者拘役。

第四百一十四条 对生产、销售伪劣商品犯罪行为负有追究责任的国家机关工作人员，徇私舞弊，不履行法律规定的追究职责，情节严重的，处五年以下有期徒刑或者拘役。

第四百一十五条 负责办理护照、签证以及其他出入境证件的国家机关工作人员，对明知是企图偷越国（边）境的人员，予以办理出入境证件的，或者边防、海关等国家机关工作人员，对明知是偷越国（边）境的人员，予以放行的，处三年以下有期徒刑或者拘役；情节严重的，处三年以上七年以下有期徒刑。

第四百一十六条 对被拐卖、绑架的妇女、儿童负有解救职责的国家机关工作人员，接到被拐卖、绑架的妇女、儿童及其家属的解救要求或者接到其他人的举报，而对被拐卖、绑架的妇女、儿童不进行解救，造成严重后果的，处五年以下有期徒刑或者拘役。

负有解救职责的国家机关工作人员利用职务阻碍解救的，处二年以上七年以下有期徒刑；情节较轻的，处二年以下有期徒刑或者拘役。

第四百一十七条 有查禁犯罪活动职责的国家机关工作人员，向犯罪分子通风报信、提供便利，帮助犯罪分子逃避处罚的，处三年以下有期徒刑或者拘役；情节严重的，处三年以上十年以下有期徒刑。

第四百一十八条 国家机关工作人员在招收公务员、学生工作中徇私舞弊，情节严重的，处三年以下有期徒刑或者拘役。

第四百一十九条 国家机关工作人员严重不负责任，造成珍贵文物损毁或者流失，后果严重的，处三年以下有期徒刑或者拘役。

中华人民共和国企业国有资产法

（2008 年 10 月 28 日第十一届全国人民代表大会常务委员会第五次会议通过　2008 年 10 月 28 日中华人民共和国主席令第 5 号公布　自 2009 年 5 月 1 日起施行）

第一章　总　　则

第一条　为了维护国家基本经济制度，巩固和发展国有经济，加强对国有资产的保护，发挥国有经济在国民经济中的主导作用，促进社会主义市场经济发展，制定本法。

第二条　本法所称企业国有资产（以下称国有资产），是指国家对企业各种形式的出资所形成的权益。

第三条　国有资产属于国家所有即全民所有。国务院代表国家行使国有资产所有权。

第四条　国务院和地方人民政府依照法律、行政法规的规定，分别代表国家对国家出资企业履行出资人职责，享有出资人权益。

国务院确定的关系国民经济命脉和国家安全的大型国家出资企业，重要基础设施和重要自然资源等领域的国家出资企业，由国务院代表国家履行出资人职责。其他的国家出资企业，由地方人民政府代表国家履行出资人职责。

第五条　本法所称国家出资企业，是指国家出资的国有独资企业、国有独资公司，以及国有资本控股公司、国有资本参股公司。

第六条　国务院和地方人民政府应当按照政企分开、社会公共管理职能与国有资产出资人职能分开、不干预企业依法自主经营的原则，依法履行出资人职责。

第七条　国家采取措施，推动国有资本向关系国民经济命脉和国家安全的重要行业和关键领域集中，优化国有经济布局和结构，推进国有企业的改革和发展，提高国有经济的整体素质，增强国有经济的控制力、影响力。

第八条 国家建立健全与社会主义市场经济发展要求相适应的国有资产管理与监督体制，建立健全国有资产保值增值考核和责任追究制度，落实国有资产保值增值责任。

第九条 国家建立健全国有资产基础管理制度。具体办法按照国务院的规定制定。

第十条 国有资产受法律保护，任何单位和个人不得侵害。

第二章 履行出资人职责的机构

第十一条 国务院国有资产监督管理机构和地方人民政府按照国务院的规定设立的国有资产监督管理机构，根据本级人民政府的授权，代表本级人民政府对国家出资企业履行出资人职责。

国务院和地方人民政府根据需要，可以授权其他部门、机构代表本级人民政府对国家出资企业履行出资人职责。

代表本级人民政府履行出资人职责的机构、部门，以下统称履行出资人职责的机构。

第十二条 履行出资人职责的机构代表本级人民政府对国家出资企业依法享有资产收益、参与重大决策和选择管理者等出资人权利。

履行出资人职责的机构依照法律、行政法规的规定，制定或者参与制定国家出资企业的章程。

履行出资人职责的机构对法律、行政法规和本级人民政府规定须经本级人民政府批准的履行出资人职责的重大事项，应当报请本级人民政府批准。

第十三条 履行出资人职责的机构委派的股东代表参加国有资本控股公司、国有资本参股公司召开的股东会会议、股东大会会议，应当按照委派机构的指示提出提案、发表意见、行使表决权，并将其履行职责的情况和结果及时报告委派机构。

第十四条 履行出资人职责的机构应当依照法律、行政法规以及企业章程履行出资人职责，保障出资人权益，防止国有资产损失。

履行出资人职责的机构应当维护企业作为市场主体依法享有的权利，除依法履行出资人职责外，不得干预企业经营活动。

第十五条 履行出资人职责的机构对本级人民政府负责，向本级人民政府报告履行出资人职责的情况，接受本级人民政府的监督和考核，对国有资产的保值增值负责。

履行出资人职责的机构应当按照国家有关规定，定期向本级人民政府报告有关国有资产总量、结构、变动、收益等汇总分析的情况。

第三章 国家出资企业

第十六条 国家出资企业对其动产、不动产和其他财产依照法律、行政法规以及企业章程享有占有、使用、收益和处分的权利。

国家出资企业依法享有的经营自主权和其他合法权益受法律保护。

第十七条 国家出资企业从事经营活动，应当遵守法律、行政法规，加强经营管理，提高经济效益，接受人民政府及其有关部门、机构依法实施的管理和监督，接受社会公众的监督，承担社会责任，对出资人负责。

国家出资企业应当依法建立和完善法人治理结构，建立健全内部监督管理和风险控制制度。

第十八条 国家出资企业应当依照法律、行政法规和国务院财政部门的规定，建立健全财务、会计制度，设置会计账簿，进行会计核算，依照法律、行政法规以及企业章程的规定向出资人提供真实、完整的财务、会计信息。

国家出资企业应当依照法律、行政法规以及企业章程的规定，向出资人分配利润。

第十九条 国有独资公司、国有资本控股公司和国有资本参股公司依照《中华人民共和国公司法》的规定设立监事会。国有独资企业由履行出资人职责的机构按照国务院的规定委派监事组成监事会。

国家出资企业的监事会依照法律、行政法规以及企业章程的规定，对董事、高级管理人员执行职务的行为进行监督，对企业财务进行监督检查。

第二十条 国家出资企业依照法律规定，通过职工代表大会或者其他形式，实行民主管理。

第二十一条 国家出资企业对其所出资企业依法享有资产收益、参与重大决策和选择管理者等出资人权利。

国家出资企业对其所出资企业，应当依照法律、行政法规的规定，通过制定或者参与制定所出资企业的章程，建立权责明确、有效制衡的企业内部监督管理和风险控制制度，维护其出资人权益。

第四章　国家出资企业管理者的选择与考核

第二十二条　履行出资人职责的机构依照法律、行政法规以及企业章程的规定，任免或者建议任免国家出资企业的下列人员：

（一）任免国有独资企业的经理、副经理、财务负责人和其他高级管理人员；

（二）任免国有独资公司的董事长、副董事长、董事、监事会主席和监事；

（三）向国有资本控股公司、国有资本参股公司的股东会、股东大会提出董事、监事人选。

国家出资企业中应当由职工代表出任的董事、监事，依照有关法律、行政法规的规定由职工民主选举产生。

第二十三条　履行出资人职责的机构任命或者建议任命的董事、监事、高级管理人员，应当具备下列条件：

（一）有良好的品行；

（二）有符合职位要求的专业知识和工作能力；

（三）有能够正常履行职责的身体条件；

（四）法律、行政法规规定的其他条件。

董事、监事、高级管理人员在任职期间出现不符合前款规定情形或者出现《中华人民共和国公司法》规定的不得担任公司董事、监事、高级管理人员情形的，履行出资人职责的机构应当依法予以免职或者提出免职建议。

第二十四条　履行出资人职责的机构对拟任命或者建议任命的董事、监事、高级管理人员的人选，应当按照规定的条件和程序进行考察。考察合格的，按照规定的权限和程序任命或者建议任命。

第二十五条　未经履行出资人职责的机构同意，国有独资企业、国有独资公司的董事、高级管理人员不得在其他企业兼职。未经股东会、股东大会同意，国有资本控股公司、国有资本参股公司的董事、高级管理人员不得在经营同类业务的其他企业兼职。

未经履行出资人职责的机构同意，国有独资公司的董事长不得兼任经理。未经股东会、股东大会同意，国有资本控股公司的董事长不得兼任经理。

董事、高级管理人员不得兼任监事。

第二十六条 国家出资企业的董事、监事、高级管理人员，应当遵守法律、行政法规以及企业章程，对企业负有忠实义务和勤勉义务，不得利用职权收受贿赂或者取得其他非法收入和不当利益，不得侵占、挪用企业资产，不得超越职权或者违反程序决定企业重大事项，不得有其他侵害国有资产出资人权益的行为。

第二十七条 国家建立国家出资企业管理者经营业绩考核制度。履行出资人职责的机构应当对其任命的企业管理者进行年度和任期考核，并依据考核结果决定对企业管理者的奖惩。

履行出资人职责的机构应当按照国家有关规定，确定其任命的国家出资企业管理者的薪酬标准。

第二十八条 国有独资企业、国有独资公司和国有资本控股公司的主要负责人，应当接受依法进行的任期经济责任审计。

第二十九条 本法第二十二条第一款第一项、第二项规定的企业管理者，国务院和地方人民政府规定由本级人民政府任免的，依照其规定。履行出资人职责的机构依照本章规定对上述企业管理者进行考核、奖惩并确定其薪酬标准。

第五章 关系国有资产出资人权益的重大事项

第一节 一般规定

第三十条 国家出资企业合并、分立、改制、上市，增加或者减少注册资本，发行债券，进行重大投资，为他人提供大额担保，转让重大财产，进行大额捐赠，分配利润，以及解散、申请破产等重大事项，应当遵守法律、行政法规以及企业章程的规定，不得损害出资人和债权人的权益。

第三十一条 国有独资企业、国有独资公司合并、分立，增加或者减少注册资本，发行债券，分配利润，以及解散、申请破产，由履行出资人职责的机构决定。

第三十二条 国有独资企业、国有独资公司有本法第三十条所列事项的，除依照本法第三十一条和有关法律、行政法规以及企业章程的规定，由履行出资人职责的机构决定的以外，国有独资企业由企业负责人集体讨论决定，国有独资公司由董事会决定。

第三十三条 国有资本控股公司、国有资本参股公司有本法第三十条所列事项的，依照法律、行政法规以及公司章程的规定，由公司股东会、股东大会或者董事会决定。由股东会、股东大会决定的，履行出资人职责的机构委派的股东代表应当依照本法第十三条的规定行使权利。

第三十四条 重要的国有独资企业、国有独资公司、国有资本控股公司的合并、分立、解散、申请破产以及法律、行政法规和本级人民政府规定应当由履行出资人职责的机构报经本级人民政府批准的重大事项，履行出资人职责的机构在作出决定或者向其委派参加国有资本控股公司股东会会议、股东大会会议的股东代表作出指示前，应当报请本级人民政府批准。

本法所称的重要的国有独资企业、国有独资公司和国有资本控股公司，按照国务院的规定确定。

第三十五条 国家出资企业发行债券、投资等事项，有关法律、行政法规规定应当报经人民政府或者人民政府有关部门、机构批准、核准或者备案的，依照其规定。

第三十六条 国家出资企业投资应当符合国家产业政策，并按照国家规定进行可行性研究；与他人交易应当公平、有偿，取得合理对价。

第三十七条 国家出资企业的合并、分立、改制、解散、申请破产等重大事项，应当听取企业工会的意见，并通过职工代表大会或者其他形式听取职工的意见和建议。

第三十八条 国有独资企业、国有独资公司、国有资本控股公司对其所出资企业的重大事项参照本章规定履行出资人职责。具体办法由国务院规定。

第二节 企业改制

第三十九条 本法所称企业改制是指：

（一）国有独资企业改为国有独资公司；

（二）国有独资企业、国有独资公司改为国有资本控股公司或者非国有资本控股公司；

（三）国有资本控股公司改为非国有资本控股公司。

第四十条 企业改制应当依照法定程序，由履行出资人职责的机构决定或者由公司股东会、股东大会决定。

重要的国有独资企业、国有独资公司、国有资本控股公司的改制，履行出资人职责的机构在作出决定或者向其委派参加国有资本控股公司股东会会议、股东大会会议的股东代表作出指示前，应当将改制方案报请本级人民政府批准。

第四十一条 企业改制应当制定改制方案，载明改制后的企业组织形式、企业资产和债权债务处理方案、股权变动方案、改制的操作程序、资产评估和财务审计等中介机构的选聘等事项。

企业改制涉及重新安置企业职工的，还应当制定职工安置方案，并经职工代表大会或者职工大会审议通过。

第四十二条 企业改制应当按照规定进行清产核资、财务审计、资产评估，准确界定和核实资产，客观、公正地确定资产的价值。

企业改制涉及以企业的实物、知识产权、土地使用权等非货币财产折算为国有资本出资或者股份的，应当按照规定对折价财产进行评估，以评估确认价格作为确定国有资本出资额或者股份数额的依据。不得将财产低价折股或者有其他损害出资人权益的行为。

第三节 与关联方的交易

第四十三条 国家出资企业的关联方不得利用与国家出资企业之间的交

易，谋取不当利益，损害国家出资企业利益。

本法所称关联方，是指本企业的董事、监事、高级管理人员及其近亲属，以及这些人员所有或者实际控制的企业。

第四十四条 国有独资企业、国有独资公司、国有资本控股公司不得无偿向关联方提供资金、商品、服务或者其他资产，不得以不公平的价格与关联方进行交易。

第四十五条 未经履行出资人职责的机构同意，国有独资企业、国有独资公司不得有下列行为：

（一）与关联方订立财产转让、借款的协议；

（二）为关联方提供担保；

（三）与关联方共同出资设立企业，或者向董事、监事、高级管理人员或者其近亲属所有或者实际控制的企业投资。

第四十六条 国有资本控股公司、国有资本参股公司与关联方的交易，依照《中华人民共和国公司法》和有关行政法规以及公司章程的规定，由公司股东会、股东大会或者董事会决定。由公司股东会、股东大会决定的，履行出资人职责的机构委派的股东代表，应当依照本法第十三条的规定行使权利。

公司董事会对公司与关联方的交易作出决议时，该交易涉及的董事不得行使表决权，也不得代理其他董事行使表决权。

第四节 资产评估

第四十七条 国有独资企业、国有独资公司和国有资本控股公司合并、分立、改制，转让重大财产，以非货币财产对外投资，清算或者有法律、行政法规以及企业章程规定应当进行资产评估的其他情形的，应当按照规定对有关资产进行评估。

第四十八条 国有独资企业、国有独资公司和国有资本控股公司应当委托依法设立的符合条件的资产评估机构进行资产评估；涉及应当报经履行出资人职责的机构决定的事项的，应当将委托资产评估机构的情况向履行出资人职责的机构报告。

第四十九条 国有独资企业、国有独资公司、国有资本控股公司及其董事、监事、高级管理人员应当向资产评估机构如实提供有关情况和资料，不得与资产评估机构串通评估作价。

第五十条 资产评估机构及其工作人员受托评估有关资产，应当遵守法律、行政法规以及评估执业准则，独立、客观、公正地对受托评估的资产进行评估。资产评估机构应当对其出具的评估报告负责。

第五节 国有资产转让

第五十一条 本法所称国有资产转让，是指依法将国家对企业的出资所形成的权益转移给其他单位或者个人的行为；按照国家规定无偿划转国有资产的除外。

第五十二条 国有资产转让应当有利于国有经济布局和结构的战略性调整，防止国有资产损失，不得损害交易各方的合法权益。

第五十三条 国有资产转让由履行出资人职责的机构决定。履行出资人职责的机构决定转让全部国有资产的，或者转让部分国有资产致使国家对该企业不再具有控股地位的，应当报请本级人民政府批准。

第五十四条 国有资产转让应当遵循等价有偿和公开、公平、公正的原则。

除按照国家规定可以直接协议转让的以外，国有资产转让应当在依法设立的产权交易场所公开进行。转让方应当如实披露有关信息，征集受让方；征集产生的受让方为两个以上的，转让应当采用公开竞价的交易方式。

转让上市交易的股份依照《中华人民共和国证券法》的规定进行。

第五十五条 国有资产转让应当以依法评估的、经履行出资人职责的机构认可或者由履行出资人职责的机构报经本级人民政府核准的价格为依据，合理确定最低转让价格。

第五十六条 法律、行政法规或者国务院国有资产监督管理机构规定可以向本企业的董事、监事、高级管理人员或者其近亲属，或者这些人员所有或者实际控制的企业转让的国有资产，在转让时，上述人员或者企业参与受让的，应当与其他受让参与者平等竞买；转让方应当按照国家有关规定，如实披露有关信息；相关的董事、监事和高级管理人员不得参与转让方案的制定和组织实施的各项工作。

第五十七条 国有资产向境外投资者转让的，应当遵守国家有关规定，不得危害国家安全和社会公共利益。

第六章 国有资本经营预算

第五十八条 国家建立健全国有资本经营预算制度，对取得的国有资本收入及其支出实行预算管理。

第五十九条 国家取得的下列国有资本收入，以及下列收入的支出，应当编制国有资本经营预算：

（一）从国家出资企业分得的利润；

（二）国有资产转让收入；

（三）从国家出资企业取得的清算收入；

（四）其他国有资本收入。

第六十条 国有资本经营预算按年度单独编制，纳入本级人民政府预算，报本级人民代表大会批准。

国有资本经营预算支出按照当年预算收入规模安排，不列赤字。

第六十一条 国务院和有关地方人民政府财政部门负责国有资本经营预算草案的编制工作，履行出资人职责的机构向财政部门提出由其履行出资人职责的国有资本经营预算建议草案。

第六十二条 国有资本经营预算管理的具体办法和实施步骤，由国务院规定，报全国人民代表大会常务委员会备案。

第七章 国有资产监督

第六十三条 各级人民代表大会常务委员会通过听取和审议本级人民政府履行出资人职责的情况和国有资产监督管理情况的专项工作报告，组织对本法实施情况的执法检查等，依法行使监督职权。

第六十四条 国务院和地方人民政府应当对其授权履行出资人职责的机构履行职责的情况进行监督。

第六十五条 国务院和地方人民政府审计机关依照《中华人民共和国审计法》的规定，对国有资本经营预算的执行情况和属于审计监督对象的国家出资企业进行审计监督。

第六十六条 国务院和地方人民政府应当依法向社会公布国有资产状况和国有资产监督管理工作情况，接受社会公众的监督。

任何单位和个人有权对造成国有资产损失的行为进行检举和控告。

第六十七条 履行出资人职责的机构根据需要，可以委托会计师事务所对国有独资企业、国有独资公司的年度财务会计报告进行审计，或者通过国有资本控股公司的股东会、股东大会决议，由国有资本控股公司聘请会计师事务所对公司的年度财务会计报告进行审计，维护出资人权益。

第八章 法律责任

第六十八条 履行出资人职责的机构有下列行为之一的，对其直接负责的主管人员和其他直接责任人员依法给予处分：

（一）不按照法定的任职条件，任命或者建议任命国家出资企业管理者的；

（二）侵占、截留、挪用国家出资企业的资金或者应当上缴的国有资本收入的；

（三）违反法定的权限、程序，决定国家出资企业重大事项，造成国有资产损失的；

（四）有其他不依法履行出资人职责的行为，造成国有资产损失的。

第六十九条 履行出资人职责的机构的工作人员玩忽职守、滥用职权、徇私舞弊，尚不构成犯罪的，依法给予处分。

第七十条 履行出资人职责的机构委派的股东代表未按照委派机构的指示履行职责，造成国有资产损失的，依法承担赔偿责任；属于国家工作人员的，并依法给予处分。

第七十一条 国家出资企业的董事、监事、高级管理人员有下列行为之一，造成国有资产损失的，依法承担赔偿责任；属于国家工作人员的，并依法给予处分：

（一）利用职权收受贿赂或者取得其他非法收入和不当利益的；

（二）侵占、挪用企业资产的；

（三）在企业改制、财产转让等过程中，违反法律、行政法规和公平交易规则，将企业财产低价转让、低价折股的；

（四）违反本法规定与本企业进行交易的；

（五）不如实向资产评估机构、会计师事务所提供有关情况和资料，或者与资产评估机构、会计师事务所串通出具虚假资产评估报告、审计报告的；

（六）违反法律、行政法规和企业章程规定的决策程序，决定企业重大事项的；

（七）有其他违反法律、行政法规和企业章程执行职务行为的。

国家出资企业的董事、监事、高级管理人员因前款所列行为取得的收入，依法予以追缴或者归国家出资企业所有。

履行出资人职责的机构任命或者建议任命的董事、监事、高级管理人员有本条第一款所列行为之一，造成国有资产重大损失的，由履行出资人职责的机构依法予以免职或者提出免职建议。

第七十二条 在涉及关联方交易、国有资产转让等交易活动中，当事人恶意串通，损害国有资产权益的，该交易行为无效。

第七十三条 国有独资企业、国有独资公司、国有资本控股公司的董事、监事、高级管理人员违反本法规定，造成国有资产重大损失，被免职的，自免职之日起五年内不得担任国有独资企业、国有独资公司、国有资本控股公司的董事、监事、高级管理人员；造成国有资产特别重大损失，或者因贪污、贿赂、侵占财产、挪用财产或者破坏社会主义市场经济秩序被判处刑罚的，终身不得担任国有独资企业、国有独资公司、国有资本控股公司的董事、监事、高级管理人员。

第七十四条 接受委托对国家出资企业进行资产评估、财务审计的资产评估机构、会计师事务所违反法律、行政法规的规定和执业准则，出具虚假的资产评估报告或者审计报告的，依照有关法律、行政法规的规定追究法律责任。

第七十五条 违反本法规定，构成犯罪的，依法追究刑事责任。

第九章　附　　则

第七十六条　金融企业国有资产的管理与监督，法律、行政法规另有规定的，依照其规定。

第七十七条　本法自2009年5月1日起施行。

中华人民共和国法官法

（1995年2月28日第八届全国人民代表大会常务委员会第十二次会议通过　根据2001年6月30日第九届全国人民代表大会常务委员会第二十二次会议《关于修改〈中华人民共和国法官法〉的决定》第一次修正　根据2017年9月1日第十二届全国人民代表大会常务委员会第二十九次会议《关于修改〈中华人民共和国法官法〉等八部法律的决定》第二次修正　2019年4月23日第十三届全国人民代表大会常务委员会第十次会议修订　2019年4月23日中华人民共和国主席令第27号公布　自2019年10月1日起施行）

第一章　总　　则

第一条　为了全面推进高素质法官队伍建设，加强对法官的管理和监督，维护法官合法权益，保障人民法院依法独立行使审判权，保障法官依法履行职责，保障司法公正，根据宪法，制定本法。

第二条　法官是依法行使国家审判权的审判人员，包括最高人民法院、地方各级人民法院和军事法院等专门人民法院的院长、副院长、审判委员会委员、庭长、副庭长和审判员。

第三条　法官必须忠实执行宪法和法律，维护社会公平正义，全心全意为人民服务。

第四条　法官应当公正对待当事人和其他诉讼参与人，对一切个人和组织在适用法律上一律平等。

第五条 法官应当勤勉尽责，清正廉明，恪守职业道德。

第六条 法官审判案件，应当以事实为根据，以法律为准绳，秉持客观公正的立场。

第七条 法官依法履行职责，受法律保护，不受行政机关、社会团体和个人的干涉。

第二章 法官的职责、义务和权利

第八条 法官的职责：

（一）依法参加合议庭审判或者独任审判刑事、民事、行政诉讼以及国家赔偿等案件；

（二）依法办理引渡、司法协助等案件；

（三）法律规定的其他职责。

法官在职权范围内对所办理的案件负责。

第九条 人民法院院长、副院长、审判委员会委员、庭长、副庭长除履行审判职责外，还应当履行与其职务相适应的职责。

第十条 法官应当履行下列义务：

（一）严格遵守宪法和法律；

（二）秉公办案，不得徇私枉法；

（三）依法保障当事人和其他诉讼参与人的诉讼权利；

（四）维护国家利益、社会公共利益，维护个人和组织的合法权益；

（五）保守国家秘密和审判工作秘密，对履行职责中知悉的商业秘密和个人隐私予以保密；

（六）依法接受法律监督和人民群众监督；

（七）通过依法办理案件以案释法，增强全民法治观念，推进法治社会建设；

（八）法律规定的其他义务。

第十一条 法官享有下列权利：

（一）履行法官职责应当具有的职权和工作条件；

（二）非因法定事由、非经法定程序，不被调离、免职、降职、辞退或者处分；

（三）履行法官职责应当享有的职业保障和福利待遇；

（四）人身、财产和住所安全受法律保护；

（五）提出申诉或者控告；

（六）法律规定的其他权利。

第三章　法官的条件和遴选

第十二条　担任法官必须具备下列条件：

（一）具有中华人民共和国国籍；

（二）拥护中华人民共和国宪法，拥护中国共产党领导和社会主义制度；

（三）具有良好的政治、业务素质和道德品行；

（四）具有正常履行职责的身体条件；

（五）具备普通高等学校法学类本科学历并获得学士及以上学位；或者普通高等学校非法学类本科及以上学历并获得法律硕士、法学硕士及以上学位；或者普通高等学校非法学类本科及以上学历，获得其他相应学位，并具有法律专业知识；

（六）从事法律工作满五年。其中获得法律硕士、法学硕士学位，或者获得法学博士学位的，从事法律工作的年限可以分别放宽至四年、三年；

（七）初任法官应当通过国家统一法律职业资格考试取得法律职业资格。

适用前款第五项规定的学历条件确有困难的地方，经最高人民法院审核确定，在一定期限内，可以将担任法官的学历条件放宽为高等学校本科毕业。

第十三条　下列人员不得担任法官：

（一）因犯罪受过刑事处罚的；

（二）被开除公职的；

（三）被吊销律师、公证员执业证书或者被仲裁委员会除名的；

（四）有法律规定的其他情形的。

第十四条　初任法官采用考试、考核的办法，按照德才兼备的标准，从具备法官条件的人员中择优提出人选。

人民法院的院长应当具有法学专业知识和法律职业经历。副院长、审判委员会委员应当从法官、检察官或者其他具备法官条件的人员中产生。

第十五条 人民法院可以根据审判工作需要，从律师或者法学教学、研究人员等从事法律职业的人员中公开选拔法官。

除应当具备法官任职条件外，参加公开选拔的律师应当实际执业不少于五年，执业经验丰富，从业声誉良好，参加公开选拔的法学教学、研究人员应当具有中级以上职称，从事教学、研究工作五年以上，有突出研究能力和相应研究成果。

第十六条 省、自治区、直辖市设立法官遴选委员会，负责初任法官人选专业能力的审核。

省级法官遴选委员会的组成人员应当包括地方各级人民法院法官代表、其他从事法律职业的人员和有关方面代表，其中法官代表不少于三分之一。

省级法官遴选委员会的日常工作由高级人民法院的内设职能部门承担。

遴选最高人民法院法官应当设立最高人民法院法官遴选委员会，负责法官人选专业能力的审核。

第十七条 初任法官一般到基层人民法院任职。上级人民法院法官一般逐级遴选；最高人民法院和高级人民法院法官可以从下两级人民法院遴选。参加上级人民法院遴选的法官应当在下级人民法院担任法官一定年限，并具有遴选职位相关工作经历。

第四章　法官的任免

第十八条 法官的任免，依照宪法和法律规定的任免权限和程序办理。

最高人民法院院长由全国人民代表大会选举和罢免，副院长、审判委员会委员、庭长、副庭长和审判员，由院长提请全国人民代表大会常务委员会任免。

最高人民法院巡回法庭庭长、副庭长，由院长提请全国人民代表大会常务委员会任免。

地方各级人民法院院长由本级人民代表大会选举和罢免，副院长、审判委员会委员、庭长、副庭长和审判员，由院长提请本级人民代表大会常务委员会任免。

在省、自治区内按地区设立的和在直辖市内设立的中级人民法院的院长，由省、自治区、直辖市人民代表大会常务委员会根据主任会议的提名决定任免，副院长、审判委员会委员、庭长、副庭长和审判员，由高级人民法院院长提请省、自治区、直辖市人民代表大会常务委员会任免。

新疆生产建设兵团各级人民法院、专门人民法院的院长、副院长、审判委员会委员、庭长、副庭长和审判员，依照全国人民代表大会常务委员会的有关规定任免。

第十九条 法官在依照法定程序产生后，在就职时应当公开进行宪法宣誓。

第二十条 法官有下列情形之一的，应当依法提请免除其法官职务：

（一）丧失中华人民共和国国籍的；

（二）调出所任职人民法院的；

（三）职务变动不需要保留法官职务的，或者本人申请免除法官职务经批准的；

（四）经考核不能胜任法官职务的；

（五）因健康原因长期不能履行职务的；

（六）退休的；

（七）辞职或者依法应当予以辞退的；

（八）因违纪违法不宜继续任职的。

第二十一条 发现违反本法规定的条件任命法官的，任命机关应当撤销该项任命；上级人民法院发现下级人民法院法官的任命违反本法规定的条件的，应当建议下级人民法院依法提请任命机关撤销该项任命。

第二十二条 法官不得兼任人民代表大会常务委员会的组成人员，不得兼任行政机关、监察机关、检察机关的职务，不得兼任企业或者其他营利性组织、事业单位的职务，不得兼任律师、仲裁员和公证员。

第二十三条 法官之间有夫妻关系、直系血亲关系、三代以内旁系血亲以及近姻亲关系的，不得同时担任下列职务：

（一）同一人民法院的院长、副院长、审判委员会委员、庭长、副庭长；

（二）同一人民法院的院长、副院长和审判员；

（三）同一审判庭的庭长、副庭长、审判员；

（四）上下相邻两级人民法院的院长、副院长。

第二十四条 法官的配偶、父母、子女有下列情形之一的，法官应当实行任职回避：

（一）担任该法官所任职人民法院辖区内律师事务所的合伙人或者设立人的；

（二）在该法官所任职人民法院辖区内以律师身份担任诉讼代理人、辩护人，或者为诉讼案件当事人提供其他有偿法律服务的。

第五章 法官的管理

第二十五条 法官实行员额制管理。法官员额根据案件数量、经济社会发展情况、人口数量和人民法院审级等因素确定，在省、自治区、直辖市内实行总量控制、动态管理，优先考虑基层人民法院和案件数量多的人民法院办案需要。

法官员额出现空缺的，应当按照程序及时补充。

最高人民法院法官员额由最高人民法院商有关部门确定。

第二十六条 法官实行单独职务序列管理。

法官等级分为十二级，依次为首席大法官、一级大法官、二级大法官、一级高级法官、二级高级法官、三级高级法官、四级高级法官、一级法官、二级法官、三级法官、四级法官、五级法官。

第二十七条 最高人民法院院长为首席大法官。

第二十八条 法官等级的确定，以法官德才表现、业务水平、审判工作实绩和工作年限等为依据。

法官等级晋升采取按期晋升和择优选升相结合的方式，特别优秀或者工作特殊需要的一线办案岗位法官可以特别选升。

第二十九条 法官的等级设置、确定和晋升的具体办法，由国家另行规定。

第三十条 初任法官实行统一职前培训制度。

第三十一条 对法官应当有计划地进行政治、理论和业务培训。

法官的培训应当理论联系实际、按需施教、讲求实效。

第三十二条 法官培训情况，作为法官任职、等级晋升的依据之一。

第三十三条 法官培训机构按照有关规定承担培训法官的任务。

第三十四条 法官申请辞职，应当由本人书面提出，经批准后，依照法律规定的程序免除其职务。

第三十五条 辞退法官应当依照法律规定的程序免除其职务。

辞退法官应当按照管理权限决定。辞退决定应当以书面形式通知被辞退的法官，并列明作出决定的理由和依据。

第三十六条 法官从人民法院离任后两年内，不得以律师身份担任诉讼代理人或者辩护人。

法官从人民法院离任后，不得担任原任职法院办理案件的诉讼代理人或者辩护人，但是作为当事人的监护人或者近亲属代理诉讼或者进行辩护的除外。

法官被开除后，不得担任诉讼代理人或者辩护人，但是作为当事人的监护人或者近亲属代理诉讼或者进行辩护的除外。

第三十七条 法官因工作需要，经单位选派或者批准，可以在高等学校、科研院所协助开展实践性教学、研究工作，并遵守国家有关规定。

第六章 法官的考核、奖励和惩戒

第三十八条 人民法院设立法官考评委员会，负责对本院法官的考核工作。

第三十九条 法官考评委员会的组成人员为五至九人。

法官考评委员会主任由本院院长担任。

第四十条 对法官的考核，应当全面、客观、公正，实行平时考核和年度考核相结合。

第四十一条 对法官的考核内容包括：审判工作实绩、职业道德、专业水平、工作能力、审判作风。重点考核审判工作实绩。

第四十二条 年度考核结果分为优秀、称职、基本称职和不称职四个等次。

考核结果作为调整法官等级、工资以及法官奖惩、免职、降职、辞退的依据。

第四十三条 考核结果以书面形式通知法官本人。法官对考核结果如果有异议，可以申请复核。

第四十四条 法官在审判工作中有显著成绩和贡献的，或者有其他突出事迹的，应当给予奖励。

第四十五条 法官有下列表现之一的，应当给予奖励：

（一）公正司法，成绩显著的；

（二）总结审判实践经验成果突出，对审判工作有指导作用的；

（三）在办理重大案件、处理突发事件和承担专项重要工作中，做出显著成绩和贡献的；

（四）对审判工作提出改革建议被采纳，效果显著的；

（五）提出司法建议被采纳或者开展法治宣传、指导调解组织调解各类纠纷，效果显著的；

（六）有其他功绩的。

法官的奖励按照有关规定办理。

第四十六条 法官有下列行为之一的，应当给予处分；构成犯罪的，依法追究刑事责任：

（一）贪污受贿、徇私舞弊、枉法裁判的；

（二）隐瞒、伪造、变造、故意损毁证据、案件材料的；

（三）泄露国家秘密、审判工作秘密、商业秘密或者个人隐私的；

（四）故意违反法律法规办理案件的；

（五）因重大过失导致裁判结果错误并造成严重后果的；

（六）拖延办案，贻误工作的；

（七）利用职权为自己或者他人谋取私利的；

（八）接受当事人及其代理人利益输送，或者违反有关规定会见当事人及其代理人的；

（九）违反有关规定从事或者参与营利性活动，在企业或者其他营利性组织中兼任职务的；

（十）有其他违纪违法行为的。

法官的处分按照有关规定办理。

第四十七条 法官涉嫌违纪违法，已经被立案调查、侦查，不宜继续履行职责的，按照管理权限和规定的程序暂时停止其履行职务。

第四十八条 最高人民法院和省、自治区、直辖市设立法官惩戒委员会，负责从专业角度审查认定法官是否存在本法第四十六条第四项、第五项规定的违反审判职责的行为，提出构成故意违反职责、存在重大过失、存在一般过失或者没有违反职责等审查意见。法官惩戒委员会提出审查意见后，人民法院依照有关规定作出是否予以惩戒的决定，并给予相应处理。

法官惩戒委员会由法官代表、其他从事法律职业的人员和有关方面代表组成，其中法官代表不少于半数。

最高人民法院法官惩戒委员会、省级法官惩戒委员会的日常工作，由相关人民法院的内设职能部门承担。

第四十九条 法官惩戒委员会审议惩戒事项时，当事法官有权申请有关人员回避，有权进行陈述、举证、辩解。

第五十条 法官惩戒委员会作出的审查意见应当送达当事法官。当事法官对审查意见有异议的，可以向惩戒委员会提出，惩戒委员会应当对异议及其理由进行审查，作出决定。

第五十一条 法官惩戒委员会审议惩戒事项的具体程序，由最高人民法院商有关部门确定。

第七章　法官的职业保障

第五十二条 人民法院设立法官权益保障委员会，维护法官合法权益，保障法官依法履行职责。

第五十三条 除下列情形外，不得将法官调离审判岗位：

（一）按规定需要任职回避的；

（二）按规定实行任职交流的；

（三）因机构调整、撤销、合并或者缩减编制员额需要调整工作的；

（四）因违纪违法不适合在审判岗位工作的；

（五）法律规定的其他情形。

第五十四条 任何单位或者个人不得要求法官从事超出法定职责范围的事务。

对任何干涉法官办理案件的行为，法官有权拒绝并予以全面如实记录和报告；有违纪违法情形的，由有关机关根据情节轻重追究有关责任人员、行为人的责任。

第五十五条 法官的职业尊严和人身安全受法律保护。

任何单位和个人不得对法官及其近亲属打击报复。

对法官及其近亲属实施报复陷害、侮辱诽谤、暴力侵害、威胁恐吓、滋事骚扰等违法犯罪行为的，应当依法从严惩治。

第五十六条 法官因依法履行职责遭受不实举报、诬告陷害、侮辱诽谤，致使名誉受到损害的，人民法院应当会同有关部门及时澄清事实，消除不良影响，并依法追究相关单位或者个人的责任。

第五十七条 法官因依法履行职责，本人及其近亲属人身安全面临危险的，人民法院、公安机关应当对法官及其近亲属采取人身保护、禁止特定人员接触等必要保护措施。

第五十八条 法官实行与其职责相适应的工资制度，按照法官等级享有国家规定的工资待遇，并建立与公务员工资同步调整机制。

法官的工资制度，根据审判工作特点，由国家另行规定。

第五十九条 法官实行定期增资制度。

经年度考核确定为优秀、称职的，可以按照规定晋升工资档次。

第六十条 法官享受国家规定的津贴、补贴、奖金、保险和福利待遇。

第六十一条 法官因公致残的，享受国家规定的伤残待遇。法官因公牺牲、因公死亡或者病故的，其亲属享受国家规定的抚恤和优待。

第六十二条 法官的退休制度，根据审判工作特点，由国家另行规定。

第六十三条 法官退休后，享受国家规定的养老金和其他待遇。

第六十四条 对于国家机关及其工作人员侵犯本法第十一条规定的法官

权利的行为，法官有权提出控告。

第六十五条 对法官处分或者人事处理错误的，应当及时予以纠正；造成名誉损害的，应当恢复名誉、消除影响、赔礼道歉；造成经济损失的，应当赔偿。对打击报复的直接责任人员，应当依法追究其责任。

第八章 附 则

第六十六条 国家对初任法官实行统一法律职业资格考试制度，由国务院司法行政部门商最高人民法院等有关部门组织实施。

第六十七条 人民法院的法官助理在法官指导下负责审查案件材料、草拟法律文书等审判辅助事务。

人民法院应当加强法官助理队伍建设，为法官遴选储备人才。

第六十八条 有关法官的权利、义务和管理制度，本法已有规定的，适用本法的规定；本法未作规定的，适用公务员管理的相关法律法规。

第六十九条 本法自 2019 年 10 月 1 日起施行。

人民法院工作人员处分条例

（2009 年 12 月 31 日 法发〔2009〕61 号）

第一章 总 则

第一节 目的、依据、原则和适用范围

第一条 为了规范人民法院工作人员行为，促进人民法院工作人员依法履行职责，确保公正、高效、廉洁司法，根据《中华人民共和国公务员法》和《中华人民共和国法官法》，制定本条例。

第二条 人民法院工作人员因违反法律、法规或者本条例规定，应当承担纪律责任的，依照本条例给予处分。

第三条 人民法院工作人员依法履行职务的行为受法律保护。非因法定事由、非经法定程序，不受处分。

第四条 给予人民法院工作人员处分，应当坚持以下原则：

（一）实事求是，客观公正；

（二）纪律面前人人平等；

（三）处分与违纪行为相适应；

（四）惩处与教育相结合。

第五条 人民法院工作人员违纪违法涉嫌犯罪的，应当移送司法机关处理。

第二节 处分的种类和适用

第六条 处分的种类为：警告、记过、记大过、降级、撤职、开除。

第七条 受处分的期间为：

（一）警告，六个月；

（二）记过，十二个月；

（三）记大过，十八个月；

（四）降级、撤职，二十四个月。

第八条 受处分期间不得晋升职务、级别，其中，受记过、记大过、降级、撤职处分的，不得晋升工资档次；受撤职处分的，应当按照规定降低级别。

第九条 受开除处分的，自处分决定生效之日起，解除与人民法院的人事关系，不得再担任公务员职务。

第十条 同时有两种以上需要给予处分的行为的，应当分别确定其处分种类。应当给予的处分种类不同的，执行其中最重的处分；应当给予撤职以下多个相同种类处分的，执行该处分，并在一个处分期以上、多个处分期之和以下，决定应当执行的处分期。

在受处分期间受到新的处分的，其处分期为原处分期尚未执行的期限与新处分期限之和。

处分期最长不超过四十八个月。

第十一条 二人以上共同违纪违法，需要给予处分的，根据各自应当承担的纪律责任分别给予处分。

人民法院领导班子、有关机构或者审判组织集体作出违纪违法决定或者实施违纪违法行为，依照前款规定处理。

第十二条 有下列情形之一的，应当在本条例分则规定的处分幅度以内从重处分：

（一）在共同违纪违法行为中起主要作用的；

（二）隐匿、伪造、销毁证据的；

（三）串供或者阻止他人揭发检举、提供证据材料的；

（四）包庇同案人员的；

（五）法律、法规和本条例分则中规定的其他从重情节。

第十三条 有下列情形之一的，应当在本条例分则规定的处分幅度以内从轻处分：

（一）主动交待违纪违法行为的；

（二）主动采取措施，有效避免或者挽回损失的；

（三）检举他人重大违纪违法行为，情况属实的；

（四）法律、法规和本条例分则中规定的其他从轻情节。

第十四条 主动交待违纪违法行为，并主动采取措施有效避免或者挽回损失的，应当在本条例分则规定的处分幅度以外降低一个档次给予减轻处分。

应当给予警告处分，又有减轻处分情形的，免予处分。

第十五条 违纪违法行为情节轻微，经过批评教育后改正的，可以免予处分。

第十六条 在人民法院作出处分决定前，已经被依法判处刑罚、罢免、免职或者已经辞去领导职务，依照本条例需要给予处分的，应当根据其违纪违法事实给予处分。

被依法判处刑罚的，一律给予开除处分。

第十七条 人民法院工作人员退休之后违纪违法，或者在任职期间违纪违法、在处分决定作出前已经退休的，不再给予纪律处分；但是，应当给予降级、撤职、开除处分的，应当按照规定相应降低或者取消其享受的待遇。

第十八条 对违纪违法取得的财物和用于违纪违法的财物，应当没收、追缴或者责令退赔。没收、追缴的财物，一律上缴国库。

对违纪违法获得的职务、职称、学历、学位、奖励、资格等，应当建议有关单位、部门按规定予以纠正或者撤销。

第三节 处分的解除、变更和撤销

第十九条 受开除以外处分的，在受处分期间有悔改表现，并且没有再发生违纪违法行为的，处分期满后应当解除处分。

解除处分后，晋升工资档次、级别、职务不再受原处分的影响。但是，解除降级、撤职处分的，不视为恢复原级别、原职务。

第二十条 有下列情形之一的，应当变更或者撤销处分决定：

（一）适用法律、法规或者本条例规定错误的；

（二）对违纪违法行为的事实、情节认定有误的；

（三）处分所依据的违纪违法事实证据不足的；

（四）调查处理违反法定程序，影响案件公正处理的；

（五）作出处分决定超越职权或者滥用职权的；

（六）有其他处分不当情形的。

第二十一条 处分决定被变更，需要调整被处分人员的职务、级别或者工资档次的，应当按照规定予以调整；处分决定被撤销的，应当恢复其级别、工资档次，按照原职务安排相应的职务，并在适当范围内为其恢复名誉。因变更而减轻处分或者被撤销处分人员的工资福利受到损失的，应当予以补偿。

第二章 分　　则

第一节 违反政治纪律的行为

第二十二条 散布有损国家声誉的言论，参加旨在反对国家的集会、游行、示威等活动的，给予记大过处分；情节较重的，给予降级或者撤职处分；情节严重的，给予开除处分。

因不明真相被裹挟参加上述活动，经批评教育后确有悔改表现的，可以减轻或者免予处分。

第二十三条 参加非法组织或者参加罢工的，给予记大过处分；情节较重的，给予降级或者撤职处分；情节严重的，给予开除处分。

因不明真相被裹挟参加上述活动，经批评教育后确有悔改表现的，可以减轻或者免予处分。

第二十四条 违反国家的民族宗教政策，造成不良后果的，给予记大过处分；情节较重的，给予降级或者撤职处分；情节严重的，给予开除处分。

因不明真相被裹挟参加上述活动，经批评教育后确有悔改表现的，可以减轻或者免予处分。

第二十五条 在对外交往中损害国家荣誉和利益的，给予记大过处分；情节较重的，给予降级或者撤职处分；情节严重的，给予开除处分。

第二十六条 非法出境，或者违反规定滞留境外不归的，给予记大过处分；情节较重的，给予降级或者撤职处分；情节严重的，给予开除处分。

第二十七条 未经批准获取境外永久居留资格，或者取得外国国籍的，给予记大过处分；情节较重的，给予降级或者撤职处分；情节严重的，给予开除处分。

第二十八条 有其他违反政治纪律行为的，给予警告、记过或者记大过处分；情节较重的，给予降级或者撤职处分；情节严重的，给予开除处分。

第二节 违反办案纪律的行为

第二十九条 违反规定，擅自对应当受理的案件不予受理，或者对不应当受理的案件违法受理的，给予警告、记过或者记大过处分；情节较重的，给予降级或者撤职处分；情节严重的，给予开除处分。

第三十条 违反规定应当回避而不回避，造成不良后果的，给予警告、记过或者记大过处分；情节较重的，给予降级或者撤职处分；情节严重的，给予开除处分。

明知诉讼代理人、辩护人不符合担任代理人、辩护人的规定，仍准许其担任代理人、辩护人，造成不良后果的，给予警告、记过或者记大过处分；情节较重的，给予降级处分；情节严重的，给予撤职处分。

第三十一条 违反规定会见案件当事人及其辩护人、代理人、请托人的，给予警告处分；造成不良后果的，给予记过或者记大过处分。

第三十二条 违反规定为案件当事人推荐、介绍律师或者代理人，或者为律师或者其他人员介绍案件的，给予警告处分；造成不良后果的，给予记过或者记大过处分。

第三十三条 违反规定插手、干预、过问案件，或者为案件当事人通风报信、说情打招呼的，给予警告、记过或者记大过处分；情节较重的，给予降级或者撤职处分；情节严重的，给予开除处分。

第三十四条 依照规定应当调查收集相关证据而故意不予收集，造成不良后果的，给予警告、记过或者记大过处分；情节较重的，给予降级或者撤职处分；情节严重的，给予开除处分。

第三十五条 依照规定应当采取鉴定、勘验、证据保全等措施而故意不采取，造成不良后果的，给予警告、记过或者记大过处分；情节较重的，给予降级或者撤职处分；情节严重的，给予开除处分。

第三十六条 依照规定应当采取财产保全措施或者执行措施而故意不采取，或者依法应当委托有关机构审计、鉴定、评估、拍卖而故意不委托，造成不良后果的，给予警告、记过或者记大过处分；情节较重的，给予降级或者撤职处分；情节严重的，给予开除处分。

第三十七条 违反规定采取或者解除财产保全措施，造成不良后果的，给予警告、记过或者记大过处分；情节较重的，给予降级或者撤职处分；情节严重的，给予开除处分。

第三十八条 故意违反规定选定审计、鉴定、评估、拍卖等中介机构，或者串通、指使相关中介机构在审计、鉴定、评估、拍卖等活动中徇私舞弊、弄虚作假的，给予警告、记过或者记大过处分；情节较重的，给予降级或者撤职处分；情节严重的，给予开除处分。

第三十九条 故意违反规定采取强制措施的，给予警告、记过或者记大过处分；情节较重的，给予降级或者撤职处分；情节严重的，给予开除处分。

第四十条 故意毁弃、篡改、隐匿、伪造、偷换证据或者其他诉讼材料的，给予记大过处分；情节较重的，给予降级或者撤职处分；情节严重的，给予开除处分。

指使、帮助他人作伪证或者阻止他人作证的，给予降级或者撤职处分；情节严重的，给予开除处分。

第四十一条 故意向合议庭、审判委员会隐瞒主要证据、重要情节或者提供虚假情况的，给予警告、记过或者记大过处分；情节较重的，给予降级或者撤职处分；情节严重的，给予开除处分。

第四十二条 故意泄露合议庭、审判委员会评议、讨论案件的具体情况或者其他审判执行工作秘密的，给予记过或者记大过处分；情节较重的，给予降级或者撤职处分；情节严重的，给予开除处分。

第四十三条 故意违背事实和法律枉法裁判的，给予降级或者撤职处分；情节严重的，给予开除处分。

第四十四条 因徇私而违反规定迫使当事人违背真实意愿撤诉、接受调解、达成执行和解协议并损害其利益的，给予警告、记过或者记大过处分；情节较重的，给予降级或者撤职处分；情节严重的，给予开除处分。

第四十五条 故意违反规定采取执行措施，造成案件当事人、案外人或者第三人财产损失的，给予记大过处分；情节较重的，给予降级或者撤职处分；情节严重的，给予开除处分。

第四十六条 故意违反规定对具备执行条件的案件暂缓执行、中止执行、终结执行或者不依法恢复执行，造成不良后果的，给予记大过处分；情节较重的，给予降级或者撤职处分；情节严重的，给予开除处分。

第四十七条 故意违反规定拖延办案的，给予警告、记过或者记大过处分；情节较重的，给予降级或者撤职处分；情节严重的，给予开除处分。

第四十八条 故意拖延或者拒不执行合议庭决议、审判委员会决定以及上级人民法院判决、裁定、决定、命令的，给予警告、记过或者记大过处分；情节较重的，给予降级或者撤职处分；情节严重的，给予开除处分。

第四十九条 私放被羁押人员的，给予记大过处分；情节较重的，给予降级或者撤职处分；情节严重的，给予开除处分。

第五十条 违反规定私自办理案件的，给予警告、记过或者记大过处分；情节较重的，给予降级或者撤职处分；情节严重的，给予开除处分。

内外勾结制造假案的，给予降级、撤职或者开除处分。

第五十一条 伪造诉讼、执行文书，或者故意违背合议庭决议、审判委员会决定制作诉讼、执行文书的，给予记大过处分；情节较重的，给予降级或者撤职处分；情节严重的，给予开除处分。

送达诉讼、执行文书故意不依照规定，造成不良后果的，给予警告、记过或者记大过处分。

第五十二条 违反规定将案卷或者其他诉讼材料借给他人的，给予警告处分；造成不良后果的，给予记过或者记大过处分。

第五十三条 对外地人民法院依法委托的事项拒不办理或者故意拖延办理，造成不良后果的，给予警告、记过或者记大过处分；情节严重的，给予降级或者撤职处分。

阻挠、干扰外地人民法院依法在本地调查取证或者采取相关财产保全措施、执行措施、强制措施的，给予警告、记过或者记大过处分；情节较重的，给予降级或者撤职处分；情节严重的，给予开除处分。

第五十四条 有其他违反办案纪律行为的，给予警告、记过或者记大过处分；情节较重的，给予降级或者撤职处分；情节严重的，给予开除处分。

第三节 违反廉政纪律的行为

第五十五条 利用职务便利，采取侵吞、窃取、骗取等手段非法占有诉讼费、执行款物、罚没款物、案件暂存款、赃款赃物及其孳息等涉案财物或者其他公共财物的，给予记大过处分；情节较重的，给予降级或者撤职处分；情节严重的，给予开除处分。

第五十六条 利用司法职权或者其他职务便利，索取他人财物及其他财产性利益的，或者非法收受他人财物及其他财产性利益，为他人谋取利益的，给予记大过处分；情节较重的，给予降级或者撤职处分；情节严重的，给予开除处分。

利用司法职权或者其他职务便利为他人谋取利益，以低价购买、高价出售、收受干股、合作投资、委托理财、赌博等形式非法收受他人财物，或者以特定关系人“挂名”领取薪酬或者收受财物等形式，非法收受他人财物，或者违反规定收受各种名义的回扣、手续费归个人所有的，依照前款规定处分。

第五十七条 行贿或者介绍贿赂的，给予记过或者记大过处分；情节较重的，给予降级或者撤职处分；情节严重的，给予开除处分。

向审判、执行人员行贿或者介绍贿赂的，依照前款规定从重处分。

第五十八条 挪用诉讼费、执行款物、罚没款物、案件暂存款、赃款赃物及其孳息等涉案财物或者其他公共财物的，给予记过或者记大过处分；情节较重的，给予降级或者撤职处分；情节严重的，给予开除处分。

第五十九条 接受案件当事人、相关中介机构及其委托人的财物、宴请或者其他利益的，给予警告、记过或者记大过处分；情节较重的，给予降级或者撤职处分；情节严重的，给予开除处分。

违反规定向案件当事人、相关中介机构及其委托人借钱、借物的，给予警告、记过或者记大过处分。

第六十条 以单位名义集体截留、使用、私分诉讼费、执行款物、罚没款物、案件暂存款、赃款赃物及其孳息等涉案财物或者其他公共财物的，给予警告、记过或者记大过处分；情节较重的，给予降级或者撤职处分；情节严重的，给予开除处分。

第六十一条 利用司法职权，以单位名义向公民、法人或者其他组织索要赞助或者摊派、收取财物的，给予记过或者记大过处分；情节较重的，给予降级或者撤职处分；情节严重的，给予开除处分。

第六十二条 故意违反规定设置收费项目、扩大收费范围、提高收费标准的，给予警告、记过或者记大过处分；情节较重的，给予降级或者撤职处分；情节严重的，给予开除处分。

第六十三条 违反规定从事或者参与营利性活动，在企业或者其他营利性组织中兼职的，给予记过或者记大过处分；情节较重的，给予降级或者撤职处分；情节严重的，给予开除处分。

第六十四条 利用司法职权或者其他职务便利，为特定关系人谋取不正当利益，或者放任其特定关系人、身边工作人员利用本人职权谋取不正当利益的，给予记过或者记大过处分；情节较重的，给予降级或者撤职处分；情节严重的，给予开除处分。

第六十五条 有其他违反廉政纪律行为的，给予警告、记过或者记大过处分；情节较重的，给予降级或者撤职处分；情节严重的，给予开除处分。

第四节 违反组织人事纪律的行为

第六十六条 违反议事规则，个人或者少数人决定重大事项，或者改变集体作出的重大决定，造成决策错误的，给予警告、记过或者记大过处分；情节较重的，给予降级或者撤职处分；情节严重的，给予开除处分。

第六十七条 故意拖延或者拒不执行上级依法作出的决定、决议的，给予警告、记过或者记大过处分；情节较重的，给予降级或者撤职处分；情节严重的，给予开除处分。

第六十八条 对职责范围内发生的重大事故、事件不按规定报告、处理的，给予记过或者记大过处分；情节较重的，给予降级或者撤职处分；情节严重的，给予开除处分。

第六十九条 对职责范围内发生的违纪违法问题隐瞒不报、压案不查、包庇袒护的，或者对上级交办的违纪违法案件故意拖延或者拒不办理的，给予记大过处分；情节较重的，给予降级或者撤职处分；情节严重的，给予开除处分。

第七十条 压制批评，打击报复，扣压、销毁举报信件，或者向被举报人透露举报情况的，给予记过或者记大过处分；情节较重的，给予降级或者撤职处分；情节严重的，给予开除处分。

第七十一条 在人员录用、招聘、考核、晋升职务、晋升级别、职称评定以及岗位调整等工作中徇私舞弊、弄虚作假的，给予警告、记过或者记大过处分；情节较重的，给予降级或者撤职处分；情节严重的，给予开除处分。

第七十二条 弄虚作假，骗取荣誉，或者谎报学历、学位、职称的，给予警告、记过或者记大过处分；情节较重的，给予降级或者撤职处分；情节严重的，给予开除处分。

第七十三条 拒不执行机关的交流决定，或者在离任、辞职、被辞退时，拒不办理公务交接手续或者拒不接受审计的，给予警告、记过或者记大过处分；情节较重的，给予降级或者撤职处分；情节严重的，给予开除处分。

第七十四条 旷工或者因公外出、请假期满无正当理由逾期不归，造成不良后果的，给予警告、记过或者记大过处分；情节较重的，给予降级或者撤职处分；情节严重的，给予开除处分。

第七十五条 以不正当方式谋求本人或者特定关系人用公款出国，或者擅自延长在国外、境外期限，或者擅自变更路线，造成不良后果的，给予警告、记过或者记大过处分；情节较重的，给予降级或者撤职处分；情节严重的，给予开除处分。

第七十六条 有其他违反组织人事纪律行为的，给予警告、记过或者记大过处分；情节较重的，给予降级或者撤职处分；情节严重的，给予开除处分。

第五节　违反财经纪律的行为

第七十七条 违反规定进行物资采购或者工程项目招投标，造成不良后果的，给予警告、记过或者记大过处分；情节较重的，给予降级或者撤职处分；情节严重的，给予开除处分。

第七十八条 违反规定擅自开设银行账户或者私设“小金库”的，给予警告处分；情节较重的，给予记过或者记大过处分；情节严重的，给予降级或者撤职处分。

第七十九条 伪造、变造、隐匿、毁弃财务账册、会计凭证、财务会计报告的，给予警告、记过或者记大过处分；情节较重的，给予降级或者撤职处分；情节严重的，给予开除处分。

第八十条 违反规定挥霍浪费国家资财的，给予警告处分；情节较重的，给予记过或者记大过处分；情节严重的，给予降级或者撤职处分。

第八十一条 有其他违反财经纪律行为的，给予警告、记过或者记大过处分；情节较重的，给予降级或者撤职处分；情节严重的，给予开除处分。

第六节 失职行为

第八十二条 因过失导致依法应当受理的案件未予受理，或者不应当受理的案件被违法受理，造成不良后果的，给予警告、记过或者记大过处分。

第八十三条 因过失导致错误裁判、错误采取财产保全措施、强制措施、执行措施，或者应当采取财产保全措施、强制措施、执行措施而未采取，造成不良后果的，给予警告、记过或者记大过处分；造成严重后果的，给予降级、撤职或者开除处分。

第八十四条 因过失导致所办案件严重超出规定办理期限，造成严重后果的，给予警告、记过或者记大过处分。

第八十五条 因过失导致被羁押人员脱逃、自伤、自杀或者行凶伤人的，给予记过或者记大过处分；造成严重后果的，给予降级、撤职或者开除处分。

第八十六条 因过失导致诉讼、执行文书内容错误，造成严重后果的，给予警告、记过或者记大过处分。

第八十七条 因过失导致国家秘密、审判执行工作秘密及其他工作秘密、履行职务掌握的商业秘密或者个人隐私被泄露，造成不良后果的，给予警告、记过或者记大过处分；情节较重的，给予降级或者撤职处分；情节严重的，给予开除处分。

第八十八条 因过失导致案卷或者证据材料损毁、丢失的，给予警告、记过或者记大过处分；造成严重后果的，给予降级或者撤职处分。

第八十九条 因过失导致职责范围内发生刑事案件、重大治安案件、重大社会群体性事件或者重大人员伤亡事故的，使公共财产、国家和人民利益遭受重大损失的，给予记过或者记大过处分；情节较重的，给予降级或者撤职处分；情节严重的，给予开除处分。

第九十条 有其他失职行为造成不良后果的，给予警告、记过或者记大过处分；情节较重的，给予降级或者撤职处分；情节严重的，给予开除处分。

第七节 违反管理秩序和社会道德的行为

第九十一条 因工作作风懈怠、工作态度恶劣，造成不良后果的，给予警告、记过或者记大过处分。

第九十二条 故意泄露国家秘密、工作秘密，或者故意泄露因履行职责掌握的商业秘密、个人隐私的，给予记过或者记大过处分；情节较重的，给予降级或者撤职处分；情节严重的，给予开除处分。

第九十三条 弄虚作假，误导、欺骗领导和公众，造成不良后果的，给予警告、记过或者记大过处分；情节较重的，给予降级或者撤职处分；情节严重的，给予开除处分。

第九十四条 因酗酒影响正常工作或者造成其他不良后果的，给予警告、记过或者记大过处分；情节较重的，给予降级、撤职处分；情节严重的，给予开除处分。

第九十五条 违反规定保管、使用枪支、弹药、警械等特殊物品，造成不良后果的，给予警告、记过或者记大过处分；情节较重的，给予降级或者撤职处分；情节严重的，给予开除处分。

第九十六条 违反公务车管理使用规定，发生严重交通事故或者造成其他不良后果的，给予警告、记过或者记大过处分；情节较重的，给予降级或者撤职处分；情节严重的，给予开除处分。

第九十七条 妨碍执行公务或者违反规定干预执行公务的，给予记过或者记大过处分；情节较重的，给予降级或者撤职处分；情节严重的，给予开除处分。

第九十八条 以殴打、辱骂、体罚、非法拘禁或者诽谤、诬告等方式侵犯他人人身权利的，给予记过或者记大过处分；情节较重的，给予降级或者撤职处分；情节严重的，给予开除处分。

体罚、虐待被羁押人员，或者殴打、辱骂诉讼参与人、涉诉上访人的，依照前款规定从重处分。

第九十九条 与他人通奸，造成不良影响的，给予警告、记过或者记大过处分；情节较重的，给予降级或者撤职处分；情节严重的，给予开除处分。

与所承办案件的当事人或者当事人亲属发生不正当两性关系的，依照前款规定从重处分。

第一百条　重婚或者包养情人的，给予撤职或者开除处分。

第一百零一条　拒不承担赡养、抚养、扶养义务，或者虐待、遗弃家庭成员的，给予警告、记过或者记大过处分；情节较重的，给予降级或者撤职处分；情节严重的，给予开除处分。

第一百零二条　吸食、注射毒品或者参与嫖娼、卖淫、色情淫乱活动的，给予撤职或者开除处分。

第一百零三条　参与赌博的，给予警告或者记过处分；情节较重的，给予记大过或者降级处分；情节严重的，给予撤职或者开除处分。

为赌博活动提供场所或者其他便利条件的，给予警告、记过或者记大过处分；情节较重的，给予降级、撤职处分；情节严重的，给予开除处分。

在工作时间赌博的，给予记过、记大过或者降级处分；屡教不改的，给予撤职或者开除处分。

挪用公款赌博的，给予撤职或者开除处分。

第一百零四条　参与迷信活动，造成不良影响的，给予警告、记过或者记大过处分。

组织迷信活动的，给予降级处分；情节较重的，给予撤职处分；情节严重的，给予开除处分。

第一百零五条　违反规定超计划生育的，给予降级处分；情节较重的，给予撤职处分；情节严重的，给予开除处分。

第一百零六条　有其他违反管理秩序和社会道德行为的，给予警告、记过或者记大过处分；情节较重的，给予降级或者撤职处分；情节严重的，给予开除处分。

第三章　附　　则

第一百零七条　本条例所称“人民法院工作人员”是指人民法院行政编制内的工作人员。

人民法院事业编制工作人员参照本条例执行。

人民法院聘用人员不适用本条例。

第一百零八条　本条例所称“特定关系人”，是指与人民法院工作人员具有近亲属、情人以及其他共同利益关系的人和关系密切的人。

第一百零九条 本条例所称“以上”、“以下”，包含本数。

第一百一十条 本条例由最高人民法院负责解释。

第一百一十一条 本条例自发布之日起施行。最高人民法院此前颁布的《关于人民法院工作人员纪律处分的若干规定（试行）》、《人民法院审判纪律处分办法（试行）》、《人民法院执行工作纪律处分办法（试行）》、《最高人民法院关于严格执行〈中华人民共和国法官法〉有关惩戒制度若干规定》同时废止。

中华人民共和国检察官法

（1995年2月28日第八届全国人民代表大会常务委员会第十二次会议通过　根据2001年6月30日第九届全国人民代表大会常务委员会第二十二次会议《关于修改〈中华人民共和国检察官法〉的决定》第一次修正　根据2017年9月1日第十二届全国人民代表大会常务委员会第二十九次会议《关于修改〈中华人民共和国法官法〉等八部法律的决定》第二次修正　2019年4月23日第十三届全国人民代表大会常务委员会第十次会议修订　2019年4月23日中华人民共和国主席令第28号公布　自2019年10月1日起施行）

第一章　总　　则

第一条 为了全面推进高素质检察官队伍建设，加强对检察官的管理和监督，维护检察官合法权益，保障人民检察院依法独立行使检察权，保障检察官依法履行职责，保障司法公正，根据宪法，制定本法。

第二条 检察官是依法行使国家检察权的检察人员，包括最高人民检察院、地方各级人民检察院和军事检察院等专门人民检察院的检察长、副检察长、检察委员会委员和检察员。

第三条 检察官必须忠实执行宪法和法律，维护社会公平正义，全心全意为人民服务。

第四条 检察官应当勤勉尽责，清正廉明，恪守职业道德。

第五条 检察官履行职责，应当以事实为根据，以法律为准绳，秉持客观公正的立场。

检察官办理刑事案件，应当严格坚持罪刑法定原则，尊重和保障人权，既要追诉犯罪，也要保障无罪的人不受刑事追究。

第六条 检察官依法履行职责，受法律保护，不受行政机关、社会团体和个人的干涉。

第二章 检察官的职责、义务和权利

第七条 检察官的职责：

（一）对法律规定由人民检察院直接受理的刑事案件进行侦查；

（二）对刑事案件进行审查逮捕、审查起诉，代表国家进行公诉；

（三）开展公益诉讼工作；

（四）开展对刑事、民事、行政诉讼活动的监督工作；

（五）法律规定的其他职责。

检察官对其职权范围内就案件作出的决定负责。

第八条 人民检察院检察长、副检察长、检察委员会委员除履行检察职责外，还应当履行与其职务相适应的职责。

第九条 检察官在检察长领导下开展工作，重大办案事项由检察长决定。检察长可以将部分职权委托检察官行使，可以授权检察官签发法律文书。

第十条 检察官应当履行下列义务：

（一）严格遵守宪法和法律；

（二）秉公办案，不得徇私枉法；

（三）依法保障当事人和其他诉讼参与人的诉讼权利；

（四）维护国家利益、社会公共利益，维护个人和组织的合法权益；

（五）保守国家秘密和检察工作秘密，对履行职责中知悉的商业秘密和个人隐私予以保密；

（六）依法接受法律监督和人民群众监督；

（七）通过依法办理案件以案释法，增强全民法治观念，推进法治社会建设；

（八）法律规定的其他义务。

第十一条 检察官享有下列权利：

（一）履行检察官职责应当具有的职权和工作条件；

（二）非因法定事由、非经法定程序，不被调离、免职、降职、辞退或者处分；

（三）履行检察官职责应当享有的职业保障和福利待遇；

（四）人身、财产和住所安全受法律保护；

（五）提出申诉或者控告；

（六）法律规定的其他权利。

第三章 检察官的条件和遴选

第十二条 担任检察官必须具备下列条件：

（一）具有中华人民共和国国籍；

（二）拥护中华人民共和国宪法，拥护中国共产党领导和社会主义制度；

（三）具有良好的政治、业务素质和道德品行；

（四）具有正常履行职责的身体条件；

（五）具备普通高等学校法学类本科学历并获得学士及以上学位；或者普通高等学校非法学类本科及以上学历并获得法律硕士、法学硕士及以上学位；或者普通高等学校非法学类本科及以上学历，获得其他相应学位，并具有法律专业知识；

（六）从事法律工作满五年。其中获得法律硕士、法学硕士学位，或者获得法学博士学位的，从事法律工作的年限可以分别放宽至四年、三年；

（七）初任检察官应当通过国家统一法律职业资格考试取得法律职业资格。

适用前款第五项规定的学历条件确有困难的地方，经最高人民检察院审核确定，在一定期限内，可以将担任检察官的学历条件放宽为高等学校本科毕业。

第十三条 下列人员不得担任检察官：

（一）因犯罪受过刑事处罚的；

（二）被开除公职的；

（三）被吊销律师、公证员执业证书或者被仲裁委员会除名的；

（四）有法律规定的其他情形的。

第十四条 初任检察官采用考试、考核的办法，按照德才兼备的标准，从具备检察官条件的人员中择优提出人选。

人民检察院的检察长应当具有法学专业知识和法律职业经历。副检察长、检察委员会委员应当从检察官、法官或者其他具备检察官条件的人员中产生。

第十五条 人民检察院可以根据检察工作需要，从律师或者法学教学、研究人员等从事法律职业的人员中公开选拔检察官。

除应当具备检察官任职条件外，参加公开选拔的律师应当实际执业不少于五年，执业经验丰富，从业声誉良好，参加公开选拔的法学教学、研究人员应当具有中级以上职称，从事教学、研究工作五年以上，有突出研究能力和相应研究成果。

第十六条 省、自治区、直辖市设立检察官遴选委员会，负责初任检察官人选专业能力的审核。

省级检察官遴选委员会的组成人员应当包括地方各级人民检察院检察官代表、其他从事法律职业的人员和有关方面代表，其中检察官代表不少于三分之一。

省级检察官遴选委员会的日常工作由省级人民检察院的内设职能部门承担。

遴选最高人民检察院检察官应当设立最高人民检察院检察官遴选委员会，负责检察官人选专业能力的审核。

第十七条 初任检察官一般到基层人民检察院任职。上级人民检察院检察官一般逐级遴选；最高人民检察院和省级人民检察院检察官可以从下两级人民检察院遴选。参加上级人民检察院遴选的检察官应当在下级人民检察院担任检察官一定年限，并具有遴选职位相关工作经历。

第四章　检察官的任免

第十八条　检察官的任免，依照宪法和法律规定的任免权限和程序办理。

最高人民检察院检察长由全国人民代表大会选举和罢免，副检察长、检察委员会委员和检察员，由检察长提请全国人民代表大会常务委员会任免。

地方各级人民检察院检察长由本级人民代表大会选举和罢免，副检察长、检察委员会委员和检察员，由检察长提请本级人民代表大会常务委员会任免。

地方各级人民检察院检察长的任免，须报上一级人民检察院检察长提请本级人民代表大会常务委员会批准。

省、自治区、直辖市人民检察院分院检察长、副检察长、检察委员会委员和检察员，由省、自治区、直辖市人民检察院检察长提请本级人民代表大会常务委员会任免。

省级人民检察院和设区的市级人民检察院依法设立作为派出机构的人民检察院的检察长、副检察长、检察委员会委员和检察员，由派出的人民检察院检察长提请本级人民代表大会常务委员会任免。

新疆生产建设兵团各级人民检察院、专门人民检察院的检察长、副检察长、检察委员会委员和检察员，依照全国人民代表大会常务委员会的有关规定任免。

第十九条　检察官在依照法定程序产生后，在就职时应当公开进行宪法宣誓。

第二十条　检察官有下列情形之一的，应当依法提请免除其检察官职务：

（一）丧失中华人民共和国国籍的；

（二）调出所任职人民检察院的；

（三）职务变动不需要保留检察官职务的，或者本人申请免除检察官职务经批准的；

（四）经考核不能胜任检察官职务的；

（五）因健康原因长期不能履行职务的；

（六）退休的；

（七）辞职或者依法应当予以辞退的；

（八）因违纪违法不宜继续任职的。

第二十一条 对于不具备本法规定条件或者违反法定程序被选举为人民检察院检察长的，上一级人民检察院检察长有权提请本级人民代表大会常务委员会不批准。

第二十二条 发现违反本法规定的条件任命检察官的，任命机关应当撤销该项任命；上级人民检察院发现下级人民检察院检察官的任命违反本法规定的条件的，应当要求下级人民检察院依法提请任命机关撤销该项任命。

第二十三条 检察官不得兼任人民代表大会常务委员会的组成人员，不得兼任行政机关、监察机关、审判机关的职务，不得兼任企业或者其他营利性组织、事业单位的职务，不得兼任律师、仲裁员和公证员。

第二十四条 检察官之间有夫妻关系、直系血亲关系、三代以内旁系血亲以及近姻亲关系的，不得同时担任下列职务：

（一）同一人民检察院的检察长、副检察长、检察委员会委员；

（二）同一人民检察院的检察长、副检察长和检察员；

（三）同一业务部门的检察员；

（四）上下相邻两级人民检察院的检察长、副检察长。

第二十五条 检察官的配偶、父母、子女有下列情形之一的，检察官应当实行任职回避：

（一）担任该检察官所任职人民检察院辖区内律师事务所的合伙人或者设立人的；

（二）在该检察官所任职人民检察院辖区内以律师身份担任诉讼代理人、辩护人，或者为诉讼案件当事人提供其他有偿法律服务的。

第五章 检察官的管理

第二十六条 检察官实行员额制管理。检察官员额根据案件数量、经济社会发展情况、人口数量和人民检察院层级等因素确定，在省、自治区、直辖市内实行总量控制、动态管理，优先考虑基层人民检察院和案件数量多的人民检察院办案需要。

检察官员额出现空缺的，应当按照程序及时补充。

最高人民检察院检察官员额由最高人民检察院商有关部门确定。

第二十七条 检察官实行单独职务序列管理。

检察官等级分为十二级，依次为首席大检察官、一级大检察官、二级大检察官、一级高级检察官、二级高级检察官、三级高级检察官、四级高级检察官、一级检察官、二级检察官、三级检察官、四级检察官、五级检察官。

第二十八条 最高人民检察院检察长为首席大检察官。

第二十九条 检察官等级的确定，以检察官德才表现、业务水平、检察工作实绩和工作年限等为依据。

检察官等级晋升采取按期晋升和择优选升相结合的方式，特别优秀或者工作特殊需要的一线办案岗位检察官可以特别选升。

第三十条 检察官的等级设置、确定和晋升的具体办法，由国家另行规定。

第三十一条 初任检察官实行统一职前培训制度。

第三十二条 对检察官应当有计划地进行政治、理论和业务培训。

检察官的培训应当理论联系实际、按需施教、讲求实效。

第三十三条 检察官培训情况，作为检察官任职、等级晋升的依据之一。

第三十四条 检察官培训机构按照有关规定承担培训检察官的任务。

第三十五条 检察官申请辞职，应当由本人书面提出，经批准后，依照法律规定的程序免除其职务。

第三十六条 辞退检察官应当依照法律规定的程序免除其职务。

辞退检察官应当按照管理权限决定。辞退决定应当以书面形式通知被辞退的检察官，并列明作出决定的理由和依据。

第三十七条 检察官从人民检察院离任后两年内，不得以律师身份担任诉讼代理人或者辩护人。

检察官从人民检察院离任后，不得担任原任职检察院办理案件的诉讼代理人或者辩护人，但是作为当事人的监护人或者近亲属代理诉讼或者进行辩护的除外。

检察官被开除后，不得担任诉讼代理人或者辩护人，但是作为当事人的监护人或者近亲属代理诉讼或者进行辩护的除外。

第三十八条 检察官因工作需要，经单位选派或者批准，可以在高等学校、科研院所协助开展实践性教学、研究工作，并遵守国家有关规定。

第六章 检察官的考核、奖励和惩戒

第三十九条 人民检察院设立检察官考评委员会，负责对本院检察官的考核工作。

第四十条 检察官考评委员会的组成人员为五至九人。

检察官考评委员会主任由本院检察长担任。

第四十一条 对检察官的考核，应当全面、客观、公正，实行平时考核和年度考核相结合。

第四十二条 对检察官的考核内容包括：检察工作实绩、职业道德、专业水平、工作能力、工作作风。重点考核检察工作实绩。

第四十三条 年度考核结果分为优秀、称职、基本称职和不称职四个等次。

考核结果作为调整检察官等级、工资以及检察官奖惩、免职、降职、辞退的依据。

第四十四条 考核结果以书面形式通知检察官本人。检察官对考核结果如果有异议，可以申请复核。

第四十五条 检察官在检察工作中有显著成绩和贡献的，或者有其他突出事迹的，应当给予奖励。

第四十六条 检察官有下列表现之一的，应当给予奖励：

（一）公正司法，成绩显著的；

（二）总结检察实践经验成果突出，对检察工作有指导作用的；

（三）在办理重大案件、处理突发事件和承担专项重要工作中，做出显著成绩和贡献的；

（四）对检察工作提出改革建议被采纳，效果显著的；

（五）提出检察建议被采纳或者开展法治宣传、解决各类纠纷，效果显著的；

（六）有其他功绩的。

检察官的奖励按照有关规定办理。

第四十七条 检察官有下列行为之一的，应当给予处分；构成犯罪的，依法追究刑事责任：

（一）贪污受贿、徇私枉法、刑讯逼供的；

（二）隐瞒、伪造、变造、故意损毁证据、案件材料的；

（三）泄露国家秘密、检察工作秘密、商业秘密或者个人隐私的；

（四）故意违反法律法规办理案件的；

（五）因重大过失导致案件错误并造成严重后果的；

（六）拖延办案，贻误工作的；

（七）利用职权为自己或者他人谋取私利的；

（八）接受当事人及其代理人利益输送，或者违反有关规定会见当事人及其代理人的；

（九）违反有关规定从事或者参与营利性活动，在企业或者其他营利性组织中兼任职务的；

（十）有其他违纪违法行为的。

检察官的处分按照有关规定办理。

第四十八条 检察官涉嫌违纪违法，已经被立案调查、侦查，不宜继续履行职责的，按照管理权限和规定的程序暂时停止其履行职务。

第四十九条 最高人民检察院和省、自治区、直辖市设立检察官惩戒委员会，负责从专业角度审查认定检察官是否存在本法第四十七条第四项、第五项规定的违反检察职责的行为，提出构成故意违反职责、存在重大过失、存在一般过失或者没有违反职责等审查意见。检察官惩戒委员会提出审查意见后，人民检察院依照有关规定作出是否予以惩戒的决定，并给予相应处理。

检察官惩戒委员会由检察官代表、其他从事法律职业的人员和有关方面代表组成，其中检察官代表不少于半数。

最高人民检察院检察官惩戒委员会、省级检察官惩戒委员会的日常工作，由相关人民检察院的内设职能部门承担。

第五十条 检察官惩戒委员会审议惩戒事项时，当事检察官有权申请有关人员回避，有权进行陈述、举证、辩解。

第五十一条 检察官惩戒委员会作出的审查意见应当送达当事检察官。当事检察官对审查意见有异议的，可以向惩戒委员会提出，惩戒委员会应当对异议及其理由进行审查，作出决定。

第五十二条 检察官惩戒委员会审议惩戒事项的具体程序，由最高人民检察院商有关部门确定。

第七章 检察官的职业保障

第五十三条 人民检察院设立检察官权益保障委员会，维护检察官合法权益，保障检察官依法履行职责。

第五十四条 除下列情形外，不得将检察官调离检察业务岗位：

（一）按规定需要任职回避的；

（二）按规定实行任职交流的；

（三）因机构调整、撤销、合并或者缩减编制员额需要调整工作的；

（四）因违纪违法不适合在检察业务岗位工作的；

（五）法律规定的其他情形。

第五十五条 任何单位或者个人不得要求检察官从事超出法定职责范围的事务。

对任何干涉检察官办理案件的行为，检察官有权拒绝并予以全面如实记录和报告；有违纪违法情形的，由有关机关根据情节轻重追究有关责任人员、行为人的责任。

第五十六条 检察官的职业尊严和人身安全受法律保护。

任何单位和个人不得对检察官及其近亲属打击报复。

对检察官及其近亲属实施报复陷害、侮辱诽谤、暴力侵害、威胁恐吓、滋事骚扰等违法犯罪行为的，应当依法从严惩治。

第五十七条 检察官因依法履行职责遭受不实举报、诬告陷害、侮辱诽谤，致使名誉受到损害的，人民检察院应当会同有关部门及时澄清事实，消除不良影响，并依法追究相关单位或者个人的责任。

第五十八条 检察官因依法履行职责，本人及其近亲属人身安全面临危险的，人民检察院、公安机关应当对检察官及其近亲属采取人身保护、禁止特定人员接触等必要保护措施。

第五十九条 检察官实行与其职责相适应的工资制度，按照检察官等级享有国家规定的工资待遇，并建立与公务员工资同步调整机制。

检察官的工资制度，根据检察工作特点，由国家另行规定。

第六十条 检察官实行定期增资制度。

经年度考核确定为优秀、称职的，可以按照规定晋升工资档次。

第六十一条 检察官享受国家规定的津贴、补贴、奖金、保险和福利待遇。

第六十二条 检察官因公致残的，享受国家规定的伤残待遇。检察官因公牺牲、因公死亡或者病故的，其亲属享受国家规定的抚恤和优待。

第六十三条 检察官的退休制度，根据检察工作特点，由国家另行规定。

第六十四条 检察官退休后，享受国家规定的养老金和其他待遇。

第六十五条 对于国家机关及其工作人员侵犯本法第十一条规定的检察官权利的行为，检察官有权提出控告。

第六十六条 对检察官处分或者人事处理错误的，应当及时予以纠正；造成名誉损害的，应当恢复名誉、消除影响、赔礼道歉；造成经济损失的，应当赔偿。对打击报复的直接责任人员，应当依法追究其责任。

第八章 附 则

第六十七条 国家对初任检察官实行统一法律职业资格考试制度，由国务院司法行政部门商最高人民检察院等有关部门组织实施。

第六十八条 人民检察院的检察官助理在检察官指导下负责审查案件材料、草拟法律文书等检察辅助事务。

人民检察院应当加强检察官助理队伍建设，为检察官遴选储备人才。

第六十九条 有关检察官的权利、义务和管理制度，本法已有规定的，适用本法的规定；本法未作规定的，适用公务员管理的相关法律法规。

第七十条 本法自2019年10月1日起施行。

检察人员纪律处分条例

（2004年6月1日最高人民检察院第十届第十三次检察长办公会讨论通过 2007年3月6日最高人民检察院第十届第三十八次检察长办公会修改 2016年10月20日最高人民检察院第十二届检察委员会第五十六次会议修订 2016年12月9日公布 高检发〔2016〕20号）

第一章 总 则

第一节 目的、原则和适用范围

第一条 为了严肃检察纪律，规范检察人员行为，保证检察人员依法履行职责，确保公正廉洁司法，根据《中华人民共和国人民检察院组织法》《中华人民共和国公务员法》《中华人民共和国检察官法》等法律法规，参照《中国共产党纪律处分条例》等党内法规，结合检察机关的实际，制定本条例。

第二条 检察机关的纪律处分工作，应当坚持全面从严治检、实事求是、纪律面前一律平等、处分与违纪行为相适应、惩戒与教育相结合的原则。

第三条 本条例适用于违反纪律或者法律、法规规定应当受到纪律追究的检察人员。

第四条 检察机关及其所属机构、单位、办案组织集体作出违纪决定或者实施违纪行为，对负有直接责任和领导责任的检察人员，依照本条例给予纪律处分。

第五条 检察人员依法履行职责和其他合法权益受法律保护，非因法定事由、非经法定程序，不受纪律处分。

第二节 纪律处分的种类和适用

第六条 对违反纪律的检察人员，应当根据其违纪行为的事实、性质和情节，依照本条例的规定给予纪律处分。

情节轻微，经批评教育确已认识错误的，可以免予处分。

情节显著轻微，不认为构成违纪的，不予处分。

第七条 纪律处分种类：

（一）警告；

（二）记过；

（三）记大过；

（四）降级；

（五）撤职；

（六）开除。

第八条 纪律处分期间分别为：

（一）警告，六个月；

（二）记过，十二个月；

（三）记大过，十八个月；

（四）降级、撤职，二十四个月。

第九条 检察人员在处分期间不得晋升职务、级别。其中，受记过、记大过、降级、撤职处分的，在处分期间不得晋升工资档次。

第十条 受降级处分的，自处分的下个月起降低一个级别。如果受处分人为最低级别的，按降低一个工资档次处理；如果受处分人为最低级别最低档次的，给予记大过处分。

第十一条 受撤职处分的，撤销其所有行政职务。在处分期间不得担任领导职务，自处分的下个月起按降低一个以上的职务层次另行确定非领导职务。办事员应当给予撤职处分的，给予降级处分。

第十二条 受开除处分的，自处分决定生效之日起解除其人事关系，其职务、级别自然撤销，不得再被录用为检察人员。

第十三条 受处分人具有法律职务的，按照有关规定重新确定或者依法罢免、免除法律职务。

受开除处分的，依法罢免或者免除法律职务。

第十四条 一人有本条例规定的两种以上应当受到处分的违纪行为，应当分别确定其处分种类。应当给予的处分种类不同的，执行其中最重的处分；应当给予撤职以下多个相同种类处分的，执行该处分，并在最高处分期间以上，多个处分期间之和以下，决定应当执行的处分期间。

处分期间最长不超过48个月。

第十五条 一个违纪行为同时触犯本条例两个以上条款的，依照处分较重的条款定性处理。

一个条款规定的违纪构成要件全部包含在另一个条款规定的违纪构成要件中，特别规定与一般规定不一致的，适用特别规定。

第十六条 二人以上共同故意违纪的，对起主要作用的，从重处分，本条例另有规定的除外；对其他成员，按照其在共同违纪中所起的作用和应负的责任，分别给予处分。

对于经济方面共同违纪的，按照个人所得数额及其所起的作用，分别给予处分。对起主要作用，情节严重的，按照共同违纪的总数额给予处分。

教唆他人违纪的，应当按照其在共同违纪中所起的作用追究纪律责任。

第十七条 有下列情形之一的，可以从轻或者减轻处分：

（一）主动交代本人应当受到纪律处分的问题的；

（二）检举他人应当受到纪律处分或者法律追究的问题，经查证属实的；

（三）主动挽回损失、消除不良影响或者有效阻止危害结果发生的；

（四）主动上交违纪所得的；

（五）其他立功表现的。

第十八条 有下列情形之一的，应当从重或者加重处分：

（一）在集中整治过程中，不收敛、不收手的；

（二）强迫他人违纪的；

（三）本条例另有规定的。

第十九条 故意违纪受处分后又因故意违纪应当受到纪律处分的，应当从重处分。

第二十条 纪律处分决定作出后，应当在一个月内向受处分人所在单位及其本人宣布，并由干部人事管理部门按照干部管理权限将处分决定材料归入受处分人档案；对于受到降级以上处分的，还应当在一个月内办理职务、工资等相应变更手续。

第二十一条 对于违纪行为所获得的经济利益，应当收缴或者责令退赔。

对于违纪行为所获得的职务、职称、学历、学位、奖励等其他利益，应当建议有关组织、单位、部门按规定予以纠正。

第二十二条 从轻、从重处分，是指在本条例规定的违纪行为应当受到的处分幅度以内，给予较轻或者较重的处分。

减轻、加重处分，是指在本条例规定的违纪行为应当受到的处分幅度以外，减轻或者加重一档给予处分。

本条例规定的只有开除处分一个档次的违纪行为，不适用前款减轻处分的规定。

依照本条例应当给予警告或者记过处分，又有减轻处分情形的，可以免予处分。

第三节 对违法犯罪、违犯党纪检察人员的处分

第二十三条 检察人员有贪污贿赂、渎职侵权等刑法规定的行为涉嫌犯罪的，应当给予撤职或者开除处分。

第二十四条 检察人员有刑法规定的行为，虽不构成犯罪或者不以犯罪论处，但须追究纪律责任的，应当视具体情节给予警告直至开除处分。

第二十五条 检察人员有其他违法行为，须追究纪律责任的，应当视具体情节给予警告直至开除处分。

第二十六条 检察人员受到纪律追究，涉嫌违法犯罪的，应当及时移送有关国家机关依法处理；需要给予党纪处分的，应当向有关党组织提出建议。

第二十七条 因犯罪被判处刑罚的，应当给予开除处分。

因犯罪情节轻微，被人民检察院依法作出不起诉决定的，或者被人民法院免予刑事处罚的，给予降级、撤职或者开除处分。

属于前款规定情形的，应当根据司法机关的生效裁判、决定及其认定的事实、性质和情节，依照本条例规定给予纪律处分。

第二十八条 受到党纪处分或者行政处罚，应当追究纪律责任的，可以根据生效的党纪处分决定、行政处罚决定认定的事实、性质和情节，经核实后依照本条例规定给予纪律处分。

第二十九条 纪律处分决定作出后，党组织、司法机关、行政机关等改变原生效决定、裁判，对原处分决定产生影响的，应当根据改变后的生效决定、裁判重新作出相应处理。

第四节　纪律处分的变更和解除

第三十条 受处分人在处分期间获得三等功以上奖励的，可以缩短处分期间，但缩短后的期间不得少于原处分期间的二分之一。

第三十一条 受处分人在处分期间，发现其另有应当受到纪律处分的违纪行为，应当根据新发现违纪行为的事实、性质、情节和已经作出的处分，重新作出处分决定，处分期间依照本条例第十四条的规定重新计算，已经执行的处分期间应当从重新确定的处分期间中扣除。

受处分人在处分期间又犯应当受到纪律处分的违纪行为，应当依照前款规定重新作出处分决定，处分期间为原处分期间尚未执行的期间与新处分期间之和。

第三十二条 受处分人在处分期间确有悔改表现，处分期满后，经所在单位或者部门提出意见，由处分决定机关作出解除处分的决定。

第三十三条 解除处分决定应当在一个月内书面通知受处分人，并在一定范围内宣布。

解除处分决定应当在作出后的一个月内，由干部人事管理部门归入受处分人档案。

第三十四条 解除降级、撤职处分，不得恢复原职务、级别和工资档次，但以后晋升职务、级别和工资档次不受原处分的影响。

第五节 其他规定

第三十五条 检察人员在纪律处分决定作出前已经退休的，不再给予纪律处分，但是依照本条例应当给予降级以上处分的，按照应当给予的纪律处分相应降低或者取消其享受的待遇。

第三十六条 本条例所称检察人员，是指检察机关具有公务员身份和参照公务员法管理的检察官、检察辅助人员和司法行政人员。

对检察机关所属事业单位中不参照公务员法管理工作人员的纪律处分，适用《事业单位工作人员处分暂行规定》。

第三十七条 本条例所称领导干部，是指人民检察院及所属参公管理事业单位中担任各级领导职务，以及非领导职务的县（处）级以上干部。

第三十八条 本条例所称直接责任者，是指在其职责范围内，不履行或者不正确履行自己的职责，对造成的损失或者后果起决定性作用的检察人员。

本条例所称主要领导责任者，是指在其职责范围内，对直接主管的工作不履行或者不正确履行职责，对造成的损失或者后果负直接领导责任的领导干部。

本条例所称重要领导责任者，是指在其职责范围内，对应管的工作或者参与决定的工作不履行或者不正确履行职责，对造成的损失或者后果负次要领导责任的领导干部。

本条例所称领导责任者，包括主要领导责任者和重要领导责任者。

第三十九条 检察人员实施违反检察职责的行为应当承担司法责任，需要给予纪律处分的，适用本条例。

第四十条 对检察人员因故意或者重大过失导致案件错误并造成严重后果而追究其纪律责任的，应当遵循谁办案谁负责、谁决定谁负责原则。

检察官有前款行为，应当受到纪律追究的，适用检察官惩戒制度相关规定。

第四十一条 本条例所述“以上”、“以下”均含本数。

第四十二条 本条例总则适用于最高人民检察院制定的其他有纪律处分规定的规范性文件，另有特别规定的除外。

第二章　分　　则

第一节　对检察人员违反政治纪律行为的处分

第四十三条　通过信息网络、广播、电视、报刊、书籍、讲座、论坛、报告会、座谈会等方式，公开发表坚持资产阶级自由化立场、反对四项基本原则，反对党的改革开放决策的文章、演说、宣言、声明等的，给予开除处分。

发布、播出、刊登、出版前款所列文章、演说、宣言、声明等或者为上述行为提供方便条件的，对直接责任者和领导责任者，给予记大过或者降级处分；情节严重的，给予撤职或者开除处分。

第四十四条　通过信息网络、广播、电视、报刊、书籍、讲座、论坛、报告会、座谈会等方式，有下列行为之一，情节较轻的，给予警告、记过或者记大过处分；情节较重的，给予降级或者撤职处分；情节严重的，给予开除处分：

（一）公开发表违背四项基本原则，违背、歪曲党的改革开放决策，或者其他有严重政治问题的文章、演说、宣言、声明等的；

（二）妄议中央大政方针，破坏党的集中统一的；

（三）丑化党和国家形象，或者诋毁、诬蔑党和国家领导人，或者歪曲党史、军史的。

发布、播出、刊登、出版前款所列内容或者为上述行为提供方便条件的，对直接责任者和领导责任者，给予记过、记大过或者降级处分；情节严重的，给予撤职或者开除处分。

第四十五条　制作、贩卖、传播本条例第四十三条、第四十四条所列内容之一的书刊、音像制品、电子读物、网络音视频资料等，情节较轻的，给予警告、记过或者记大过处分；情节较重的，给予降级或者撤职处分；情节严重的，给予开除处分。

私自携带、寄递本条例第四十三条、第四十四条所列内容之一的书刊、音像制品、电子读物等入出境，情节较重的，给予警告、记过或者记大过处分；情节严重的，给予降级、撤职或者开除处分。

第四十六条 组织、参加反对党的基本理论、基本路线、基本纲领、基本经验、基本要求或者重大方针政策的集会、游行、示威等活动的，或者以组织讲座、论坛、报告会、座谈会等方式，反对党的基本理论、基本路线、基本纲领、基本经验、基本要求或者重大方针政策，造成严重不良影响的，对策划者、组织者和骨干分子，给予开除处分。

对其他参加人员或者以提供信息、资料、财物、场地等方式支持上述活动者，情节较轻的，给予警告、记过或者记大过处分；情节较重的，给予降级或者撤职处分；情节严重的，给予开除处分。

对不明真相被裹挟参加，经批评教育后确有悔改表现的，可以免予处分或者不予处分。

对未经组织批准参加其他集会、游行、示威等活动，情节较轻的，给予警告、记过或者记大过处分；情节较重的，给予降级或者撤职处分；情节严重的，给予开除处分。

第四十七条 组织、参加旨在反对党的领导、反对社会主义制度或者敌视政府等组织的，对策划者、组织者和骨干分子，给予开除处分。

对其他参加人员，情节较轻的，给予警告、记过或者记大过处分；情节较重的，给予降级或者撤职处分；情节严重的，给予开除处分。

第四十八条 组织、参加会道门或者邪教组织的，对策划者、组织者和骨干分子，给予开除处分。

对其他参加人员，情节较轻的，给予警告、记过或者记大过处分；情节较重的，给予降级或者撤职处分；情节严重的，给予开除处分。

对不明真相的参加人员，经批评教育后确有悔改表现的，可以免予处分或者不予处分。

第四十九条 搞团团伙伙、结党营私、拉帮结派、培植私人势力或者通过搞利益交换、为自己营造声势等活动捞取政治资本的，给予记过、记大过或者降级处分；情节严重的，给予撤职或者开除处分。

第五十条 有下列行为之一的，对直接责任者和领导责任者，给予记过、记大过或者降级处分；情节严重的，给予撤职或者开除处分：

（一）拒不执行党和国家的方针政策以及决策部署的；

（二）故意作出与党和国家的方针政策以及决策部署相违背的决定的；

（三）擅自对应当由中央决定的重大政策问题作出决定和对外发表主张的。

第五十一条 挑拨民族关系制造事端或者参加民族分裂活动的，对策划者、组织者和骨干分子，给予开除处分。

对其他参加人员，情节较轻的，给予警告、记过或者记大过处分；情节较重的，给予降级或者撤职处分；情节严重的，给予开除处分。

对不明真相被裹挟参加，经批评教育后确有悔改表现的，可以免予处分或者不予处分。

有其他违反党和国家民族政策的行为，情节较轻的，给予警告、记过或者记大过处分；情节较重的，给予降级或者撤职处分；情节严重的，给予开除处分。

第五十二条 组织、利用宗教活动反对党的路线、方针、政策和决议，破坏民族团结的，对策划者、组织者和骨干分子，给予撤职或者开除处分。

对其他参加人员，情节较轻的，给予警告、记过或者记大过处分；情节较重的，给予降级或者撤职处分；情节严重的，给予开除处分。

对不明真相被裹挟参加，经批评教育后确有悔改表现的，可以免予处分或者不予处分。

有其他违反国家宗教政策的行为，情节较轻的，给予警告、记过或者记大过处分；情节较重的，给予降级或者撤职处分；情节严重的，给予开除处分。

第五十三条 组织、利用宗族势力对抗党和政府，妨碍党和国家的方针政策以及决策部署的实施，或者破坏党的基层组织建设的，对策划者、组织者和骨干分子，给予撤职或者开除处分。

对其他参加人员，情节较轻的，给予警告、记过或者记大过处分；情节较重的，给予降级或者撤职处分；情节严重的，给予开除处分。

对不明真相被裹挟参加，经批评教育后确有悔改表现的，可以免予处分或者不予处分。

第五十四条 对抗组织调查，有下列行为之一的，给予警告、记过或者记大过处分；情节较重的，给予降级或者撤职处分；情节严重的，给予开除处分：

（一）串供或者伪造、销毁、转移、隐匿证据的；

（二）阻止他人揭发检举、提供证据材料的；

（三）包庇同案人员的；

（四）向组织提供虚假情况，掩盖事实的；

（五）其他对抗组织调查行为的。

第五十五条 组织迷信活动的，给予降级或者撤职处分；情节严重的，给予开除处分。

参加迷信活动，造成不良影响的，给予警告、记过或者记大过处分；情节较重的，给予降级或者撤职处分；情节严重的，给予开除处分。

对不明真相的参加人员，经批评教育后确有悔改表现的，可以免予处分或者不予处分。

第五十六条 在国（境）外、外国驻华使（领）馆申请政治避难，或者违纪后逃往国（境）外、外国驻华使（领）馆的，给予开除处分。

在国（境）外公开发表反对党和政府的文章、演说、宣言、声明等的，依照前款规定处理。

故意为上述行为提供方便条件的，给予撤职或者开除处分。

第五十七条 在涉外活动中，其言行在政治上造成恶劣影响，损害党和国家尊严、利益的，给予降级或者撤职处分；情节严重的，给予开除处分。

第五十八条 领导干部对违反政治纪律和政治规矩等错误思想和行为放任不管，搞无原则一团和气，造成不良影响的，给予警告、记过或者记大过处分；情节严重的，给予降级或者撤职处分。

第五十九条 有其他违反政治纪律和政治规矩行为的，应当视具体情节给予警告直至开除处分。

第二节 对检察人员违反组织纪律行为的处分

第六十条 违反民主集中制原则，拒不执行或者擅自改变组织作出的重大决定，或者违反议事规则，个人或者少数人决定重大问题的，给予警告、记过或者记大过处分；情节严重的，给予降级或者撤职处分。

第六十一条 下级检察机关拒不执行或者擅自改变上级检察机关决定的，对直接责任者和领导责任者，给予警告、记过或者记大过处分；情节严重的，给予降级或者撤职处分。

第六十二条 拒不执行组织的分配、调动、交流等决定的，给予警告、记过、记大过或者降级处分。

在特殊时期或者紧急状况下，拒不执行组织决定的，给予撤职或者开除处分。

第六十三条 离任、辞职或者被辞退时，拒不办理公务交接手续或者拒不接受审计的，给予警告、记过或者记大过处分；情节较重的，给予降级或者撤职处分；情节严重的，给予开除处分。

第六十四条 不按照有关规定或者工作要求，向组织请示报告重大问题、重要事项的，给予警告、记过或者记大过处分；情节严重的，给予降级或者撤职处分。

不按要求报告或者不如实报告个人去向，情节较重的，给予警告、记过或者记大过处分。

第六十五条 有下列行为之一，情节较重的，给予警告、记过或者记大过处分：

（一）违反个人有关事项报告规定，不报告、不如实报告的；

（二）在组织进行谈话、函询时，不如实向组织说明问题的；

（三）不如实填报个人档案资料的。

篡改、伪造个人档案资料的，给予记过或者记大过处分；情节严重的，给予降级或者撤职处分。

第六十六条 领导干部违反有关规定组织、参加自发成立的老乡会、校友会、战友会等，情节严重的，给予警告、记过、记大过或者降级处分。

第六十七条 诬告陷害他人意在使他人受纪律追究的，给予警告、记过或者记大过处分；情节较重的，给予降级或者撤职处分；情节严重的，给予开除处分。

第六十八条 有下列行为之一的，给予警告、记过或者记大过处分；情节较重的，给予降级或者撤职处分；情节严重的，给予开除处分：

（一）对检察人员的批评、检举、控告进行阻挠、压制，或者将批评、检举、控告材料私自扣压、销毁，或者故意将其泄露给他人的；

（二）对检察人员的申辩、辩护、作证等进行压制，造成不良后果的；

（三）压制检察人员申诉，造成不良后果的，或者不按照有关规定处理检察人员申诉的；

（四）其他侵犯检察人员权利行为，造成不良后果的。

对批评人、检举人、控告人、证人及其他人员打击报复的，依照前款规定从重或者加重处分。

单位或者部门有上述行为的，对直接责任者和领导责任者，依照前款规定处理。

第六十九条 有下列行为之一的，给予警告、记过或者记大过处分；情节较重的，给予降级或者撤职处分；情节严重的，给予开除处分：

（一）在民主推荐、民主测评、组织考察和选举中搞拉票、助选等非组织活动的；

（二）在法律规定的投票、选举活动中违背组织原则搞非组织活动，组织、怂恿、诱使他人投票、表决的；

（三）在选举中进行其他违反法律和纪律规定活动的。

第七十条 在干部选拔任用工作中，违反干部选拔任用规定，对直接责任者和领导责任者，情节较轻的，给予警告、记过或者记大过处分；情节较重的，给予降级或者撤职处分；情节严重的，给予开除处分。

用人失察失误造成严重后果的，对直接责任者和领导责任者，依照前款规定处理。

第七十一条 违反有关规定在人员录用、考评考核、职务晋升和职称评定等工作中，隐瞒、歪曲事实真相，或者利用职权、职务上的影响为本人或者他人谋取利益的，给予警告、记过或者记大过处分；情节较重的，给予降级或者撤职处分；情节严重的，给予开除处分。

弄虚作假，骗取职务、职级、职称、待遇、资格、学历、学位、荣誉或者其他利益的，依照前款规定处理。

第七十二条 违反有关规定取得外国国籍或者获取国（境）外永久居留资格、长期居留许可，非法出境，或者违反规定滞留境外不归的，给予开除处分。

第七十三条 违反有关规定办理因私出国（境）证件、港澳通行证、大陆居民来往台湾通行证，或者未经批准出入国（边）境，情节较轻的，给予警告、记过或者记大过处分；情节较重的，给予降级处分；情节严重的，给予撤职处分。

第七十四条 在临时出国（境）团（组）中擅自脱离组织，或者从事外事、机要等工作的检察人员违反有关规定同国（境）外机构、人员联系和交往的，给予警告、记过、记大过、降级或者撤职处分。

第七十五条 在临时出国（境）团（组）中脱离组织出走的，给予撤职或者开除处分。

故意为他人脱离组织出走提供方便条件的，给予记过、记大过、降级或者撤职处分。

第三节 对检察人员违反办案纪律行为的处分

第七十六条 故意伪造、隐匿、损毁举报、控告、申诉材料，包庇被举报人、被控告人，或者对举报人、控告人、申诉人、批评人打击报复的，给予记过或者记大过处分；情节较重的，给予降级或者撤职处分；情节严重的，给予开除处分。

第七十七条 泄露案件秘密，或者为案件当事人及其近亲属、辩护人、诉讼代理人、利害关系人等打探案情、通风报信的，给予记过或者记大过处分；造成严重后果或者恶劣影响的，给予降级、撤职或者开除处分。

第七十八条 擅自处置案件线索、随意初查或者在初查中对被调查对象采取限制人身自由强制性措施的，给予记过或者记大过处分；情节较重的，给予降级或者撤职处分；情节严重的，给予开除处分。

第七十九条 违反有关规定搜查他人身体、住宅，或者侵入他人住宅的，给予记过或者记大过处分；情节较重的，给予降级或者撤职处分；情节严重的，给予开除处分。

第八十条 违反有关规定采取、变更、解除、撤销强制措施的，给予记过或者记大过处分；情节较重的，给予降级或者撤职处分；情节严重的，给予开除处分。

第八十一条 违反有关规定限制、剥夺诉讼参与人人身自由、诉讼权利的，给予警告、记过或者记大过处分；情节较重的，给予降级或者撤职处分；情节严重的，给予开除处分。

第八十二条 违反职务犯罪侦查全程同步录音录像有关规定，情节较重的，给予警告、记过或者记大过处分；情节严重的，给予降级或者撤职处分。

第八十三条 殴打、体罚虐待、侮辱犯罪嫌疑人、被告人及其他人员的，给予记过或者记大过处分；造成严重后果或者恶劣影响的，给予降级、撤职或者开除处分。

第八十四条 采用刑讯逼供等非法方法收集犯罪嫌疑人、被告人供述，或者采用暴力、威胁等非法方法收集证人证言、被害人陈述的，给予记过或者记大过处分；情节较重的，给予降级或者撤职处分；情节严重的，给予开除处分。

第八十五条 故意违背案件事实作出勘验、检查、鉴定意见的，给予降级或者撤职处分；情节严重的，给予开除处分。

第八十六条 违反有关规定，有下列行为之一的，对直接责任者和领导责任者，给予记过或者记大过处分；情节较重的，给予降级或者撤职处分；情节严重的，给予开除处分：

（一）在立案之前查封、扣押、冻结涉案财物的；

（二）超范围查封、扣押、冻结涉案财物的；

（三）不返还、不退还扣押、冻结涉案财物的；

（四）侵吞、挪用、私分、私存、调换、外借、压价收购涉案财物的；

（五）擅自处理扣押、冻结的涉案财物及其孳息的；

（六）故意损毁、丢失涉案财物的；

（七）其他违反涉案财物管理规定的。

第八十七条 违反有关规定阻碍律师依法行使会见权、阅卷权、申请收集调取证据等执业权利，情节较重的，给予警告、记过或者记大过处分；情节严重的，给予降级或者撤职处分。

第八十八条 违反有关规定应当回避而故意不回避，或者拒不服从回避决定，或者对符合回避条件的申请故意不作出回避决定的，给予警告、记过或者记大过处分；情节严重的，给予降级或者撤职处分。

第八十九条 私自会见案件当事人及其近亲属、辩护人、诉讼代理人、利害关系人、中介组织，或者接受上述人员提供的礼品、礼金、消费卡等财物，以及宴请、娱乐、健身、旅游等活动的，给予记过或者记大过处分；情节较重的，给予降级或者撤职处分；情节严重的，给予开除处分。

第九十条 有重大过失，不履行或者不正确履行司法办案职责，造成下列后果之一的，给予警告、记过或者记大过处分；情节较重的，给予降级或者撤职处分；情节严重的，给予开除处分：

（一）认定事实、适用法律出现重大错误，或者案件被错误处理的；

（二）遗漏重要犯罪嫌疑人或者重大罪行的；

（三）错误羁押或者超期羁押犯罪嫌疑人、被告人的；

（四）犯罪嫌疑人、被告人串供、毁证、逃跑的；

（五）涉案人员自杀、自伤、行凶的；

（六）其他严重后果或者恶劣影响的。

第九十一条 负有监督管理职责的检察人员因故意或者重大过失，不履行或者不正确履行监督管理职责，导致司法办案工作出现错误，情节较重的，给予警告、记过或者记大过处分；情节严重的，给予降级或者撤职处分。

第九十二条 故意伪造、隐匿、损毁证据材料、诉讼文书的，给予降级或者撤职处分；情节严重的，给予开除处分。

第九十三条 丢失案卷、案件材料、档案的，给予警告、记过或者记大过处分；情节严重的，给予降级或者撤职处分。

第九十四条 违反有关规定，有下列行为之一的，给予记过或者记大过处分；情节较重的，给予降级或者撤职处分；情节严重的，给予开除处分：

（一）体罚虐待被监管人员的；

（二）私自带人会见被监管人员的；

（三）给被监管人员特殊待遇或者照顾的；

（四）让被监管人员为自己提供劳务的。

第九十五条 违反有关规定对司法机关、行政机关违法行使职权或者不行使职权的行为不履行法律监督职责，造成严重后果或者恶劣影响的，给予警告、记过或者记大过处分；情节严重的，给予降级或者撤职处分。

第九十六条 违反有关规定干预司法办案活动，有下列行为之一的，给予警告或者记过处分；情节较重的，给予记大过或者降级处分；情节严重的，给予撤职处分：

（一）在初查、立案、侦查、审查逮捕、审查起诉、审判、执行等环节为案件当事人请托说情的；

（二）邀请或者要求办案人员私下会见案件当事人或者其辩护人、诉讼代理人、近亲属以及其他与案件有利害关系的人的；

（三）私自为案件当事人及其近亲属、辩护人、诉讼代理人传递涉案材料的；

（四）领导干部授意、纵容身边工作人员或者近亲属为案件当事人请托说情的；

（五）领导干部为了地方利益或者部门利益，以听取汇报、开协调会、发文件等形式，超越职权对案件处理提出倾向性意见或者具体要求的；

（六）其他影响司法人员依法公正处理案件的。

第九十七条 对领导干部违规干预司法办案活动、司法机关内部人员过问案件，两次以上不记录或者不如实记录的，给予警告或者记过处分；情节严重的，给予记大过处分。

授意不记录、不如实记录的，依照前款规定处理。

对如实记录的检察人员打击报复的，依照本条例第六十八条第二款处理。

第九十八条 利用检察权或者借办案之机，借用、占用案件当事人、辩护人、诉讼代理人、利害关系人或者发案单位、证人等的住房、交通工具或者其他财物，或者谋取其他个人利益的，给予警告、记过或者记大过处分；情节较重的，给予降级或者撤职处分；情节严重的，给予开除处分。

利用职权或者职务上的影响，借用、占用企事业单位、社会团体或者个人的住房、交通工具或者其他财物，给予警告、记过或者记大过处分；情节较重的，给予降级或者撤职处分；情节严重的，给予开除处分。

第九十九条 违反办案期限或者有关案件管理程序规定，情节较重的，给予警告、记过或者记大过处分；情节严重的，给予降级或者撤职处分。

第一百条 有其他违反办案纪律规定行为的，应当视具体情节给予警告直至开除处分。

第四节 对检察人员违反廉洁纪律行为的处分

第一百零一条 利用职权或者职务上的影响为他人谋取利益，本人的配偶、子女及其配偶等亲属和其他特定关系人收受对方财物，情节较重的，给予警告、记过或者记大过处分；情节严重的，给予降级、撤职或者开除处分。

第一百零二条 相互利用职权或者职务上的影响为对方及其配偶、子女及其配偶等亲属、身边工作人员和其他特定关系人谋取利益搞权权交易的，给予警告、记过或者记大过处分；情节较重的，给予降级或者撤职处分；情节严重的，给予开除处分。

第一百零三条 纵容、默许配偶、子女及其配偶等亲属和身边工作人员利用本人职权或者职务上的影响谋取私利，情节较轻的，给予警告、记过或者记大过处分；情节较重的，给予降级或者撤职处分；情节严重的，给予开除处分。

检察人员的配偶、子女及其配偶未从事实际工作而获取薪酬或者虽从事实际工作但领取明显超出同职级标准薪酬，检察人员知情未予纠正的，依照前款规定处理。

第一百零四条 收受可能影响公正执行公务的礼品、礼金、消费卡等，情节较轻的，给予警告、记过或者记大过处分；情节较重的，给予降级或者撤职处分；情节严重的，给予开除处分。

收受其他明显超出正常礼尚往来的礼品、礼金、消费卡等的，依照前款规定处理。

第一百零五条 向从事公务的人员及其配偶、子女及其配偶等亲属和其他特定关系人赠送明显超出正常礼尚往来的礼品、礼金、消费卡等，情节较重的，给予警告、记过或者记大过处分；情节严重的，给予降级或者撤职处分。

第一百零六条 利用职权或者职务上的影响操办婚丧喜庆事宜，在社会上造成不良影响的，给予警告、记过或者记大过处分；情节严重的，给予降级或者撤职处分。

在操办婚丧喜庆事宜中，借机敛财或者有其他侵犯国家、集体和人民利益行为的，依照前款规定从重或者加重处分，直至给予开除处分。

第一百零七条 接受可能影响公正执行公务的宴请或者旅游、健身、娱乐等活动安排，情节较重的，给予警告、记过或者记大过处分；情节严重的，给予降级或者撤职处分。

第一百零八条 违反有关规定取得、持有、实际使用运动健身卡、会所和俱乐部会员卡、高尔夫球卡等各种消费卡，或者违反有关规定出入私人会所、夜总会，情节较重的，给予警告、记过或者记大过处分；情节严重的，给予降级或者撤职处分。

第一百零九条 违反有关规定从事营利活动，有下列行为之一，情节较轻的，给予警告、记过或者记大过处分；情节较重的，给予降级或者撤职处分；情节严重的，给予开除处分：

（一）经商办企业的；

（二）拥有非上市公司（企业）的股份或者证券的；

（三）买卖股票或者进行其他证券投资的；

（四）兼任律师、法律顾问、仲裁员等职务，以及从事其他有偿中介活动的；

（五）在国（境）外注册公司或者投资入股的；

（六）其他违反有关规定从事营利活动的。

利用职权或者职务上的影响，为本人配偶、子女及其配偶等亲属和其他特定关系人的经营活动谋取利益的，依照前款规定处理。

违反有关规定在经济实体、社会团体等单位中兼职，或者经批准兼职但获取薪酬、奖金、津贴等额外利益的，依照前款规定处理。

第一百一十条 领导干部的配偶、子女及其配偶，违反有关规定在该领导干部管辖的区域或者业务范围内从事可能影响其公正执行公务的经营活动，或者在该领导干部管辖的区域或者业务范围内的外商独资企业、中外合资企业中担任由外方委派、聘任的高级职务的，该领导干部应当按照规定予以纠正；拒不纠正的，其本人应当辞去现任职务或者由组织予以调整职务；不辞去现任职务或者不服从组织调整职务的，给予撤职处分。

领导干部或者在司法办案岗位工作的检察人员的配偶、子女及其配偶在其本人任职的检察机关管辖区域内从事案件代理、辩护业务的，适用前款规定处理。

第一百一十一条 检察机关违反有关规定经商办企业的，对直接责任者和领导责任者，给予警告、记过或者记大过处分；情节严重的，给予降级或者撤职处分。

第一百一十二条 领导干部违反工作、生活保障制度，在交通、医疗等方面为本人、配偶、子女及其配偶等亲属和其他特定关系人谋求特殊待遇，情节较重的，给予警告、记过或者记大过处分；情节严重的，给予降级或者撤职处分。

第一百一十三条 在分配、购买住房中侵犯国家、集体利益，情节较轻的，给予警告、记过或者记大过处分；情节较重的，给予降级或者撤职处分；情节严重的，给予开除处分。

第一百一十四条 利用职权或者职务上的影响，侵占非本人经管的公私财物，或者以象征性地支付钱款等方式侵占公私财物，或者无偿、象征性地支付报酬接受服务、使用劳务，情节较轻的，给予警告、记过或者记大过处分；情节较重的，给予降级或者撤职处分；情节严重的，给予开除处分。

利用职权或者职务上的影响，将本人、配偶、子女及其配偶等亲属应当由个人支付的费用，由下属单位、其他单位或者他人支付、报销的，依照前款规定处理。

第一百一十五条 利用职权或者职务上的影响，违反有关规定占用公物归个人使用，时间超过六个月，情节较重的，给予警告、记过或者记大过处分；情节严重的，给予降级或者撤职处分。

占用公物进行营利活动的，给予警告、记过或者记大过处分；情节较重的，给予降级或者撤职处分；情节严重的，给予开除处分。

将公物借给他人进行营利活动的，依照前款规定处理。

第一百一十六条 违反有关规定组织、参加用公款支付的宴请、高消费娱乐、健身活动，或者用公款购买赠送、发放礼品，对直接责任者和领导责任者，情节较轻的，给予警告、记过或者记大过处分；情节较重的，给予降级或者撤职处分；情节严重的，给予开除处分。

第一百一十七条 违反有关规定滥发津贴、补贴、奖金等，对直接责任者和领导责任者，情节较轻的，给予警告、记过或者记大过处分；情节较重的，给予降级或者撤职处分；情节严重的，给予开除处分。

第一百一十八条 有下列行为之一，对直接责任者和领导责任者，情节较轻的，给予警告、记过或者记大过处分；情节较重的，给予降级或者撤职处分；情节严重的，给予开除处分：

（一）用公款旅游、借公务差旅之机旅游或者以公务差旅为名变相旅游的；

（二）以考察、学习、培训、研讨、参展等名义变相用公款出国（境）旅游的。

第一百一十九条 违反公务接待管理规定，超标准、超范围接待或者借机大吃大喝，对直接责任者和领导责任者，情节较重的，给予警告、记过或者记大过处分；情节严重的，给予降级或者撤职处分。

第一百二十条 违反有关规定配备、购买、更换、装饰、使用公务用车或者有其他违反公务用车管理规定的行为，对直接责任者和领导责任者，情节较重的，给予警告、记过或者记大过处分；情节严重的，给予降级或者撤职处分。

第一百二十一条 违反会议活动管理规定，有下列行为之一，对直接责任者和领导责任者，情节较重的，给予警告、记过或者记大过处分；情节严重的，给予降级或者撤职处分：

（一）到禁止召开会议的风景名胜区开会的；

（二）决定或者批准举办各类节会、庆典活动的。

擅自举办评比达标表彰活动或者借评比达标表彰活动收取费用的，依照前款规定处理。

第一百二十二条 违反办公用房管理规定，有下列行为之一，对直接责任者和领导责任者，情节较重的，给予警告、记过或者记大过处分；情节严重的，给予降级或者撤职处分：

（一）决定或者批准兴建、装修办公楼、培训中心等楼堂馆所，超标准配备、使用办公用房的；

（二）用公款包租、占用客房或者其他场所供个人使用的。

第一百二十三条 搞权色交易或者给予财物搞钱色交易的，给予记过或者记大过处分；情节较重的，给予降级或者撤职处分；情节严重的，给予开除处分。

第一百二十四条 有其他违反廉洁纪律规定行为的，应当视具体情节给予警告直至开除处分。

第五节 对检察人员违反群众纪律行为的处分

第一百二十五条 在检察工作中违反有关规定向群众收取、摊派费用的，给予警告、记过或者记大过处分；情节严重的，给予降级、撤职或者开除处分。

第一百二十六条 在从事涉及群众事务的工作中，刁难群众、吃拿卡要的，给予警告、记过或者记大过处分；情节严重的，给予降级、撤职或者开除处分。

第一百二十七条 对群众合法诉求消极应付、推诿扯皮，损害检察机关形象，情节较重的，给予警告、记过或者记大过处分；情节严重的，给予降级或者撤职处分。

第一百二十八条 对待群众态度恶劣、简单粗暴，造成不良影响，情节较重的，给予警告、记过或者记大过处分；情节严重的，给予降级或者撤职处分。

第一百二十九条 遇到国家财产和人民群众生命财产受到严重威胁时，能救而不救，情节较重的，给予警告、记过或者记大过处分；情节严重的，给予降级、撤职或者开除处分。

第一百三十条 不按照规定公开检察事务，侵犯群众知情权，对直接责任者和领导责任者，情节较重的，给予警告、记过或者记大过处分；情节严重的，给予降级或者撤职处分。

第一百三十一条 有其他违反群众纪律规定行为的，应当视具体情节给予警告直至开除处分。

第六节 对检察人员违反工作纪律行为的处分

第一百三十二条 在工作中不负责任或者疏于管理，有下列情形之一的，对直接责任者和领导责任者，给予警告、记过或者记大过处分；造成严重后果或者恶劣影响的，给予降级、撤职或者开除处分：

（一）不传达贯彻、不检查督促落实党和国家，以及最高人民检察院的方针政策和决策部署，或者作出违背党和国家，以及最高人民检察院方针政策和决策部署的错误决策的；

（二）本系统和本单位发生公开反对党的基本理论、基本路线、基本纲领、基本经验、基本要求或者党和国家，以及最高人民检察院方针政策和决策部署行为的；

（三）不正确履行职责或者严重不负责任，致使发生重大责任事故，给国家、集体利益和人民群众生命财产造成较大损失的。

第一百三十三条 不履行全面从严治检主体责任或者履行全面从严治检主体责任不力，造成严重后果或者恶劣影响的，对直接责任者和领导责任者，给予警告、记过或者记大过处分；情节严重的，给予降级或者撤职处分。

第一百三十四条 有下列行为之一，对直接责任者和领导责任者，情节较重的，给予警告、记过或者记大过处分；情节严重的，给予降级或者撤职处分：

（一）检察人员违反纪律或者法律、法规规定，应当给予纪律处分而不处分的；

（二）纪律处分决定或者申诉复查决定作出后，不按照规定落实决定中关于受处分人职务、职级、待遇等事项的；

（三）不按照干部管理权限对受处分人开展日常教育、管理和监督工作的。

第一百三十五条 因工作不负责任致使所管理的人员叛逃的，对直接责任者和领导责任者，给予警告、记过或者记大过处分；情节严重的，给予降级或者撤职处分。

因工作不负责任致使所管理的人员出走，对直接责任者和领导责任者，情节较重的，给予警告、记过或者记大过处分；情节严重的，给予降级或者撤职处分。

第一百三十六条 在上级单位检查、视察工作或者向上级单位汇报、报告工作时对应当报告的事项不报告或者不如实报告，造成严重后果或者恶劣影响的，对直接责任者和领导责任者，给予警告、记过或者记大过处分；情节严重的，给予降级或者撤职处分。

第一百三十七条 违反有关规定干预和插手市场经济活动，有下列行为之一，造成不良影响的，给予警告、记过或者记大过处分；情节较重的，给予降级或者撤职处分；情节严重的，给予开除处分：

（一）干预和插手建设工程项目承发包、土地使用权出让、政府采购、房地产开发与经营、矿产资源开发利用、中介机构服务等活动的；

（二）干预和插手国有企业重组改制、兼并、破产、产权交易、清产核资、资产评估、资产转让、重大项目投资以及其他重大经营活动等事项的；

（三）干预和插手经济纠纷的；

（四）干预和插手集体资金、资产和资源的使用、分配、承包、租赁等事项的；

（五）其他违反有关规定干预和插手市场经济活动的。

第一百三十八条 违反有关规定干预和插手执纪执法活动，向有关地方或者部门打招呼、说情，或者以其他方式对执纪执法活动施加影响，情节较轻的，给予记过或者记大过处分；情节较重的，给予降级或者撤职处分；情节严重的，给予开除处分。

违反有关规定干预和插手公共财政资金分配、项目立项评审、奖励表彰等活动，造成严重后果或者恶劣影响的，依照前款规定处理。

第一百三十九条 泄露、扩散、窃取关于干部选拔任用、纪律审查等尚未公开事项或者其他应当保密的信息的，给予警告、记过或者记大过处分；情节较重的，给予降级或者撤职处分；情节严重的，给予开除处分。

第一百四十条 在考试、录取工作中，有泄露试题、考场舞弊、涂改考卷、违规录取等违反有关规定行为的，给予警告、记过或者记大过处分；情节较重的，给予降级或者撤职处分；情节严重的，给予开除处分。

第一百四十一条 以不正当方式谋求本人或者他人用公款出国（境），情节较轻的，给予警告或者记过处分；情节较重的，给予记大过处分；情节严重的，给予降级或者撤职处分。

第一百四十二条 临时出国（境）团（组）或者人员中的检察人员，擅自延长在国（境）外期限，或者擅自变更路线的，对直接责任者和领导责任者，给予警告、记过或者记大过处分；情节严重的，给予降级或者撤职处分。

第一百四十三条 临时出国（境）团（组）中的检察人员，触犯所在国家、地区的法律、法令或者不尊重所在国家、地区的宗教习俗，情节较重的，给予警告、记过或者记大过处分；情节严重的，给予降级、撤职或者开除处分。

第一百四十四条 违反枪支、弹药管理规定，有下列行为之一的，给予记过、记大过或者降级处分；造成严重后果或者恶劣影响的，给予撤职或者开除处分：

（一）擅自携带枪支、弹药进入公共场所的；

（二）将枪支、弹药借给他人使用的；

（三）枪支、弹药丢失、被盗、被骗的；

（四）示枪恫吓他人或者随意鸣枪的；

（五）因管理使用不当，造成枪支走火的。

第一百四十五条 违反有关规定使用、管理警械、警具的，给予警告、记过或者记大过处分；造成严重后果或者恶劣影响的，给予降级、撤职或者开除处分。

第一百四十六条 违反有关规定使用、管理警车的，给予警告、记过或者记大过处分；造成严重后果或者恶劣影响的，给予降级、撤职或者开除处分。

违反有关规定将警车停放在餐饮、休闲娱乐场所和旅游景区，造成不良影响的，应当从重处分。

警车私用造成交通事故并致人重伤、死亡或者重大经济损失的，给予开除处分。

第一百四十七条 违反有关规定，有下列行为之一的，给予警告、记过或者记大过处分；情节严重的，给予降级、撤职或者开除处分：

（一）工作时间或者工作日中午饮酒，经批评教育仍不改正的；

（二）承担司法办案任务时饮酒的；

（三）携带枪支、弹药、档案、案卷、案件材料、秘密文件或者其他涉密载体饮酒的；

（四）佩戴检察标识或者着司法警察制服在公共场所饮酒的；

（五）饮酒后驾驶机动车辆的。

第一百四十八条 旷工或者因公外出、请假期满无正当理由逾期不归，造成不良影响的，给予警告、记过或者记大过处分；情节较重的，给予降级或者撤职处分；情节严重的，给予开除处分。

第一百四十九条 违反有关规定对正在办理的案件公开发表个人意见或者进行评论，造成不良影响的，给予警告、记过或者记大过处分，情节严重的，给予降级或者撤职处分。

第一百五十条 有其他违反工作纪律行为的，应当视具体情节给予警告直至开除处分。

第七节 对检察人员违反生活纪律行为的处分

第一百五十一条 生活奢靡、贪图享乐、追求低级趣味，造成不良影响的，给予警告、记过或者记大过处分；情节严重的，给予降级或者撤职处分。

第一百五十二条 与他人发生不正当性关系，造成不良影响的，给予警告、记过或者记大过处分；情节较重的，给予降级或者撤职处分；情节严重的，给予开除处分。

利用职权、教养关系、从属关系或者其他相类似关系与他人发生性关系的，依照前款规定从重处分。

第一百五十三条 违背社会公序良俗，在公共场所有不当行为，造成不良影响的，给予警告、记过或者记大过处分；情节较重的，给予降级或者撤职处分；情节严重的，给予开除处分。

第一百五十四条 实施、参与或者支持下列行为的，给予撤职或者开除处分：

（一）卖淫、嫖娼、色情淫乱活动的；

（二）吸食、注射毒品的。

组织上述行为的，给予开除处分。

第一百五十五条 参与赌博的，给予警告或者记过处分；情节较重的，给予记大过或者降级处分；情节严重的，给予撤职或者开除处分。

为赌博活动提供场所或者其他方便条件的，给予记过、记大过或者降级处分；情节严重的，给予撤职或者开除处分。

在工作时间赌博的，给予记过、记大过或者降级处分；经批评教育仍不改正的，给予撤职或者开除处分。

组织赌博的，给予撤职或者开除处分。

第一百五十六条 有其他严重违反职业道德、社会公德、家庭美德行为的，应当视具体情节给予警告直至开除处分。

第三章　附　　则

第一百五十七条 本条例由最高人民检察院负责解释。

第一百五十八条 本条例自颁布之日起施行。2007 年 3 月 6 日颁布施行的《检察人员纪律处分条例（试行）》同时废止。

本条例颁布前，已结案的案件需要进行复查、复核的，适用当时的规定。尚未结案的案件，如果行为发生时的规定不认为是违纪，而本条例认为是违纪的，依照当时的规定处理；如果行为发生时的规定认为是违纪的，依照当时的规定处理，但是如果本条例不认为是违纪或者处理较轻的，依照本条例规定处理。

事业单位人事管理条例

（2014年4月25日中华人民共和国国务院令第652号公布　自2014年7月1日起施行）

第一章　总　　则

第一条　为了规范事业单位的人事管理，保障事业单位工作人员的合法权益，建设高素质的事业单位工作人员队伍，促进公共服务发展，制定本条例。

第二条　事业单位人事管理，坚持党管干部、党管人才原则，全面准确贯彻民主、公开、竞争、择优方针。

国家对事业单位工作人员实行分级分类管理。

第三条　中央事业单位人事综合管理部门负责全国事业单位人事综合管理工作。

县级以上地方各级事业单位人事综合管理部门负责本辖区事业单位人事综合管理工作。

事业单位主管部门具体负责所属事业单位人事管理工作。

第四条　事业单位应当建立健全人事管理制度。

事业单位制定或者修改人事管理制度，应当通过职工代表大会或者其他形式听取工作人员意见。

第二章　岗位设置

第五条　国家建立事业单位岗位管理制度，明确岗位类别和等级。

第六条 事业单位根据职责任务和工作需要，按照国家有关规定设置岗位。

岗位应当具有明确的名称、职责任务、工作标准和任职条件。

第七条 事业单位拟订岗位设置方案，应当报人事综合管理部门备案。

第三章 公开招聘和竞聘上岗

第八条 事业单位新聘用工作人员，应当面向社会公开招聘。但是，国家政策性安置、按照人事管理权限由上级任命、涉密岗位等人员除外。

第九条 事业单位公开招聘工作人员按照下列程序进行：

（一）制定公开招聘方案；

（二）公布招聘岗位、资格条件等招聘信息；

（三）审查应聘人员资格条件；

（四）考试、考察；

（五）体检；

（六）公示拟聘人员名单；

（七）订立聘用合同，办理聘用手续。

第十条 事业单位内部产生岗位人选，需要竞聘上岗的，按照下列程序进行：

（一）制定竞聘上岗方案；

（二）在本单位公布竞聘岗位、资格条件、聘期等信息；

（三）审查竞聘人员资格条件；

（四）考评；

（五）在本单位公示拟聘人员名单；

（六）办理聘任手续。

第十一条 事业单位工作人员可以按照国家有关规定进行交流。

第四章 聘用合同

第十二条 事业单位与工作人员订立的聘用合同，期限一般不低于 3 年。

第十三条 初次就业的工作人员与事业单位订立的聘用合同期限 3 年以

上的，试用期为12个月。

第十四条 事业单位工作人员在本单位连续工作满10年且距法定退休年龄不足10年，提出订立聘用至退休的合同的，事业单位应当与其订立聘用至退休的合同。

第十五条 事业单位工作人员连续旷工超过15个工作日，或者1年内累计旷工超过30个工作日的，事业单位可以解除聘用合同。

第十六条 事业单位工作人员年度考核不合格且不同意调整工作岗位，或者连续两年年度考核不合格的，事业单位提前30日书面通知，可以解除聘用合同。

第十七条 事业单位工作人员提前30日书面通知事业单位，可以解除聘用合同。但是，双方对解除聘用合同另有约定的除外。

第十八条 事业单位工作人员受到开除处分的，解除聘用合同。

第十九条 自聘用合同依法解除、终止之日起，事业单位与被解除、终止聘用合同人员的人事关系终止。

第五章 考核和培训

第二十条 事业单位应当根据聘用合同规定的岗位职责任务，全面考核工作人员的表现，重点考核工作绩效。考核应当听取服务对象的意见和评价。

第二十一条 考核分为平时考核、年度考核和聘期考核。

年度考核的结果可以分为优秀、合格、基本合格和不合格等档次，聘期考核的结果可以分为合格和不合格等档次。

第二十二条 考核结果作为调整事业单位工作人员岗位、工资以及续订聘用合同的依据。

第二十三条 事业单位应当根据不同岗位的要求，编制工作人员培训计划，对工作人员进行分级分类培训。

工作人员应当按照所在单位的要求，参加岗前培训、在岗培训、转岗培训和为完成特定任务的专项培训。

第二十四条 培训经费按照国家有关规定列支。

第六章　奖励和处分

第二十五条　事业单位工作人员或者集体有下列情形之一的，给予奖励：

（一）长期服务基层，爱岗敬业，表现突出的；

（二）在执行国家重要任务、应对重大突发事件中表现突出的；

（三）在工作中有重大发明创造、技术革新的；

（四）在培养人才、传播先进文化中作出突出贡献的；

（五）有其他突出贡献的。

第二十六条　奖励坚持精神奖励与物质奖励相结合、以精神奖励为主的原则。

第二十七条　奖励分为嘉奖、记功、记大功、授予荣誉称号。

第二十八条　事业单位工作人员有下列行为之一的，给予处分：

（一）损害国家声誉和利益的；

（二）失职渎职的；

（三）利用工作之便谋取不正当利益的；

（四）挥霍、浪费国家资财的；

（五）严重违反职业道德、社会公德的；

（六）其他严重违反纪律的。

第二十九条　处分分为警告、记过、降低岗位等级或者撤职、开除。

受处分的期间为：警告，6个月；记过，12个月；降低岗位等级或者撤职，24个月。

第三十条　给予工作人员处分，应当事实清楚、证据确凿、定性准确、处理恰当、程序合法、手续完备。

第三十一条　工作人员受开除以外的处分，在受处分期间没有再发生违纪行为的，处分期满后，由处分决定单位解除处分并以书面形式通知本人。

第七章　工资福利和社会保险

第三十二条　国家建立激励与约束相结合的事业单位工资制度。

事业单位工作人员工资包括基本工资、绩效工资和津贴补贴。

事业单位工资分配应当结合不同行业事业单位特点，体现岗位职责、工作业绩、实际贡献等因素。

第三十三条 国家建立事业单位工作人员工资的正常增长机制。

事业单位工作人员的工资水平应当与国民经济发展相协调、与社会进步相适应。

第三十四条 事业单位工作人员享受国家规定的福利待遇。

事业单位执行国家规定的工时制度和休假制度。

第三十五条 事业单位及其工作人员依法参加社会保险，工作人员依法享受社会保险待遇。

第三十六条 事业单位工作人员符合国家规定退休条件的，应当退休。

第八章 人事争议处理

第三十七条 事业单位工作人员与所在单位发生人事争议的，依照《中华人民共和国劳动争议调解仲裁法》等有关规定处理。

第三十八条 事业单位工作人员对涉及本人的考核结果、处分决定等不服的，可以按照国家有关规定申请复核、提出申诉。

第三十九条 负有事业单位聘用、考核、奖励、处分、人事争议处理等职责的人员履行职责，有下列情形之一的，应当回避：

（一）与本人有利害关系的；

（二）与本人近亲属有利害关系的；

（三）其他可能影响公正履行职责的。

第四十条 对事业单位人事管理工作中的违法违纪行为，任何单位或者个人可以向事业单位人事综合管理部门、主管部门或者监察机关投诉、举报，有关部门和机关应当及时调查处理。

第九章 法律责任

第四十一条 事业单位违反本条例规定的，由县级以上事业单位人事综合管理部门或者主管部门责令限期改正；逾期不改正的，对直接负责的主管人员和其他直接责任人员依法给予处分。

第四十二条 对事业单位工作人员的人事处理违反本条例规定给当事人造成名誉损害的，应当赔礼道歉、恢复名誉、消除影响；造成经济损失的，依法给予赔偿。

第四十三条 事业单位人事综合管理部门和主管部门的工作人员在事业单位人事管理工作中滥用职权、玩忽职守、徇私舞弊的，依法给予处分；构成犯罪的，依法追究刑事责任。

第十章 附 则

第四十四条 本条例自2014年7月1日起施行。

行政机关公务员处分条例

（2007年4月22日中华人民共和国国务院令第495号公布 自2007年6月1日起施行）

第一章 总 则

第一条 为了严肃行政机关纪律，规范行政机关公务员的行为，保证行政机关及其公务员依法履行职责，根据《中华人民共和国公务员法》和《中华人民共和国行政监察法》，制定本条例。

第二条 行政机关公务员违反法律、法规、规章以及行政机关的决定和命令，应当承担纪律责任的，依照本条例给予处分。

法律、其他行政法规、国务院决定对行政机关公务员处分有规定的，依照该法律、行政法规、国务院决定的规定执行；法律、其他行政法规、国务院决定对行政机关公务员应当受到处分的违法违纪行为做了规定，但是未对处分幅度做规定的，适用本条例第三章与其最相类似的条款有关处分幅度的规定。

地方性法规、部门规章、地方政府规章可以补充规定本条例第三章未作规定的应当给予处分的违法违纪行为以及相应的处分幅度。除国务院监察机关、国务院人事部门外，国务院其他部门制定处分规章，应当与国务院监察机关、国务院人事部门联合制定。

除法律、法规、规章以及国务院决定外，行政机关不得以其他形式设定行政机关公务员处分事项。

第三条 行政机关公务员依法履行职务的行为受法律保护，非因法定事由，非经法定程序，不受处分。

第四条 给予行政机关公务员处分，应当坚持公正、公平和教育与惩处相结合的原则。

给予行政机关公务员处分，应当与其违法违纪行为的性质、情节、危害程度相适应。

给予行政机关公务员处分，应当事实清楚、证据确凿、定性准确、处理恰当、程序合法、手续完备。

第五条 行政机关公务员违法违纪涉嫌犯罪的，应当移送司法机关依法追究刑事责任。

第二章　处分的种类和适用

第六条 行政机关公务员处分的种类为：

（一）警告；

（二）记过；

（三）记大过；

（四）降级；

（五）撤职；

（六）开除。

第七条 行政机关公务员受处分的期间为：

（一）警告，6个月；

（二）记过，12个月；

（三）记大过，18个月；

（四）降级、撤职，24个月。

第八条 行政机关公务员在受处分期间不得晋升职务和级别，其中，受记过、记大过、降级、撤职处分的，不得晋升工资档次；受撤职处分的，应当按照规定降低级别。

第九条 行政机关公务员受开除处分的，自处分决定生效之日起，解除其与单位的人事关系，不得再担任公务员职务。

行政机关公务员受开除以外的处分，在受处分期间有悔改表现，并且没有再发生违法违纪行为的，处分期满后，应当解除处分。解除处分后，晋升工资档次、级别和职务不再受原处分的影响。但是，解除降级、撤职处分的，不视为恢复原级别、原职务。

第十条 行政机关公务员同时有两种以上需要给予处分的行为的，应当分别确定其处分。应当给予的处分种类不同的，执行其中最重的处分；应当给予撤职以下多个相同种类处分的，执行该处分，并在一个处分期以上、多个处分期之和以下，决定处分期。

行政机关公务员在受处分期间受到新的处分的，其处分期为原处分期尚未执行的期限与新处分期限之和。

处分期最长不得超过 48 个月。

第十一条 行政机关公务员 2 人以上共同违法违纪，需要给予处分的，根据各自应当承担的纪律责任，分别给予处分。

第十二条 有下列情形之一的，应当从重处分：

（一）在 2 人以上的共同违法违纪行为中起主要作用的；

（二）隐匿、伪造、销毁证据的；

（三）串供或者阻止他人揭发检举、提供证据材料的；

（四）包庇同案人员的；

（五）法律、法规、规章规定的其他从重情节。

第十三条 有下列情形之一的，应当从轻处分：

（一）主动交代违法违纪行为的；

（二）主动采取措施，有效避免或者挽回损失的；

（三）检举他人重大违法违纪行为，情况属实的。

第十四条 行政机关公务员主动交代违法违纪行为，并主动采取措施有效避免或者挽回损失的，应当减轻处分。

行政机关公务员违纪行为情节轻微，经过批评教育后改正的，可以免予处分。

第十五条 行政机关公务员有本条例第十二条、第十三条规定情形之一的，应当在本条例第三章规定的处分幅度以内从重或者从轻给予处分。

行政机关公务员有本条例第十四条第一款规定情形的，应当在本条例第三章规定的处分幅度以外，减轻一个处分的档次给予处分。应当给予警告处分，又有减轻处分的情形的，免予处分。

第十六条 行政机关经人民法院、监察机关、行政复议机关或者上级行政机关依法认定有行政违法行为或者其他违法违纪行为，需要追究纪律责任的，对负有责任的领导人员和直接责任人员给予处分。

第十七条 违法违纪的行政机关公务员在行政机关对其作出处分决定前，已经依法被判处刑罚、罢免、免职或者已经辞去领导职务，依法应当给予处分的，由行政机关根据其违法违纪事实，给予处分。

行政机关公务员依法被判处刑罚的，给予开除处分。

第三章 违法违纪行为及其适用的处分

第十八条 有下列行为之一的，给予记大过处分；情节较重的，给予降级或者撤职处分；情节严重的，给予开除处分：

（一）散布有损国家声誉的言论，组织或者参加旨在反对国家的集会、游行、示威等活动的；

（二）组织或者参加非法组织，组织或者参加罢工的；

（三）违反国家的民族宗教政策，造成不良后果的；

（四）以暴力、威胁、贿赂、欺骗等手段，破坏选举的；

（五）在对外交往中损害国家荣誉和利益的；

（六）非法出境，或者违反规定滞留境外不归的；

（七）未经批准获取境外永久居留资格，或者取得外国国籍的；

（八）其他违反政治纪律的行为。

有前款第（六）项规定行为的，给予开除处分；有前款第（一）项、第（二）项或者第（三）项规定的行为，属于不明真相被裹挟参加，经批评教育后确有悔改表现的，可以减轻或者免予处分。

第十九条 有下列行为之一的，给予警告、记过或者记大过处分；情节较重的，给予降级或者撤职处分；情节严重的，给予开除处分：

（一）负有领导责任的公务员违反议事规则，个人或者少数人决定重大事项，或者改变集体作出的重大决定的；

（二）拒绝执行上级依法作出的决定、命令的；

（三）拒不执行机关的交流决定的；

（四）拒不执行人民法院对行政案件的判决、裁定或者监察机关、审计机关、行政复议机关作出的决定的；

（五）违反规定应当回避而不回避，影响公正执行公务，造成不良后果的；

（六）离任、辞职或者被辞退时，拒不办理公务交接手续或者拒不接受审计的；

（七）旷工或者因公外出、请假期满无正当理由逾期不归，造成不良影响的；

（八）其他违反组织纪律的行为。

第二十条 有下列行为之一的，给予记过、记大过处分；情节较重的，给予降级或者撤职处分；情节严重的，给予开除处分：

（一）不依法履行职责，致使可以避免的爆炸、火灾、传染病传播流行、严重环境污染、严重人员伤亡等重大事故或者群体性事件发生的；

（二）发生重大事故、灾害、事件或者重大刑事案件、治安案件，不按规定报告、处理的；

（三）对救灾、抢险、防汛、防疫、优抚、扶贫、移民、救济、社会保险、征地补偿等专项款物疏于管理，致使款物被贪污、挪用，或者毁损、灭失的；

（四）其他玩忽职守、贻误工作的行为。

第二十一条 有下列行为之一的，给予警告或者记过处分；情节较重的，给予记大过或者降级处分；情节严重的，给予撤职处分：

（一）在行政许可工作中违反法定权限、条件和程序设定或者实施行政许可的；

（二）违法设定或者实施行政强制措施的；

（三）违法设定或者实施行政处罚的；

（四）违反法律、法规规定进行行政委托的；

（五）对需要政府、政府部门决定的招标投标、征收征用、城市房屋拆迁、拍卖等事项违反规定办理的。

第二十二条 弄虚作假，误导、欺骗领导和公众，造成不良后果的，给予警告、记过或者记大过处分；情节较重的，给予降级或者撤职处分；情节严重的，给予开除处分。

第二十三条 有贪污、索贿、受贿、行贿、介绍贿赂、挪用公款、利用职务之便为自己或者他人谋取私利、巨额财产来源不明等违反廉政纪律行为的，给予记过或者记大过处分；情节较重的，给予降级或者撤职处分；情节严重的，给予开除处分。

第二十四条 违反财经纪律，挥霍浪费国家资财的，给予警告处分；情节较重的，给予记过或者记大过处分；情节严重的，给予降级或者撤职处分。

第二十五条 有下列行为之一的，给予记过或者记大过处分；情节较重的，给予降级或者撤职处分；情节严重的，给予开除处分：

（一）以殴打、体罚、非法拘禁等方式侵犯公民人身权利的；

（二）压制批评，打击报复，扣压、销毁举报信件，或者向被举报人透露举报情况的；

（三）违反规定向公民、法人或者其他组织摊派或者收取财物的；

（四）妨碍执行公务或者违反规定干预执行公务的；

（五）其他滥用职权，侵害公民、法人或者其他组织合法权益的行为。

第二十六条 泄露国家秘密、工作秘密，或者泄露因履行职责掌握的商业秘密、个人隐私，造成不良后果的，给予警告、记过或者记大过处分；情节较重的，给予降级或者撤职处分；情节严重的，给予开除处分。

第二十七条 从事或者参与营利性活动，在企业或者其他营利性组织中兼任职务的，给予记过或者记大过处分；情节较重的，给予降级或者撤职处分；情节严重的，给予开除处分。

第二十八条 严重违反公务员职业道德，工作作风懈怠、工作态度恶劣，造成不良影响的，给予警告、记过或者记大过处分。

第二十九条 有下列行为之一的，给予警告、记过或者记大过处分；情节较重的，给予降级或者撤职处分；情节严重的，给予开除处分：

（一）拒不承担赡养、抚养、扶养义务的；

（二）虐待、遗弃家庭成员的；

（三）包养情人的；

（四）严重违反社会公德的行为。

有前款第（三）项行为的，给予撤职或者开除处分。

第三十条 参与迷信活动，造成不良影响的，给予警告、记过或者记大过处分；组织迷信活动的，给予降级或者撤职处分，情节严重的，给予开除处分。

第三十一条 吸食、注射毒品或者组织、支持、参与卖淫、嫖娼、色情淫乱活动的，给予撤职或者开除处分。

第三十二条 参与赌博的，给予警告或者记过处分；情节较重的，给予记大过或者降级处分；情节严重的，给予撤职或者开除处分。

为赌博活动提供场所或者其他便利条件的，给予警告、记过或者记大过处分；情节严重的，给予撤职或者开除处分。

在工作时间赌博的，给予记过、记大过或者降级处分；屡教不改的，给予撤职或者开除处分。

挪用公款赌博的，给予撤职或者开除处分。

利用赌博索贿、受贿或者行贿的，依照本条例第二十三条的规定给予处分。

第三十三条 违反规定超计划生育的，给予降级或者撤职处分；情节严重的，给予开除处分。

第四章 处分的权限

第三十四条 对行政机关公务员给予处分，由任免机关或者监察机关

（以下统称处分决定机关）按照管理权限决定。

第三十五条 对经全国人民代表大会及其常务委员会决定任命的国务院组成人员给予处分，由国务院决定。其中，拟给予撤职、开除处分的，由国务院向全国人民代表大会提出罢免建议，或者向全国人民代表大会常务委员会提出免职建议。罢免或者免职前，国务院可以决定暂停其履行职务。

第三十六条 对经地方各级人民代表大会及其常务委员会选举或者决定任命的地方各级人民政府领导人员给予处分，由上一级人民政府决定。

拟给予经县级以上地方人民代表大会及其常务委员会选举或者决定任命的县级以上地方人民政府领导人员撤职、开除处分的，应当先由本级人民政府向同级人民代表大会提出罢免建议。其中，拟给予县级以上地方人民政府副职领导人员撤职、开除处分的，也可以向同级人民代表大会常务委员会提出撤销职务的建议。拟给予乡镇人民政府领导人员撤职、开除处分的，应当先由本级人民政府向同级人民代表大会提出罢免建议。罢免或者撤销职务前，上级人民政府可以决定暂停其履行职务；遇有特殊紧急情况，省级以上人民政府认为必要时，也可以对其作出撤职或者开除的处分，同时报告同级人民代表大会常务委员会，并通报下级人民代表大会常务委员会。

第三十七条 对地方各级人民政府工作部门正职领导人员给予处分，由本级人民政府决定。其中，拟给予撤职、开除处分的，由本级人民政府向同级人民代表大会常务委员会提出免职建议。免去职务前，本级人民政府或者上级人民政府可以决定暂停其履行职务。

第三十八条 行政机关公务员违法违纪，已经被立案调查，不宜继续履行职责的，任免机关可以决定暂停其履行职务。

被调查的公务员在违法违纪案件立案调查期间，不得交流、出境、辞去公职或者办理退休手续。

第五章 处分的程序

第三十九条 任免机关对涉嫌违法违纪的行政机关公务员的调查、处理，按照下列程序办理：

（一）经任免机关负责人同意，由任免机关有关部门对需要调查处理的事项进行初步调查；

（二）任免机关有关部门经初步调查认为该公务员涉嫌违法违纪，需要进一步查证的，报任免机关负责人批准后立案；

（三）任免机关有关部门负责对该公务员违法违纪事实做进一步调查，包括收集、查证有关证据材料，听取被调查的公务员所在单位的领导成员、有关工作人员以及所在单位监察机构的意见，向其他有关单位和人员了解情况，并形成书面调查材料，向任免机关负责人报告；

（四）任免机关有关部门将调查认定的事实及拟给予处分的依据告知被调查的公务员本人，听取其陈述和申辩，并对其所提出的事实、理由和证据进行复核，记录在案。被调查的公务员提出的事实、理由和证据成立的，应予采信；

（五）经任免机关领导成员集体讨论，作出对该公务员给予处分、免予处分或者撤销案件的决定；

（六）任免机关应当将处分决定以书面形式通知受处分的公务员本人，并在一定范围内宣布；

（七）任免机关有关部门应当将处分决定归入受处分的公务员本人档案，同时汇集有关材料形成该处分案件的工作档案。

受处分的行政机关公务员处分期满解除处分的程序，参照前款第（五）项、第（六）项和第（七）项的规定办理。

任免机关应当按照管理权限，及时将处分决定或者解除处分决定报公务员主管部门备案。

第四十条 监察机关对违法违纪的行政机关公务员的调查、处理，依照《中华人民共和国行政监察法》规定的程序办理。

第四十一条 对行政机关公务员违法违纪案件进行调查，应当由 2 名以上办案人员进行；接受调查的单位和个人应当如实提供情况。

严禁以暴力、威胁、引诱、欺骗等非法方式收集证据；非法收集的证据不得作为定案的依据。

第四十二条 参与行政机关公务员违法违纪案件调查、处理的人员有下列情形之一的，应当提出回避申请；被调查的公务员以及与案件有利害关系的公民、法人或者其他组织有权要求其回避：

（一）与被调查的公务员是近亲属关系的；

（二）与被调查的案件有利害关系的；

（三）与被调查的公务员有其他关系，可能影响案件公正处理的。

第四十三条 处分决定机关负责人的回避，由处分决定机关的上一级行政机关负责人决定；其他违法违纪案件调查、处理人员的回避，由处分决定机关负责人决定。

处分决定机关或者处分决定机关的上一级行政机关，发现违法违纪案件调查、处理人员有应当回避的情形，可以直接决定该人员回避。

第四十四条 给予行政机关公务员处分，应当自批准立案之日起 6 个月内作出决定；案情复杂或者遇有其他特殊情形的，办案期限可以延长，但是最长不得超过 12 个月。

第四十五条 处分决定应当包括下列内容：

（一）被处分人员的姓名、职务、级别、工作单位等基本情况；

（二）经查证的违法违纪事实；

（三）处分的种类和依据；

（四）不服处分决定的申诉途径和期限；

（五）处分决定机关的名称、印章和作出决定的日期。

解除处分决定除包括前款第（一）项、第（二）项和第（五）项规定的内容外，还应当包括原处分的种类和解除处分的依据，以及受处分的行政机关公务员在受处分期间的表现情况。

第四十六条 处分决定、解除处分决定自作出之日起生效。

第四十七条 行政机关公务员受到开除处分后，有新工作单位的，其本人档案转由新工作单位管理；没有新工作单位的，其本人档案转由其户籍所在地人事部门所属的人才服务机构管理。

第六章 不服处分的申诉

第四十八条 受到处分的行政机关公务员对处分决定不服的，依照《中华人民共和国公务员法》和《中华人民共和国行政监察法》的有关规定，可以申请复核或者申诉。

复核、申诉期间不停止处分的执行。

行政机关公务员不因提出复核、申诉而被加重处分。

第四十九条 有下列情形之一的，受理公务员复核、申诉的机关应当撤销处分决定，重新作出决定或者责令原处分决定机关重新作出决定：

（一）处分所依据的违法违纪事实证据不足的；

（二）违反法定程序，影响案件公正处理的；

（三）作出处分决定超越职权或者滥用职权的。

第五十条 有下列情形之一的，受理公务员复核、申诉的机关应当变更处分决定，或者责令原处分决定机关变更处分决定：

（一）适用法律、法规、规章或者国务院决定错误的；

（二）对违法违纪行为的情节认定有误的；

（三）处分不当的。

第五十一条 行政机关公务员的处分决定被变更，需要调整该公务员的职务、级别或者工资档次的，应当按照规定予以调整；行政机关公务员的处分决定被撤销的，应当恢复该公务员的级别、工资档次，按照原职务安排相应的职务，并在适当范围内为其恢复名誉。

被撤销处分或者被减轻处分的行政机关公务员工资福利受到损失的，应当予以补偿。

第七章 附 则

第五十二条 有违法违纪行为应当受到处分的行政机关公务员，在处分决定机关作出处分决定前已经退休的，不再给予处分；但是，依法应当给予降级、撤职、开除处分的，应当按照规定相应降低或者取消其享受的待遇。

第五十三条 行政机关公务员违法违纪取得的财物和用于违法违纪的财物，除依法应当由其他机关没收、追缴或者责令退赔的，由处分决定机关没收、追缴或者责令退赔。违法违纪取得的财物应当退还原所有人或者原持有人的，退还原所有人或者原持有人；属于国家财产以及不应当退还或者无法退还原所有人或者原持有人的，上缴国库。

第五十四条 对法律、法规授权的具有公共事务管理职能的事业单位中经批准参照《中华人民共和国公务员法》管理的工作人员给予处分，参照本条例的有关规定办理。

第五十五条 本条例自2007年6月1日起施行。1988年9月13日国务院发布的《国家行政机关工作人员贪污贿赂行政处分暂行规定》同时废止。

事业单位工作人员处分暂行规定

（2012年8月22日人力资源和社会保障部、监察部令第18号公布　自2012年9月1日起施行）

第一章　总　　则

第一条 为严肃事业单位纪律，规范事业单位工作人员行为，保证事业单位及其工作人员依法履行职责，制定本规定。

第二条 事业单位工作人员违法违纪，应当承担纪律责任的，依照本规定给予处分。

对法律、法规授权的具有公共事务管理职能的事业单位中经批准参照《中华人民共和国公务员法》管理的工作人员给予处分，参照《行政机关公务员处分条例》的有关规定办理。

对行政机关任命的事业单位工作人员，法律、法规授权的具有公共事务管理职能的事业单位中不参照《中华人民共和国公务员法》管理的工作人员，国家行政机关依法委托从事公共事务管理活动的事业单位工作人员给予处分，适用本规定；但监察机关对上述人员违法违纪行为进行调查处理的程序和作出处分决定的权限，以及作为监察对象的事业单位工作人员对处分决定不服向监察机关提出申诉的，依照《中华人民共和国行政监察法》及其实施条例办理。

第三条 给予事业单位工作人员处分，应当坚持公正、公平和教育与惩处相结合的原则。

给予事业单位工作人员处分，应当与其违法违纪行为的性质、情节、危害程度相适应。

给予事业单位工作人员处分，应当事实清楚、证据确凿、定性准确、处理恰当、程序合法、手续完备。

第四条 事业单位工作人员涉嫌犯罪的，应当移送司法机关依法追究刑事责任。

第二章 处分的种类和适用

第五条 处分的种类为：

（一）警告；

（二）记过；

（三）降低岗位等级或者撤职；

（四）开除。

其中，撤职处分适用于行政机关任命的事业单位工作人员。

第六条 受处分的期间为：

（一）警告，6个月；

（二）记过，12个月；

（三）降低岗位等级或者撤职，24个月。

第七条 事业单位工作人员受到警告处分的，在受处分期间，不得聘用到高于现聘岗位等级的岗位；在作出处分决定的当年，年度考核不能确定为优秀等次。

事业单位工作人员受到记过处分的，在受处分期间，不得聘用到高于现聘岗位等级的岗位，年度考核不得确定为合格及以上等次。

事业单位工作人员受到降低岗位等级处分的，自处分决定生效之日起降低一个以上岗位等级聘用，按照事业单位收入分配有关规定确定其工资待遇；在受处分期间，不得聘用到高于受处分后所聘岗位等级的岗位，年度考核不得确定为基本合格及以上等次。

行政机关任命的事业单位工作人员在受处分期间的任命、考核、工资待遇按照干部人事管理权限，参照本条第一款、第二款、第三款规定执行。

事业单位工作人员受到开除处分的，自处分决定生效之日起，终止其与事业单位的人事关系。

第八条 事业单位工作人员受到记过以上处分的，在受处分期间不得参加本专业（技术、技能）领域专业技术职务任职资格或者工勤技能人员技术等级考试（评审）。应当取消专业技术职务任职资格或者职业资格的，按照有关规定办理。

第九条 事业单位工作人员同时有两种以上需要给予处分的行为的，应当分别确定其处分。应当给予的处分种类不同的，执行其中最重的处分；应当给予开除以外多个相同种类处分的，执行该处分，但处分期应当按照一个处分期以上、两个处分期之和以下确定。

事业单位工作人员在受处分期间受到新的处分的，其处分期为原处分期尚未执行的期限与新处分期限之和，但是最长不得超过48个月。

第十条 事业单位工作人员两人以上共同违法违纪，需要给予处分的，按照各自应当承担的责任，分别给予相应的处分。

第十一条 有下列情形之一的，应当从重处分：

（一）在两人以上的共同违法违纪行为中起主要作用的；

（二）隐匿、伪造、销毁证据的；

（三）串供或者阻止他人揭发检举、提供证据材料的；

（四）包庇同案人员的；

（五）法律、法规、规章规定的其他从重情节。

第十二条 有下列情形之一的，应当从轻处分：

（一）主动交代违法违纪行为的；

（二）主动采取措施，有效避免或者挽回损失的；

（三）检举他人重大违法违纪行为，情况属实的。

第十三条 事业单位工作人员主动交代违法违纪行为，并主动采取措施有效避免或者挽回损失的，应当减轻处分或者免予处分。

事业单位工作人员违法违纪行为情节轻微，经过批评教育后改正的，可以免予处分。

第十四条 事业单位工作人员有本规定第十一条、第十二条规定情形之一的，应当在本规定第三章规定的处分幅度以内从重或者从轻给予处分。

事业单位工作人员有本规定第十三条第一款规定情形的，应当在本规定第三章规定的处分幅度以外，减轻一个处分的档次给予处分。应当给予警告处分，又有减轻处分的情形的，免予处分。

第十五条 事业单位有违法违纪行为，应当追究纪律责任的，依法对负有责任的领导人员和直接责任人员给予处分。

第三章 违法违纪行为及其适用的处分

第十六条 有下列行为之一的，给予记过处分；情节较重的，给予降低岗位等级或者撤职处分；情节严重的，给予开除处分：

（一）散布损害国家声誉的言论，组织或者参加旨在损害国家利益的集会、游行、示威等活动的；

（二）组织或者参加非法组织的；

（三）接受境外资助从事损害国家利益或者危害国家安全活动的；

（四）接受损害国家荣誉和利益的境外邀请、奖励，经批评教育拒不改正的；

（五）违反国家民族宗教法规和政策，造成不良后果的；

（六）非法出境、未经批准获取境外永久居留资格或者取得外国国籍的；

（七）携带含有依法禁止内容的书刊、音像制品、电子读物进入国（境）内的；

（八）其他违反政治纪律的行为。

有前款第（一）项至第（三）项规定的行为，但属于不明真相被裹挟参加、经批评教育后确有悔改表现的，可以减轻或者免予处分。

第十七条 有下列行为之一的，给予警告或者记过处分；情节较重的，给予降低岗位等级或者撤职处分；情节严重的，给予开除处分：

（一）在执行国家重要任务、应对公共突发事件中，不服从指挥、调遣或者消极对抗的；

（二）破坏正常工作秩序，给国家或者公共利益造成损失的；

（三）违章指挥、违规操作，致使人民生命财产遭受损失的；

（四）发生重大事故、灾害、事件，擅离职守或者不按规定报告、不采取措施处置或者处置不力的；

（五）在项目评估评审、产品认证、设备检测检验等工作中徇私舞弊，或者违反规定造成不良影响的；

（六）泄露国家秘密的；

（七）泄露因工作掌握的内幕信息，造成不良后果的；

（八）采取不正当手段为本人或者他人谋取岗位，或者在事业单位公开招聘等人事管理工作中有其他违反组织人事纪律行为的；

（九）其他违反工作纪律失职渎职的行为。

有前款第（六）项规定行为的，给予记过以上处分。

第十八条 有下列行为之一的，给予警告或者记过处分；情节较重的，给予降低岗位等级或者撤职处分；情节严重的，给予开除处分：

（一）贪污、索贿、受贿、行贿、介绍贿赂、挪用公款的；

（二）利用工作之便为本人或者他人谋取不正当利益的；

（三）在公务活动或者工作中接受礼金、各种有价证券、支付凭证的；

（四）利用知悉或者掌握的内幕信息谋取利益的；

（五）用公款旅游或者变相用公款旅游的；

（六）违反国家规定，从事、参与营利性活动或者兼任职务领取报酬的；

（七）其他违反廉洁从业纪律的行为。

有前款第（一）项规定行为的，给予记过以上处分。

第十九条 有下列行为之一的，给予警告或者记过处分；情节较重的，给予降低岗位等级或者撤职处分；情节严重的，给予开除处分：

（一）违反国家财政收入上缴有关规定的；

（二）违反规定使用、骗取财政资金或者社会保险基金的；

（三）擅自设定收费项目或者擅自改变收费项目的范围、标准和对象的；

（四）挥霍、浪费国家资财或者造成国有资产流失的；

（五）违反国有资产管理规定，擅自占有、使用、处置国有资产的；

（六）在招标投标和物资采购工作中违反有关规定，造成不良影响或者损失的；

（七）其他违反财经纪律的行为。

第二十条 有下列行为之一的，给予警告或者记过处分；情节较重的，给予降低岗位等级或者撤职处分；情节严重的，给予开除处分：

（一）利用专业技术或者技能实施违法违纪行为的；

（二）有抄袭、剽窃、侵吞他人学术成果，伪造、篡改数据文献，或者捏造事实等学术不端行为的；

（三）利用职业身份进行利诱、威胁或者误导，损害他人合法权益的；

（四）利用权威、地位或者掌控的资源，压制不同观点，限制学术自由，造成重大损失或者不良影响的；

（五）在申报岗位、项目、荣誉等过程中弄虚作假的；

（六）工作态度恶劣，造成不良社会影响的；

（七）其他严重违反职业道德的行为。

有前款第（一）项规定行为的，给予记过以上处分。

第二十一条 有下列行为之一的，给予警告或者记过处分；情节较重的，给予降低岗位等级或者撤职处分；情节严重的，给予开除处分：

（一）制造、传播违法违禁物品及信息的；

（二）组织、参与卖淫、嫖娼等色情活动的；

（三）吸食毒品或者组织、参与赌博活动的；

（四）违反规定超计划生育的；

（五）包养情人的；

（六）有虐待、遗弃家庭成员，或者拒不承担赡养、抚养、扶养义务等的；

（七）其他严重违反公共秩序、社会公德的行为。

有前款第（二）项、第（三）项、第（四）项、第（五）项规定行为的，给予降低岗位等级或者撤职以上处分。

第二十二条 事业单位工作人员被依法判处刑罚的，给予降低岗位等级或者撤职以上处分。其中，被依法判处有期徒刑以上刑罚的，给予开除处分。

行政机关任命的事业单位工作人员，被依法判处刑罚的，给予开除处分。

第四章 处分的权限和程序

第二十三条 对事业单位工作人员的处分，按照以下权限决定：

（一）警告、记过、降低岗位等级或者撤职处分，按照干部人事管理权限，由事业单位或者事业单位主管部门决定。其中，由事业单位决定的，应当报事业单位主管部门备案。

（二）开除处分由事业单位主管部门决定，并报同级事业单位人事综合管理部门备案。

对中央和地方直属事业单位工作人员的处分，按照干部人事管理权限，由本单位或者有关部门决定；其中，由本单位作出开除处分决定的，报同级事业单位人事综合管理部门备案。

第二十四条 对事业单位工作人员的处分，按照以下程序办理：

（一）对事业单位工作人员违法违纪行为初步调查后，需要进一步查证的，应当按照干部人事管理权限，经事业单位负责人批准或者有关部门同意后立案；

（二）对被调查的事业单位工作人员的违法违纪行为作进一步调查，收集、查证有关证据材料，并形成书面调查报告；

（三）将调查认定的事实及拟给予处分的依据告知被调查的事业单位工作人员，听取其陈述和申辩，并对其所提出的事实、理由和证据进行复核，记录在案。被调查的事业单位工作人员提出的事实、理由和证据成立的，应予采信；

（四）按照处分决定权限，作出对该事业单位工作人员给予处分、免予处分或者撤销案件的决定；

（五）处分决定单位印发处分决定；

（六）将处分决定以书面形式通知受处分事业单位工作人员本人和有关单位，并在一定范围内宣布；

（七）将处分决定存入受处分事业单位工作人员的档案。

处分决定自作出之日起生效。

第二十五条 事业单位工作人员涉嫌违法违纪，已经被立案调查，不宜继续履行职责的，可以按照干部人事管理权限，由事业单位或者有关部门暂停其职责。

被调查的事业单位工作人员在违法违纪案件立案调查期间，不得解除聘用合同、出国（境）或者办理退休手续。

第二十六条 对事业单位工作人员违法违纪案件进行调查，应当由两名以上办案人员进行；接受调查的单位和个人应当如实提供情况。

以暴力、威胁、引诱、欺骗等非法方式收集的证据不得作为定案的根据。

第二十七条 参与事业单位工作人员违法违纪案件调查、处理的人员有下列情形之一的，应当提出回避申请；被调查的事业单位工作人员以及与案件有利害关系的公民、法人或者其他组织有权要求其回避：

（一）与被调查的事业单位工作人员有夫妻关系、直系血亲、三代以内旁系血亲关系或者近姻亲关系的；

（二）与被调查的案件有利害关系的；

（三）与被调查的事业单位工作人员有其他关系，可能影响案件公正处理的。

第二十八条 处分决定单位负责人的回避，按照干部人事管理权限决定；其他参与违法违纪案件调查、处理的人员的回避，由处分决定单位负责人决定。

处分决定单位发现参与违法违纪案件调查、处理的人员有应当回避情形的，可以直接决定该人员回避。

第二十九条 给予事业单位工作人员处分，应当自批准立案之日起 6 个月内作出决定；案情复杂或者遇有其他特殊情形的可以延长，但是办案期限最长不得超过 12 个月。

第三十条 处分决定应当包括下列内容：

（一）受处分事业单位工作人员的姓名、工作单位、原所聘岗位（所任职务）名称及等级等基本情况；

（二）经查证的违法违纪事实；

（三）处分的种类、受处分的期间和依据；

（四）不服处分决定的申诉途径和期限；

（五）处分决定单位的名称、印章和作出决定的日期。

第三十一条 事业单位工作人员受到开除处分后，事业单位应当及时办理档案和社会保险关系转移手续，具体办法按照有关规定执行。

第五章　处分的解除

第三十二条　事业单位工作人员受开除以外的处分，在受处分期间有悔改表现，并且没有再出现违法违纪情形的，处分期满，经原处分决定单位批准后解除处分。

事业单位工作人员在受处分期间终止或解除聘用合同的，处分期满后，自然解除处分。受处分事业单位工作人员要求原处分决定单位提供解除处分相关证明的，原处分决定单位应当予以提供。

第三十三条　事业单位工作人员在受处分期间有重大立功表现，按照有关规定给予个人记功以上奖励的，经批准后可以提前解除处分。

第三十四条　事业单位工作人员处分的解除或者提前解除，按照以下程序办理：

（一）按照干部人事管理权限，事业单位或者有关部门对受处分事业单位工作人员在受处分期间的表现情况，进行全面了解，并形成书面报告；

（二）按照处分决定权限，作出解除或者提前解除处分的决定；

（三）印发解除或者提前解除处分的决定；

（四）将解除或者提前解除处分的决定以书面形式通知本人，并在原宣布处分的范围内宣布；

（五）将解除或者提前解除处分的决定存入该工作人员的档案。

解除处分决定自作出之日起生效。

第三十五条　事业单位工作人员处分的解除或者提前解除按照本规定第二十七条、第二十八条的规定执行回避。

第三十六条　解除或者提前解除处分的决定应当包括原处分的种类和解除或者提前解除处分的依据，以及该工作人员在受处分期间的表现情况等内容。

第三十七条　处分解除后，考核、竞聘上岗和晋升工资按照国家有关规定执行，不再受原处分的影响。但是，受到降低岗位等级或者撤职处分的，不视为恢复受处分前的岗位等级和工资待遇。

第三十八条　解除处分的决定应当在处分期满后一个月内作出。

第六章　复核和申诉

第三十九条　受到处分的事业单位工作人员对处分决定不服的，可以自知道或者应当知道该处分决定之日起三十日内向原处分决定单位申请复核。对复核结果不服的，可以自接到复核决定之日起三十日内，按照规定向原处分决定单位的主管部门或者同级事业单位人事综合管理部门提出申诉。

受到处分的中央和地方直属事业单位工作人员的申诉，按照干部人事管理权限，由同级事业单位人事综合管理部门受理。

第四十条　原处分决定单位应当自接到复核申请后的三十日内作出复核决定。受理申诉的单位应当自受理之日起六十日内作出处理决定；案情复杂的，可以适当延长，但是延长期限最多不超过三十日。

复核、申诉期间不停止处分的执行。

事业单位工作人员不因提出复核、申诉而被加重处分。

第四十一条　有下列情形之一的，受理处分复核、申诉的单位应当撤销处分决定，重新作出决定或者责令原处分决定单位重新作出决定：

（一）处分所依据的事实不清、证据不足的；

（二）违反规定程序，影响案件公正处理的；

（三）超越职权或者滥用职权作出处分决定的。

第四十二条　有下列情形之一的，受理复核、申诉的单位应当变更处分决定或者责令原处分决定单位变更处分决定：

（一）适用法律、法规、规章错误的；

（二）对违法违纪行为的情节认定有误的；

（三）处分不当的。

第四十三条　事业单位工作人员的处分决定被变更，需要调整该工作人员的岗位等级或者工资待遇的，应当按照规定予以调整；事业单位工作人员的处分决定被撤销的，应当恢复该工作人员的岗位等级、工资待遇，按照原岗位等级安排相应的岗位，并在适当范围内为其恢复名誉。

被撤销处分或者被减轻处分的事业单位工作人员工资待遇受到损失的，应当予以补偿。

第七章 附 则

第四十四条 已经退休的事业单位工作人员有违法违纪行为应当受到处分的，不再作出处分决定。但是，应当给予降低岗位等级或者撤职以上处分的，相应降低或者取消其享受的待遇。

第四十五条 对事业单位工作人员处分工作中有滥用职权、玩忽职守、徇私舞弊、收受贿赂等违法违纪行为的工作人员，按照有关规定给予处分；涉嫌犯罪的，移送司法机关依法追究刑事责任。

第四十六条 对机关工勤人员给予处分，参照本规定执行。

第四十七条 教育、医疗卫生、科技、体育等部门，可以依据本规定，结合自身工作的实际情况，与国务院人力资源社会保障部门和国务院监察机关联合制定具体办法。

第四十八条 本规定自2012年9月1日起施行。

中小学教师违反职业道德行为处理办法

（2018年11月8日 教师〔2018〕18号）

第一条 为规范教师职业行为，保障教师、学生的合法权益，根据《中华人民共和国教育法》《中华人民共和国未成年人保护法》《中华人民共和国教师法》《教师资格条例》和《新时代中小学教师职业行为十项准则》等法律法规和制度规范，制定本办法。

第二条 本办法所称中小学教师是指普通中小学、中等职业学校（含技工学校）、特殊教育机构、少年宫以及地方教研室、电化教育等机构的教师。

前款所称中小学教师包括民办学校教师。

第三条 本办法所称处理包括处分和其他处理。处分包括警告、记过、降低岗位等级或撤职、开除。警告期限为6个月，记过期限为12个月，降低岗位等级或撤职期限为24个月。是中共党员的，同时给予党纪处分。

其他处理包括给予批评教育、诫勉谈话、责令检查、通报批评，以及取消在评奖评优、职务晋升、职称评定、岗位聘用、工资晋级、申报人才计划等方面的资格。取消相关资格的处理执行期限不得少于24个月。

教师涉嫌违法犯罪的，及时移送司法机关依法处理。

第四条 应予处理的教师违反职业道德行为如下：

（一）在教育教学活动中及其他场合有损害党中央权威、违背党的路线方针政策的言行。

（二）损害国家利益、社会公共利益，或违背社会公序良俗。

（三）通过课堂、论坛、讲座、信息网络及其他渠道发表、转发错误观点，或编造散布虚假信息、不良信息。

（四）违反教学纪律，敷衍教学，或擅自从事影响教育教学本职工作的兼职兼薪行为。

（五）歧视、侮辱学生，虐待、伤害学生。

（六）在教育教学活动中遇突发事件、面临危险时，不顾学生安危，擅离职守，自行逃离。

（七）与学生发生不正当关系，有任何形式的猥亵、性骚扰行为。

（八）在招生、考试、推优、保送及绩效考核、岗位聘用、职称评聘、评优评奖等工作中徇私舞弊、弄虚作假。

（九）索要、收受学生及家长财物或参加由学生及家长付费的宴请、旅游、娱乐休闲等活动，向学生推销图书报刊、教辅材料、社会保险或利用家长资源谋取私利。

（十）组织、参与有偿补课，或为校外培训机构和他人介绍生源、提供相关信息。

（十一）其他违反职业道德的行为。

第五条 学校及学校主管教育部门发现教师存在违反第四条列举行为的，应当及时组织调查核实，视情节轻重给予相应处理。作出处理决定前，应当听取教师的陈述和申辩，听取学生、其他教师、家长委员会或者家长代表意见，并告知教师有要求举行听证的权利。对于拟给予降低岗位等级以上的处分，教师要求听证的，拟作出处理决定的部门应当组织听证。

第六条 给予教师处理，应当坚持公平公正、教育与惩处相结合的原则；应当与其违反职业道德行为的性质、情节、危害程度相适应；应当事实清楚、证据确凿、定性准确、处理恰当、程序合法、手续完备。

第七条 给予教师处理按照以下权限决定：

（一）警告和记过处分，公办学校教师由所在学校提出建议，学校主管教育部门决定。民办学校教师由所在学校决定，报主管教育部门备案。

（二）降低岗位等级或撤职处分，由教师所在学校提出建议，学校主管教育部门决定并报同级人事部门备案。

（三）开除处分，公办学校教师由所在学校提出建议，学校主管教育部门决定并报同级人事部门备案。民办学校教师或者未纳入人事编制管理的教师由所在学校决定并解除其聘任合同，报主管教育部门备案。

（四）给予批评教育、诫勉谈话、责令检查、通报批评，以及取消在评奖评优、职务晋升、职称评定、岗位聘用、工资晋级、申报人才计划等方面资格的其他处理，按照管理权限，由教师所在学校或主管部门视其情节轻重作出决定。

第八条 处理决定应当书面通知教师本人并载明认定的事实、理由、依据、期限及申诉途径等内容。

第九条 教师不服处理决定的，可以向学校主管教育部门申请复核。对复核结果不服的，可以向学校主管教育部门的上一级行政部门提出申诉。

对教师的处理，在期满后根据悔改表现予以延期或解除，处理决定和处理解除决定都应完整存入人事档案及教师管理信息系统。

第十条 教师受到处分的，符合《教师资格条例》第十九条规定的，由县级以上教育行政部门依法撤销其教师资格。

教师受处分期间暂缓教师资格定期注册。依据《中华人民共和国教师法》第十四条规定丧失教师资格的，不能重新取得教师资格。

教师受记过以上处分期间不能参加专业技术职务任职资格评审。

第十一条 教师被依法判处刑罚的，依据《事业单位工作人员处分暂行规定》给予降低岗位等级或者撤职以上处分。其中，被依法判处有期徒刑以上刑罚的，给予开除处分。教师受到剥夺政治权利或者故意犯罪受到有期徒刑以上刑事处罚的，丧失教师资格。

第十二条 学校及主管教育部门不履行或不正确履行师德师风建设管理职责，有下列情形的，上一级行政部门应当视情节轻重采取约谈、诫勉谈话、通报批评、纪律处分和组织处理等方式严肃追究主要负责人、分管负责人和直接责任人的责任：

（一）师德师风长效机制建设、日常教育督导不到位；

（二）师德失范问题排查发现不及时；

（三）对已发现的师德失范行为处置不力、方式不当或拒不处分、拖延处分、推诿隐瞒的；

（四）已作出的师德失范行为处理决定落实不到位，师德失范行为整改不彻底；

（五）多次出现师德失范问题或因师德失范行为引起不良社会影响；

（六）其他应当问责的失职失责情形。

第十三条 省级教育行政部门应当结合当地实际情况制定实施细则，并报国务院教育行政部门备案。

第十四条 本办法自发布之日起施行。

关于骗购外汇、非法套汇、逃汇、非法买卖外汇等违反外汇管理规定行为的行政处分或者纪律处分暂行规定

（1998年12月16日国务院批准　1999年1月25日监察部、人事部、中国人民银行、海关总署、国家外汇管理局令第7号发布　根据2011年1月8日《国务院关于废止和修改部分行政法规的决定》修订）

第一条 为了维护国家外汇管理秩序，惩处违反外汇管理规定的行为，防范金融风险，制定本规定。

第二条 本规定适用于国家公务员以及经批准经营外汇业务的金融机

构、国有外经贸企业的工作人员。

本规定所称经批准经营外汇业务的金融机构，是指经批准经营外汇业务的中资银行、非银行金融机构及其分支机构。

本规定所称国有外经贸企业，是指国有外贸公司、自营进出口的国有生产企业、有进出口经营权的国有企业和国有资产占控股地位或者主导地位的企业。

第三条 有本规定所列违反外汇管理规定的行为的，除依法给予行政处罚外，对有关责任人员依照本规定给予行政处分或者纪律处分；构成犯罪的，依法追究刑事责任。

第四条 经批准经营外汇业务的金融机构、国有外经贸企业的工作人员，有下列骗购外汇行为之一，数额不满 10 万美元的，给予留用察看处分；数额在 10 万美元以上的，给予开除处分。

（一）伪造、变造海关报关单、进口证明、外汇管理部门核准件等凭证和单据的；

（二）使用、买卖伪造、变造的海关报关单、进口证明、外汇管理部门核准件等凭证和单据的；

（三）重复使用海关报关单、进口证明、外汇管理部门核准件等凭证和单据的；

（四）明知用于骗购外汇而提供人民币资金或者其他服务的；

（五）以其他方式骗购外汇的。

单位有前款行为之一的，对负有直接责任的主管人员和其他直接责任人员，依照前款规定给予纪律处分。

第五条 经批准经营外汇业务的金融机构、国有外经贸企业的工作人员，有下列非法套汇行为之一，数额不满 10 万美元的，给予警告、记过或者记大过处分；数额在 10 万美元以上不满 100 万美元的，给予降级或者撤职处分；数额在 100 万美元以上的，给予留用察看或者开除处分。

（一）违反国家规定，以人民币支付或者以实物偿付应当以外汇支付的进口货款或者其他类似支出的，但是合法的易货贸易除外；

（二）以人民币为他人支付在境内的费用，而由对方给付外汇的；

（三）明知用于非法套汇而提供人民币资金或者其他服务的；

（四）以其他方式非法套汇的。

单位有前款行为之一的，对负有直接责任的主管人员和其他直接责任人员，依照前款规定给予纪律处分。

第六条 经批准经营外汇业务的金融机构、国有外经贸企业的工作人员，有下列逃汇行为之一，数额不满 10 万美元的，给予撤职处分；数额在 10 万美元以上不满 100 万美元的，给予留用察看处分；数额在 100 万美元以上的，给予开除处分。

（一）违反国家规定，擅自将外汇存放在境外的；

（二）不按照国家规定将外汇卖给外汇指定银行的；

（三）违反国家规定将外汇汇出或者携带出境的；

（四）未经外汇管理部门批准，擅自将外币存款凭证、外币有价证券携带或者邮寄出境的；

（五）明知用于逃汇而提供人民币资金或者其他服务的；

（六）以其他方式逃汇的。

单位有前款行为之一的，对负有直接责任的主管人员和其他直接责任人员，依照前款规定给予纪律处分。

第七条 经批准经营外汇业务的金融机构、国有外经贸企业的工作人员，以营利为目的，在国家规定的交易场所以外非法买卖外汇，数额不满 5 万美元或者违法所得不满 1 万元人民币的，给予撤职处分；数额在 5 万美元以上不满 10 万美元或者违法所得在 1 万元人民币以上不满 3 万元人民币的，给予留用察看处分；数额在 10 万美元以上或者违法所得在 3 万元人民币以上的，给予开除处分。

单位有前款所列行为的，对负有直接责任的主管人员和其他直接责任人员，依照前款规定给予纪律处分。

第八条 国有外经贸企业在代理进口业务中，因过失导致他人骗购外汇或者非法套汇，对负有直接责任的主管人员和其他直接责任人员给予纪律处分，数额不满 10 万美元的，给予警告、记过或者记大过处分；数额在 10 万美元以上不满 100 万美元的，给予降级或者撤职处分；数额在 100 万美元以上的，给予留用察看或者开除处分。

第九条 经批准经营外汇业务的金融机构在办理结汇、售汇、付汇和开户业务中，因过失导致他人骗购外汇、非法套汇或者逃汇，对负有直接责任的主管人员和其他直接责任人员给予纪律处分，数额不满10万美元的，给予警告、记过或者记大过处分；数额在10万美元以上不满100万美元的，给予降级或者撤职处分；数额在100万美元以上的，给予留用察看或者开除处分。

第十条 国家公务员有本规定所列骗购外汇、非法套汇、逃汇或者非法买卖外汇等违反外汇管理规定行为之一的，给予降级、撤职或者开除处分。

第十一条 海关、外汇管理等部门的国家公务员与骗购外汇、非法套汇、逃汇或者非法买卖外汇的行为人通谋，为其提供便利，或者明知是伪造、变造的凭证和单据而为其提供服务，或者有其他滥用职权、徇私舞弊行为造成他人骗购外汇、非法套汇或者逃汇后果的，给予开除处分。

海关、外汇管理等部门的国家公务员，玩忽职守，造成他人骗购外汇、非法套汇或者逃汇的，给予降级或者撤职处分；情节严重的，给予开除处分。

第十二条 对本单位发生的违反外汇管理规定行为不制止、不查处，情节较重的，对负有直接责任的主管人员给予警告、记过或者记大过处分；情节严重的，给予降级或者撤职处分。

第十三条 国家公务员利用职权，包庇违反外汇管理规定行为，或者有其他妨碍外汇管理执法监督、检查行为的，给予撤职或者开除处分。

经批准经营外汇业务的金融机构、国有外经贸企业的工作人员有前款行为的，给予留用察看或者开除处分。

单位有本条第一款所列行为的，对负有直接责任的主管人员和其他直接责任人员，分别依照前两款规定给予行政处分或者纪律处分。

第十四条 主动交代违反外汇管理规定行为，并退出外汇和违法所得，或者主动采取措施避免损失，或者有立功表现的，可以从轻、减轻或者免予行政处分或者纪律处分。

隐瞒事实真相，或者弄虚作假，出具伪证，或者隐匿、毁灭证据，或者拒绝提供有关文件、资料和证明材料的，应当从重或者加重行政处分或者纪律处分。

第十五条 自营进出口的国有事业单位及其工作人员有本规定所列违反外汇管理规定行为的，参照本规定执行。

第十六条 本规定自发布之日起施行。1996年4月1日《中华人民共和国外汇管理条例》施行后、本规定施行前发生的违反外汇管理规定的行为，尚未处理的，适用本规定。

违反土地管理规定行为处分办法

（2008年5月9日监察部、人力资源和社会保障部、国土资源部令第15号公布　自2008年6月1日起施行）

第一条 为了加强土地管理，惩处违反土地管理规定的行为，根据《中华人民共和国土地管理法》、《中华人民共和国行政监察法》、《中华人民共和国公务员法》、《行政机关公务员处分条例》及其他有关法律、行政法规，制定本办法。

第二条 有违反土地管理规定行为的单位，其负有责任的领导人员和直接责任人员，以及有违反土地管理规定行为的个人，应当承担纪律责任，属于下列人员的（以下统称有关责任人员），由任免机关或者监察机关按照管理权限依法给予处分：

（一）行政机关公务员；

（二）法律、法规授权的具有公共事务管理职能的事业单位中经批准参照《中华人民共和国公务员法》管理的工作人员；

（三）行政机关依法委托的组织中除工勤人员以外的工作人员；

（四）企业、事业单位中由行政机关任命的人员。

法律、行政法规、国务院决定和国务院监察机关、国务院人力资源和社会保障部门制定的处分规章对违反土地管理规定行为的处分另有规定的，从其规定。

第三条 有下列行为之一的，对县级以上地方人民政府主要领导人员和其他负有责任的领导人员，给予警告或者记过处分；情节较重的，给予记大过或者降级处分；情节严重的，给予撤职处分：

（一）土地管理秩序混乱，致使一年度内本行政区域违法占用耕地面积占新增建设用地占用耕地总面积的比例达到15%以上或者虽然未达到15%，但造成恶劣影响或者其他严重后果的；

（二）发生土地违法案件造成严重后果的；

（三）对违反土地管理规定行为不制止、不组织查处的；

（四）对违反土地管理规定行为隐瞒不报、压案不查的。

第四条 行政机关在土地审批和供应过程中不执行或者违反国家土地调控政策，有下列行为之一的，对有关责任人员，给予记大过处分；情节较重的，给予降级或者撤职处分；情节严重的，给予开除处分：

（一）对国务院明确要求暂停土地审批仍不停止审批的；

（二）对国务院明确禁止供地的项目提供建设用地的。

第五条 行政机关及其公务员违反土地管理规定，滥用职权，非法批准征收、占用土地的，对有关责任人员，给予记过或者记大过处分；情节较重的，给予降级或者撤职处分；情节严重的，给予开除处分。

有前款规定行为，且有徇私舞弊情节的，从重处分。

第六条 行政机关及其公务员有下列行为之一的，对有关责任人员，给予记过或者记大过处分；情节较重的，给予降级或者撤职处分；情节严重的，给予开除处分：

（ ）不按照土地利用总体规划确定的用途批准用地的，

（二）通过调整土地利用总体规划，擅自改变基本农田位置，规避建设占用基本农田由国务院审批规定的；

（三）没有土地利用计划指标擅自批准用地的；

（四）没有新增建设占用农用地计划指标擅自批准农用地转用的；

（五）批准以“以租代征”等方式擅自占用农用地进行非农业建设的。

第七条 行政机关及其公务员有下列行为之一的，对有关责任人员，给予警告或者记过处分；情节较重的，给予记大过或者降级处分；情节严重的，给予撤职处分：

（一）违反法定条件，进行土地登记、颁发或者更换土地证书的；

（二）明知建设项目用地涉嫌违反土地管理规定，尚未依法处理，仍为其办理用地审批、颁发土地证书的；

（三）在未按照国家规定的标准足额收缴新增建设用地土地有偿使用费前，下发用地批准文件的；

（四）对符合规定的建设用地申请或者土地登记申请，无正当理由不予受理或者超过规定期限未予办理的；

（五）违反法定程序批准征收、占用土地的。

第八条　行政机关及其公务员违反土地管理规定，滥用职权，非法低价或者无偿出让国有建设用地使用权的，对有关责任人员，给予记过或者记大过处分；情节较重的，给予降级或者撤职处分；情节严重的，给予开除处分。

有前款规定行为，且有徇私舞弊情节的，从重处分。

第九条　行政机关及其公务员在国有建设用地使用权出让中，有下列行为之一的，对有关责任人员，给予警告或者记过处分；情节较重的，给予记大过或者降级处分；情节严重的，给予撤职处分：

（一）应当采取出让方式而采用划拨方式或者应当招标拍卖挂牌出让而协议出让国有建设用地使用权的；

（二）在国有建设用地使用权招标拍卖挂牌出让中，采取与投标人、竞买人恶意串通，故意设置不合理的条件限制或者排斥潜在的投标人、竞买人等方式，操纵中标人、竞得人的确定或者出让结果的；

（三）违反规定减免或者变相减免国有建设用地使用权出让金的；

（四）国有建设用地使用权出让合同签订后，擅自批准调整土地用途、容积率等土地使用条件的；

（五）其他违反规定出让国有建设用地使用权的行为。

第十条　未经批准或者采取欺骗手段骗取批准，非法占用土地的，对有关责任人员，给予警告、记过或者记大过处分；情节较重的，给予降级或者撤职处分；情节严重的，给予开除处分。

第十一条 买卖或者以其他形式非法转让土地的，对有关责任人员，给予警告、记过或者记大过处分；情节较重的，给予降级或者撤职处分；情节严重的，给予开除处分。

第十二条 行政机关侵占、截留、挪用被征收土地单位的征地补偿费用和其他有关费用的，对有关责任人员，给予记大过处分；情节较重的，给予降级或者撤职处分；情节严重的，给予开除处分。

第十三条 行政机关在征收土地过程中，有下列行为之一的，对有关责任人员，给予警告或者记过处分；情节较重的，给予记大过或者降级处分；情节严重的，给予撤职处分：

（一）批准低于法定标准的征地补偿方案的；

（二）未按规定落实社会保障费用而批准征地的；

（三）未按期足额支付征地补偿费用的。

第十四条 县级以上地方人民政府未按期缴纳新增建设用地土地有偿使用费的，责令限期缴纳；逾期仍不缴纳的，对有关责任人员，给予记大过处分；情节较重的，给予降级或者撤职处分；情节严重的，给予开除处分。

第十五条 行政机关及其公务员在办理农用地转用或者土地征收申报、报批等过程中，有谎报、瞒报用地位置、地类、面积等弄虚作假行为，造成不良后果的，对有关责任人员，给予记过或者记大过处分；情节较重的，给予降级或者撤职处分；情节严重的，给予开除处分。

第十六条 国土资源行政主管部门及其工作人员有下列行为之一的，对有关责任人员，给予记过或者记大过处分；情节较重的，给予降级或者撤职处分；情节严重的，给予开除处分：

（一）对违反土地管理规定行为按规定应报告而不报告的；

（二）对违反土地管理规定行为不制止、不依法查处的；

（三）在土地供应过程中，因严重不负责任，致使国家利益遭受损失的。

第十七条 有下列情形之一的，应当从重处分：

（一）致使土地遭受严重破坏的；

（二）造成财产严重损失的；

（三）影响群众生产、生活，造成恶劣影响或者其他严重后果的。

第十八条 有下列情形之一的，应当从轻处分：

（一）主动交代违反土地管理规定行为的；

（二）保持或者恢复土地原貌的；

（三）主动纠正违反土地管理规定行为，积极落实有关部门整改意见的；

（四）主动退还违法违纪所得或者侵占、挪用的征地补偿安置费等有关费用的；

（五）检举他人重大违反土地管理规定行为，经查证属实的。

主动交代违反土地管理规定行为，并主动采取措施有效避免或者挽回损失的，应当减轻处分。

第十九条 任免机关、监察机关和国土资源行政主管部门建立案件移送制度。

任免机关、监察机关查处的土地违法违纪案件，依法应当由国土资源行政主管部门给予行政处罚的，应当将有关案件材料移送国土资源行政主管部门。国土资源行政主管部门应当依法及时查处，并将处理结果书面告知任免机关、监察机关。

国土资源行政主管部门查处的土地违法案件，依法应当给予处分，且本部门无权处理的，应当在作出行政处罚决定或者其他处理决定后 10 日内将有关案件材料移送任免机关或者监察机关。任免机关或者监察机关应当依法及时查处，并将处理结果书面告知国土资源行政主管部门。

第二十条 任免机关、监察机关和国土资源行政主管部门移送案件时要做到事实清楚、证据齐全、程序合法、手续完备。

移送的案件材料应当包括以下内容：

（一）本单位有关领导或者主管单位同意移送的意见；

（二）案件的来源及立案材料；

（三）案件调查报告；

（四）有关证据材料；

（五）其他需要移送的材料。

第二十一条 任免机关、监察机关或者国土资源行政主管部门应当移送而不移送案件的，由其上一级机关责令其移送。

第二十二条 有违反土地管理规定行为，应当给予党纪处分的，移送党的纪律检查机关处理；涉嫌犯罪的，移送司法机关依法追究刑事责任。

第二十三条 本办法由监察部、人力资源和社会保障部、国土资源部负责解释。

第二十四条 本办法自2008年6月1日起施行。

城乡规划违法违纪行为处分办法

（2012年12月3日监察部、人力资源和社会保障部、住房和城乡建设部令第29号公布 根据2016年1月18日监察部、人力资源和社会保障部、住房和城乡建设部《关于修改〈城乡规划违法违纪行为处分办法〉的决定》修订）

第一条 为了加强城乡规划管理，惩处城乡规划违法违纪行为，根据《中华人民共和国城乡规划法》、《中华人民共和国行政监察法》、《中华人民共和国公务员法》、《行政机关公务员处分条例》及其他有关法律、行政法规，制定本办法。

第二条 有城乡规划违法违纪行为的单位中负有责任的领导人员和直接责任人员，以及有城乡规划违法违纪行为的个人，应当承担纪律责任。属于下列人员的（以下统称有关责任人员），由任免机关或者监察机关按照管理权限依法给予处分：

（一）行政机关公务员；

（二）法律、法规授权的具有公共事务管理职能的组织中从事公务的人员；

（三）国家行政机关依法委托从事公共事务管理活动的组织中从事公务的人员；

（四）企业、人民团体中由行政机关任命的人员。

事业单位工作人员有本办法规定的城乡规划违法违纪行为的，依照《事业单位工作人员处分暂行规定》执行。

法律、行政法规、国务院决定及国务院监察机关、国务院人力资源社会保障部门制定的处分规章对城乡规划违法违纪行为的处分另有规定的，从其规定。

第三条 地方人民政府有下列行为之一的，对有关责任人员给予记过或者记大过处分；情节较重的，给予降级或者撤职处分；情节严重的，给予开除处分：

（一）依法应当编制城乡规划而未组织编制的；

（二）未按法定程序编制、审批、修改城乡规划的。

第四条 地方人民政府有下列行为之一的，对有关责任人员给予警告、记过或者记大过处分；情节较重的，给予降级或者撤职处分；情节严重的，给予开除处分：

（一）制定或者作出与城乡规划法律、法规、规章和国家有关文件相抵触的规定或者决定，造成不良后果或者经上级机关、有关部门指出仍不改正的；

（二）在城市总体规划、镇总体规划确定的建设用地范围以外设立各类开发区和城市新区的；

（三）违反风景名胜区规划，在风景名胜区内设立各类开发区的；

（四）违反规定以会议或者集体讨论决定方式要求城乡规划主管部门对不符合城乡规划的建设项目发放规划许可的。

第五条 地方人民政府及城乡规划主管部门委托不具有相应资质等级的单位编制城乡规划的，对有关责任人员给予警告或者记过处分；情节较重的，给予记大过或者降级处分；情节严重的，给予撤职处分。

第六条 地方人民政府及其有关主管部门工作人员，利用职权或者职务上的便利，为自己或者他人谋取私利，有下列行为之一的，给予记过或者记大过处分；情节较重的，给予降级或者撤职处分；情节严重的，给予开除处分：

（一）违反法定程序干预控制性详细规划的编制和修改，或者擅自修改控制性详细规划的；

（二）违反规定调整土地用途、容积率等规划条件核发规划许可，或者擅自改变规划许可内容的；

（三）违反规定对违法建设降低标准进行处罚，或者对应当依法拆除的违法建设不予拆除的。

第七条 乡、镇人民政府或者地方人民政府承担城乡规划监督检查职能的部门及其工作人员有下列行为之一的，对有关责任人员给予记过或者记大过处分；情节较重的，给予降级或者撤职处分；情节严重的，给予开除处分：

（一）发现未依法取得规划许可或者违反规划许可的规定在规划区内进行建设的行为不予查处，或者接到举报后不依法处理的；

（二）在规划管理过程中，因严重不负责任致使国家利益遭受损失的。

第八条 地方人民政府城乡规划主管部门及其工作人员在国有建设用地使用权出让合同签订后，违反规定调整土地用途、容积率等规划条件的，对有关责任人员给予警告或者记过处分；情节较重的，给予记大过或者降级处分；情节严重的，给予撤职处分。

第九条 地方人民政府城乡规划主管部门及其工作人员有下列行为之一的，对有关责任人员给予警告处分；情节较重的，给予记过或者记大过处分；情节严重的，给予降级处分：

（一）未依法对经审定的修建性详细规划、建设工程设计方案总平面图予以公布的；

（二）未征求规划地段内利害关系人意见，同意修改修建性详细规划、建设工程设计方案总平面图的。

第十条 县级以上地方人民政府城乡规划主管部门及其工作人员或者由省、自治区、直辖市人民政府确定的镇人民政府及其工作人员有下列行为之一的，对有关责任人员给予警告或者记过处分；情节较重的，给予记大过或者降级处分；情节严重的，给予撤职处分：

（一）违反规划条件核发建设用地规划许可证、建设工程规划许可证的；

（二）超越职权或者对不符合法定条件的申请人核发选址意见书、建设用地规划许可证、建设工程规划许可证、乡村建设规划许可证的；

（三）对符合法定条件的申请人不予核发或者未在法定期限内核发选址

意见书、建设用地规划许可证、建设工程规划许可证、乡村建设规划许可证的；

（四）违反规划批准在历史文化街区、名镇、名村核心保护范围内进行新建、扩建活动或者违反规定批准对历史建筑进行迁移、拆除的；

（五）违反基础设施用地的控制界限（黄线）、各类绿地范围的控制线（绿线）、历史文化街区和历史建筑的保护范围界限（紫线）、地表水体保护和控制的地域界限（蓝线）等城乡规划强制性内容的规定核发规划许可的。

第十一条 县人民政府城乡规划主管部门未依法组织编制或者未按照县人民政府所在地镇总体规划的要求编制县人民政府所在地镇的控制性详细规划的，对有关责任人员给予记过或者记大过处分；情节较重的，给予降级或者撤职处分；情节严重的，给予开除处分。

第十二条 城市人民政府城乡规划主管部门未依法组织编制或者未按照城市总体规划的要求编制城市的控制性详细规划的，对有关责任人员给予记过或者记大过处分；情节较重的，给予降级或者撤职处分；情节严重的，给予开除处分。

第十三条 县级以上人民政府有关部门及其工作人员有下列行为之一的，对有关责任人员给予警告或者记过处分；情节较重的，给予记大过或者降级处分；情节严重的，给予撤职处分：

（一）对未依法取得选址意见书的建设项目核发建设项目批准文件的；

（二）未依法在国有土地使用权出让合同中确定规划条件或者改变国有土地使用权出让合同中依法确定的规划条件的；

（三）对未依法取得建设用地规划许可证的建设单位划拨国有土地使用权的；

（四）对未在乡、村庄规划区建设用地范围内取得乡村建设规划许可证的建设单位或者个人办理用地审批手续，造成不良影响的。

第十四条 县级以上地方人民政府及其有关主管部门违反风景名胜区规划，批准在风景名胜区的核心景区内建设宾馆、培训中心、招待所、疗养院以及别墅、住宅等与风景名胜资源保护无关的其他建筑物的，对有关责任人员给予降级或者撤职处分。

第十五条 在国家级风景名胜区内修建缆车、索道等重大建设工程，项目的选址方案未经省级人民政府住房城乡建设主管部门或者直辖市风景名胜区主管部门核准，县级以上地方人民政府有关主管部门擅自核发选址意见书的，对有关责任人员给予警告或者记过处分；情节较重的，给予记大过或者降级处分；情节严重的，给予撤职处分。

第十六条 建设单位及其工作人员有下列行为之一的，对有关责任人员给予警告、记过或者记大过处分；情节较重的，给予降级或者撤职处分；情节严重的，给予开除处分：

（一）未依法取得建设项目规划许可，擅自开工建设的；

（二）未经城乡规划主管部门许可，擅自改变规划条件、设计方案，或者不按照规划要求配建公共设施及配套工程的；

（三）以伪造、欺骗等非法手段获取建设项目规划许可手续的；

（四）未经批准或者未按照批准内容进行临时建设，或者临时建筑物、构筑物超过批准期限不拆除的；

（五）违反历史文化名城、名镇、名村保护规划在历史文化街区、名镇、名村核心保护范围内，破坏传统格局、历史风貌，或者擅自新建、扩建、拆除建筑物、构筑物或者其他设施的；

（六）违反风景名胜区规划在风景名胜区核心景区内建设宾馆、培训中心、招待所、疗养院以及别墅、住宅等与风景名胜资源保护无关的其他建筑物的。

第十七条 受到处分的人员对处分决定不服的，可以依照《中华人民共和国行政监察法》、《中华人民共和国公务员法》、《行政机关公务员处分条例》等有关规定，申请复核或者申诉。

第十八条 任免机关、监察机关和城乡规划主管部门建立案件移送制度。

任免机关或者监察机关查处城乡规划违法违纪案件，认为应当由城乡规划主管部门给予行政处罚的，应当将有关案件材料移送城乡规划主管部门。城乡规划主管部门应当依法及时查处，并将处理结果书面告知任免机关或者监察机关。

城乡规划主管部门查处城乡规划违法案件，认为应当由任免机关或者监察机关给予处分的，应当在作出行政处罚决定或者其他处理决定后，及时将有关案件材料移送任免机关或者监察机关。任免机关或者监察机关应当依法及时查处，并将处理结果书面告知城乡规划主管部门。

第十九条 有城乡规划违法违纪行为，应当给予党纪处分的，移送党的纪律检查机关处理；涉嫌犯罪的，移送司法机关依法追究刑事责任。

第二十条 本办法由监察部、人力资源社会保障部、住房城乡建设部负责解释。

第二十一条 本办法自2013年1月1日起施行。

财政违法行为处罚处分条例

（2004年11月30日中华人民共和国国务院令第427号公布
根据2011年1月8日中华人民共和国国务院令第588号《国务院关于废止和修改部分行政法规的决定》修订）

第一条 为了纠正财政违法行为，维护国家财政经济秩序，制定本条例。

第二条 县级以上人民政府财政部门及审计机关在各自职权范围内，依法对财政违法行为作出处理、处罚决定。

省级以上人民政府财政部门的派出机构，应当在规定职权范围内，依法对财政违法行为作出处理、处罚决定；审计机关的派出机构，应当根据审计机关的授权，依法对财政违法行为作出处理、处罚决定。

根据需要，国务院可以依法调整财政部门及其派出机构（以下统称财政部门）、审计机关及其派出机构（以下统称审计机关）的职权范围。

有财政违法行为的单位，其直接负责的主管人员和其他直接责任人员，以及有财政违法行为的个人，属于国家公务员的，由监察机关及其派出机构（以下统称监察机关）或者任免机关依照人事管理权限，依法给予行政处分。

第三条 财政收入执收单位及其工作人员有下列违反国家财政收入管理

规定的行为之一的，责令改正，补收应当收取的财政收入，限期退还违法所得。对单位给予警告或者通报批评。对直接负责的主管人员和其他直接责任人员给予警告、记过或者记大过处分；情节严重的，给予降级或者撤职处分：

（一）违反规定设立财政收入项目；

（二）违反规定擅自改变财政收入项目的范围、标准、对象和期限；

（三）对已明令取消、暂停执行或者降低标准的财政收入项目，仍然依照原定项目、标准征收或者变换名称征收；

（四）缓收、不收财政收入；

（五）擅自将预算收入转为预算外收入；

（六）其他违反国家财政收入管理规定的行为。

《中华人民共和国税收征收管理法》等法律、行政法规另有规定的，依照其规定给予行政处分。

第四条 财政收入执收单位及其工作人员有下列违反国家财政收入上缴规定的行为之一的，责令改正，调整有关会计账目，收缴应当上缴的财政收入，限期退还违法所得。对单位给予警告或者通报批评。对直接负责的主管人员和其他直接责任人员给予记大过处分；情节较重的，给予降级或者撤职处分；情节严重的，给予开除处分：

（一）隐瞒应当上缴的财政收入；

（二）滞留、截留、挪用应当上缴的财政收入；

（三）坐支应当上缴的财政收入；

（四）不依照规定的财政收入预算级次、预算科目入库；

（五）违反规定退付国库库款或者财政专户资金；

（六）其他违反国家财政收入上缴规定的行为。

《中华人民共和国税收征收管理法》、《中华人民共和国预算法》等法律、行政法规另有规定的，依照其规定给予行政处分。

第五条 财政部门、国库机构及其工作人员有下列违反国家有关上解、下拨财政资金规定的行为之一的，责令改正，限期退还违法所得。对单位给予警告或者通报批评。对直接负责的主管人员和其他直接责任人员给予记过或者记大过处分；情节较重的，给予降级或者撤职处分；情节严重的，给予开除处分：

（一）延解、占压应当上解的财政收入；

（二）不依照预算或者用款计划核拨财政资金；

（三）违反规定收纳、划分、留解、退付国库库款或者财政专户资金；

（四）将应当纳入国库核算的财政收入放在财政专户核算；

（五）擅自动用国库库款或者财政专户资金；

（六）其他违反国家有关上解、下拨财政资金规定的行为。

第六条 国家机关及其工作人员有下列违反规定使用、骗取财政资金的行为之一的，责令改正，调整有关会计账目，追回有关财政资金，限期退还违法所得。对单位给予警告或者通报批评。对直接负责的主管人员和其他直接责任人员给予记大过处分；情节较重的，给予降级或者撤职处分；情节严重的，给予开除处分：

（一）以虚报、冒领等手段骗取财政资金；

（二）截留、挪用财政资金；

（三）滞留应当下拨的财政资金；

（四）违反规定扩大开支范围，提高开支标准；

（五）其他违反规定使用、骗取财政资金的行为。

第七条 财政预决算的编制部门和预算执行部门及其工作人员有下列违反国家有关预算管理规定的行为之一的，责令改正，追回有关款项，限期调整有关预算科目和预算级次。对单位给予警告或者通报批评。对直接负责的主管人员和其他直接责任人员给予警告、记过或者记大过处分；情节较重的，给予降级处分；情节严重的，给予撤职处分：

（一）虚增、虚减财政收入或者财政支出；

（二）违反规定编制、批复预算或者决算；

（三）违反规定调整预算；

（四）违反规定调整预算级次或者预算收支种类；

（五）违反规定动用预算预备费或者挪用预算周转金；

（六）违反国家关于转移支付管理规定的行为；

（七）其他违反国家有关预算管理规定的行为。

第八条 国家机关及其工作人员违反国有资产管理的规定，擅自占有、使用、处置国有资产的，责令改正，调整有关会计账目，限期退还违法所得和被侵占的国有资产。对单位给予警告或者通报批评。对直接负责的主管人员和其他直接责任人员给予记大过处分；情节较重的，给予降级或者撤职处分；情节严重的，给予开除处分。

第九条 单位和个人有下列违反国家有关投资建设项目规定的行为之一的，责令改正，调整有关会计账目，追回被截留、挪用、骗取的国家建设资金，没收违法所得，核减或者停止拨付工程投资。对单位给予警告或者通报批评，其直接负责的主管人员和其他直接责任人员属于国家公务员的，给予记大过处分；情节较重的，给予降级或者撤职处分；情节严重的，给予开除处分：

（一）截留、挪用国家建设资金；

（二）以虚报、冒领、关联交易等手段骗取国家建设资金；

（三）违反规定超概算投资；

（四）虚列投资完成额；

（五）其他违反国家投资建设项目有关规定的行为。

《中华人民共和国政府采购法》、《中华人民共和国招标投标法》、《国家重点建设项目管理办法》等法律、行政法规另有规定的，依照其规定处理、处罚。

第十条 国家机关及其工作人员违反《中华人民共和国担保法》及国家有关规定，擅自提供担保的，责令改正，没收违法所得。对单位给予警告或者通报批评。对直接负责的主管人员和其他直接责任人员给予警告、记过或者记大过处分；造成损失的，给予降级或者撤职处分；造成重大损失的，给予开除处分。

第十一条 国家机关及其工作人员违反国家有关账户管理规定，擅自在金融机构开立、使用账户的，责令改正，调整有关会计账目，追回有关财政资金，没收违法所得，依法撤销擅自开立的账户。对单位给予警告或者通报批评。对直接负责的主管人员和其他直接责任人员给予降级处分；情节严重的，给予撤职或者开除处分。

第十二条 国家机关及其工作人员有下列行为之一的，责令改正，调整有关会计账目，追回被挪用、骗取的有关资金，没收违法所得。对单位给予警告或者通报批评。对直接负责的主管人员和其他直接责任人员给予降级处分；情节较重的，给予撤职处分；情节严重的，给予开除处分：

（一）以虚报、冒领等手段骗取政府承贷或者担保的外国政府贷款、国际金融组织贷款；

（二）滞留政府承贷或者担保的外国政府贷款、国际金融组织贷款；

（三）截留、挪用政府承贷或者担保的外国政府贷款、国际金融组织贷款；

（四）其他违反规定使用、骗取政府承贷或者担保的外国政府贷款、国际金融组织贷款的行为。

第十三条 企业和个人有下列不缴或者少缴财政收入行为之一的，责令改正，调整有关会计账目，收缴应当上缴的财政收入，给予警告，没收违法所得，并处不缴或者少缴财政收入10%以上30%以下的罚款；对直接负责的主管人员和其他直接责任人员处3000元以上5万元以下的罚款：

（一）隐瞒应当上缴的财政收入；

（二）截留代收的财政收入；

（三）其他不缴或者少缴财政收入的行为。

属于税收方面的违法行为，依照有关税收法律、行政法规的规定处理、处罚。

第十四条 企业和个人有下列行为之一的，责令改正，调整有关会计账目，追回违反规定使用、骗取的有关资金，给予警告，没收违法所得，并处被骗取有关资金10%以上50%以下的罚款或者被违规使用有关资金10%以上30%以下的罚款；对直接负责的主管人员和其他直接责任人员处3000元以上5万元以下的罚款：

（一）以虚报、冒领等手段骗取财政资金以及政府承贷或者担保的外国政府贷款、国际金融组织贷款；

（二）挪用财政资金以及政府承贷或者担保的外国政府贷款、国际金融组织贷款；

（三）从无偿使用的财政资金以及政府承贷或者担保的外国政府贷款、国际金融组织贷款中非法获益；

（四）其他违反规定使用、骗取财政资金以及政府承贷或者担保的外国政府贷款、国际金融组织贷款的行为。

属于政府采购方面的违法行为，依照《中华人民共和国政府采购法》及有关法律、行政法规的规定处理、处罚。

第十五条 事业单位、社会团体、其他社会组织及其工作人员有财政违法行为的，依照本条例有关国家机关的规定执行；但其在经营活动中的财政违法行为，依照本条例第十三条、第十四条的规定执行。

第十六条 单位和个人有下列违反财政收入票据管理规定的行为之一的，销毁非法印制的票据，没收违法所得和作案工具。对单位处5000元以上10万元以下的罚款；对直接负责的主管人员和其他直接责任人员处3000元以上5万元以下的罚款。属于国家公务员的，还应当给予降级或者撤职处分；情节严重的，给予开除处分：

（一）违反规定印制财政收入票据；

（二）转借、串用、代开财政收入票据；

（三）伪造、变造、买卖、擅自销毁财政收入票据；

（四）伪造、使用伪造的财政收入票据监（印）制章；

（五）其他违反财政收入票据管理规定的行为。

属于税收收入票据管理方面的违法行为，依照有关税收法律、行政法规的规定处理、处罚。

第十七条 单位和个人违反财务管理的规定，私存私放财政资金或者其他公款的，责令改正，调整有关会计账目，追回私存私放的资金，没收违法所得。对单位处3000元以上5万元以下的罚款；对直接负责的主管人员和其他直接责任人员处2000元以上2万元以下的罚款。属于国家公务员的，还应当给予记大过处分；情节严重的，给予降级或者撤职处分。

第十八条 属于会计方面的违法行为，依照会计方面的法律、行政法规的规定处理、处罚。对其直接负责的主管人员和其他直接责任人员，属于国家公务员的，还应当给予警告、记过或者记大过处分；情节较重的，给予降级或者撤职处分；情节严重的，给予开除处分。

第十九条 属于行政性收费方面的违法行为，《中华人民共和国行政许可法》、《违反行政事业性收费和罚没收入收支两条线管理规定行政处分暂行规定》等法律、行政法规及国务院另有规定的，有关部门依照其规定处理、处罚、处分。

第二十条 单位和个人有本条例规定的财政违法行为，构成犯罪的，依法追究刑事责任。

第二十一条 财政部门、审计机关、监察机关依法进行调查或者检查时，被调查、检查的单位和个人应当予以配合，如实反映情况，不得拒绝、阻挠、拖延。

违反前款规定的，责令限期改正。逾期不改正的，对属于国家公务员的直接负责的主管人员和其他直接责任人员，给予警告、记过或者记大过处分；情节严重的，给予降级或者撤职处分。

第二十二条 财政部门、审计机关、监察机关依法进行调查或者检查时，经县级以上人民政府财政部门、审计机关、监察机关的负责人批准，可以向与被调查、检查单位有经济业务往来的单位查询有关情况，可以向金融机构查询被调查、检查单位的存款，有关单位和金融机构应当配合。

财政部门、审计机关、监察机关在依法进行调查或者检查时，执法人员不得少于 2 人，并应当向当事人或者有关人员出示证件；查询存款时，还应当持有县级以上人民政府财政部门、审计机关、监察机关签发的查询存款通知书，并负有保密义务。

第二十三条 财政部门、审计机关、监察机关依法进行调查或者检查时，在有关证据可能灭失或者以后难以取得的情况下，经县级以上人民政府财政部门、审计机关、监察机关的负责人批准，可以先行登记保存，并应当在 7 日内及时作出处理决定。在此期间，当事人或者有关人员不得销毁或者转移证据。

第二十四条 对被调查、检查单位或者个人正在进行的财政违法行为，财政部门、审计机关应当责令停止。拒不执行的，财政部门可以暂停财政拨款或者停止拨付与财政违法行为直接有关的款项，已经拨付的，责令其暂停使用；审计机关可以通知财政部门或者其他有关主管部门暂停财政拨款或者停止拨付与财政违法行为直接有关的款项，已经拨付的，责令其暂停使用，财政部门和其他有关主管部门应当将结果书面告知审计机关。

第二十五条 依照本条例规定限期退还的违法所得，到期无法退还的，应当收缴国库。

第二十六条 单位和个人有本条例所列财政违法行为，财政部门、审计机关、监察机关可以公告其财政违法行为及处理、处罚、处分决定。

第二十七条 单位和个人有本条例所列财政违法行为，弄虚作假骗取荣誉称号及其他有关奖励的，应当撤销其荣誉称号并收回有关奖励。

第二十八条 财政部门、审计机关、监察机关的工作人员滥用职权、玩忽职守、徇私舞弊的，给予警告、记过或者记大过处分；情节较重的，给予降级或者撤职处分；情节严重的，给予开除处分。构成犯罪的，依法追究刑事责任。

第二十九条 财政部门、审计机关、监察机关及其他有关监督检查机关对有关单位或者个人依法进行调查、检查后，应当出具调查、检查结论。有关监督检查机关已经作出的调查、检查结论能够满足其他监督检查机关履行本机关职责需要的，其他监督检查机关应当加以利用。

第三十条 财政部门、审计机关、监察机关及其他有关机关应当加强配合，对不属于其职权范围的事项，应当依法移送。受移送机关应当及时处理，并将结果书面告知移送机关。

第三十一条 对财政违法行为作出处理、处罚和处分决定的程序，依照本条例和《中华人民共和国行政处罚法》、《中华人民共和国行政监察法》等有关法律、行政法规的规定执行。

第三十二条 单位和个人对处理、处罚不服的，依照《中华人民共和国行政复议法》、《中华人民共和国行政诉讼法》的规定申请复议或者提起诉讼。

国家公务员对行政处分不服的，依照《中华人民共和国行政监察法》、《中华人民共和国公务员法》等法律、行政法规的规定提出申诉。

第三十三条 本条例所称“财政收入执收单位”，是指负责收取税收收入和各种非税收入的单位。

第三十四条 对法律、法规授权的具有管理公共事务职能的组织以及国家行政机关依法委托的组织及其工勤人员以外的工作人员，企业、事业单位、社会团体中由国家行政机关以委任、派遣等形式任命的人员以及其他人员有本条例规定的财政违法行为，需要给予处分的，参照本条例有关规定执行。

第三十五条 本条例自2005年2月1日起施行。1987年6月16日国务院发布的《国务院关于违反财政法规处罚的暂行规定》同时废止。

统计违法违纪行为处分规定

（2009年3月25日监察部、人力资源和社会保障部、国家统计局令第18号公布　自2009年5月1日起施行）

第一条 为了加强统计工作，提高统计数据的准确性和及时性，惩处和预防统计违法违纪行为，促进统计法律法规的贯彻实施，根据《中华人民共和国统计法》、《中华人民共和国行政监察法》、《中华人民共和国公务员法》、《行政机关公务员处分条例》及其他有关法律、行政法规，制定本规定。

第二条 有统计违法违纪行为的单位中负有责任的领导人员和直接责任人员，以及有统计违法违纪行为的个人，应当承担纪律责任。属于下列人员的（以下统称有关责任人员），由任免机关或者监察机关按照管理权限依法给予处分：

（一）行政机关公务员；

（二）法律、法规授权的具有公共事务管理职能的事业单位中经批准参照《中华人民共和国公务员法》管理的工作人员；

（三）行政机关依法委托的组织中除工勤人员以外的工作人员；

（四）企业、事业单位、社会团体中由行政机关任命的人员。

法律、行政法规、国务院决定和国务院监察机关、国务院人力资源社会保障部门制定的处分规章对统计违法违纪行为的处分另有规定的，从其规定。

第三条 地方、部门以及企业、事业单位、社会团体的领导人员有下列行为之一的，给予记过或者记大过处分；情节较重的，给予降级或者撤职处分；情节严重的，给予开除处分：

（一）自行修改统计资料、编造虚假数据的；

（二）强令、授意本地区、本部门、本单位统计机构、统计人员或者其他有关机构、人员拒报、虚报、瞒报或者篡改统计资料、编造虚假数据的；

（三）对拒绝、抵制篡改统计资料或者对拒绝、抵制编造虚假数据的人员进行打击报复的；

（四）对揭发、检举统计违法违纪行为的人员进行打击报复的。

有前款第（三）项、第（四）项规定行为的，应当从重处分。

第四条 地方、部门以及企业、事业单位、社会团体的领导人员，对本地区、本部门、本单位严重失实的统计数据，应当发现而未发现或者发现后不予纠正，造成不良后果的，给予警告或者记过处分；造成严重后果的，给予记大过或者降级处分；造成特别严重后果的，给予撤职或者开除处分。

第五条 各级人民政府统计机构、有关部门及其工作人员在实施统计调查活动中，有下列行为之一的，对有关责任人员，给予记过或者记大过处分；情节较重的，给予降级或者撤职处分；情节严重的，给予开除处分：

（一）强令、授意统计调查对象虚报、瞒报或者伪造、篡改统计资料的；

（二）参与篡改统计资料、编造虚假数据的。

第六条 各级人民政府统计机构、有关部门及其工作人员在实施统计调查活动中，有下列行为之一的，对有关责任人员，给予警告、记过或者记大过处分；情节较重的，给予降级处分；情节严重的，给予撤职处分：

（一）故意拖延或者拒报统计资料的；

（二）明知统计数据不实，不履行职责调查核实，造成不良后果的。

第七条 统计调查对象中的单位有下列行为之一，情节较重的，对有关责任人员，给予警告、记过或者记大过处分；情节严重的，给予降级或者撤职处分；情节特别严重的，给予开除处分：

（一）虚报、瞒报统计资料的；

（二）伪造、篡改统计资料的；

（三）拒报或者屡次迟报统计资料的；

（四）拒绝提供情况、提供虚假情况或者转移、隐匿、毁弃原始统计记录、统计台账、统计报表以及与统计有关的其他资料的。

第八条 违反国家规定的权限和程序公布统计资料，造成不良后果的，对有关责任人员，给予警告或者记过处分；情节较重的，给予记大过或者降级处分；情节严重的，给予撤职处分。

第九条 有下列行为之一，造成不良后果的，对有关责任人员，给予警告、记过或者记大过处分；情节较重的，给予降级或者撤职处分；情节严重的，给予开除处分：

（一）泄露属于国家秘密的统计资料的；

（二）未经本人同意，泄露统计调查对象个人、家庭资料的；

（三）泄露统计调查中知悉的统计调查对象商业秘密的。

第十条 包庇、纵容统计违法违纪行为的，对有关责任人员，给予记过或者记大过处分；情节较重的，给予降级或者撤职处分；情节严重的，给予开除处分。

第十一条 受到处分的人员对处分决定不服的，依照《中华人民共和国行政监察法》、《中华人民共和国公务员法》、《行政机关公务员处分条例》等有关规定，可以申请复核或者申诉。

第十二条 任免机关、监察机关和人民政府统计机构建立案件移送制度。

任免机关、监察机关查处统计违法违纪案件，认为应当由人民政府统计机构给予行政处罚的，应当将有关案件材料移送人民政府统计机构。人民政府统计机构应当依法及时查处，并将处理结果书面告知任免机关、监察机关。

人民政府统计机构查处统计行政违法案件，认为应当由任免机关或者监察机关给予处分的，应当及时将有关案件材料移送任免机关或者监察机关。

任免机关或者监察机关应当依法及时查处，并将处理结果书面告知人民政府统计机构。

第十三条 有统计违法违纪行为，应当给予党纪处分的，移送党的纪律检查机关处理。涉嫌犯罪的，移送司法机关依法追究刑事责任。

第十四条 本规定由监察部、人力资源社会保障部、国家统计局负责解释。

第十五条 本规定自2009年5月1日起施行。

违规发放津贴补贴行为处分规定

（2013年6月13日监察部、人力资源和社会保障部、财政部、审计署令第31号公布 自2013年8月1日起施行）

第一条 为维护收入分配秩序，严肃财经纪律，规范津贴补贴政策执行，根据《中华人民共和国行政监察法》、《中华人民共和国公务员法》、《行政机关公务员处分条例》及其他有关法律、行政法规，制定本规定。

第二条 本规定所称津贴补贴包括国家统一规定的津贴补贴和工作性津贴、生活性补贴、离退休人员补贴、改革性补贴以及奖金、实物、有价证券等。

第三条 有违规发放津贴补贴行为的单位，其负有责任的领导人员和直接责任人员，以及有违规发放津贴补贴行为的个人，应当承担纪律责任。属于下列人员的，由任免机关或者监察机关按照管理权限依法给予处分：

（一）行政机关公务员；

（二）法律、法规授权的具有公共事务管理职能的事业单位中经批准参照《中华人民共和国公务员法》管理的工作人员。

法律、行政法规对违规发放津贴补贴行为的处分另有规定的，从其规定。

第四条 有下列行为之一的，给予警告处分；情节较重的，给予记过或者记大过处分；情节严重的，给予降级或者撤职处分：

（一）违反规定自行新设项目或者继续发放已经明令取消的津贴补贴的；

（二）超过规定标准、范围发放津贴补贴的；

（三）违反中共中央组织部、人力资源社会保障部有关公务员奖励的规定，以各种名义向职工普遍发放各类奖金的；

（四）在实施职务消费和福利待遇货币化改革并发放补贴后，继续开支相关职务消费和福利费用的；

（五）违反规定发放加班费、值班费和未休年休假补贴的；

（六）违反《中共中央纪委、中共中央组织部、监察部、财政部、人事部、审计署关于规范公务员津贴补贴问题的通知》（中纪发〔2006〕17号）等规定，擅自提高标准发放改革性补贴的；

（七）超标准缴存住房公积金的；

（八）以有价证券、支付凭证、商业预付卡、实物等形式发放津贴补贴的；

（九）违反规定使用工会会费、福利费及其他专项经费发放津贴补贴的；

（十）借重大活动筹备或者节日庆祝之机，变相向职工普遍发放现金、有价证券或者与活动无关的实物的；

（十一）违反规定向关联单位（企业）转移好处，再由关联单位（企业）以各种名目给机关职工发放津贴补贴的；

（十二）其他违反规定发放津贴补贴的。

第五条 将执收执罚工作与津贴补贴挂钩，使用行政事业性收费、罚没收入发放津贴补贴的，给予记大过处分；情节严重的，给予降级或者撤职处分。

第六条 以发放津贴补贴的形式，变相将国有资产集体私分给个人的，给予记大过处分；情节较重的，给予降级或者撤职处分；情节严重的，给予开除处分。

第七条 违反财政部关于行政事业单位工资津贴补贴有关会计核算的规定核算津贴补贴的，给予警告处分；情节较重的，给予记过或者记大过处分；情节严重的，给予降级或者撤职处分。

第八条 使用"小金库"款项发放津贴补贴的，给予警告处分；情节较重的，给予记过或者记大过处分；情节严重的，给予降级或者撤职处分。

第九条 利用职务上的便利或者职务影响，违反规定在其他单位领取津贴补贴的，给予记过或者记大过处分；情节较重的，给予降级或者撤职处分；情节严重的，给予开除处分。

第十条 以虚报、冒领等手段骗取财政资金发放津贴补贴的，给予记大过处分；情节较重的，给予降级或者撤职处分；情节严重的，给予开除处分。

以虚报、冒领等手段骗取财政资金，并以发放津贴补贴的形式合伙私分的，依照前款规定从重处分。

第十一条 在执行津贴补贴政策中不负责任，导致本地区、本部门、本系统和本单位发生严重违规发放津贴补贴行为的，给予记过或者记大过处分；情节较重的，给予降级或者撤职处分；情节严重的，给予开除处分。

第十二条 不制止、不查处本地区、本部门、本系统和本单位发生的严重违规发放津贴补贴行为的，给予记过或者记大过处分；情节较重的，给予降级或者撤职处分；情节严重的，给予开除处分。

第十三条 对违规发放的津贴补贴，应当按有关规定责令整改，并清退收回。

第十四条 经费来源由财政补助的事业单位工作人员有本规定所列行为的，参照本规定第四条至第十二条规定的违纪情节，依照《事业单位工作人员处分暂行规定》处理。

第十五条 处分的程序和不服处分的申诉，依照《中华人民共和国行政监察法》、《中华人民共和国公务员法》、《行政机关公务员处分条例》等有关法律法规的规定办理。

第十六条 有违规发放津贴补贴行为，应当给予党纪处分的，移送党的纪律检查机关处理；涉嫌犯罪的，移送司法机关处理。

第十七条 本规定由监察部、人力资源社会保障部、财政部、审计署负责解释。

第十八条 本规定自 2013 年 8 月 1 日起施行。

税收违法违纪行为处分规定

（2012年6月6日监察部、人力资源和社会保障部、国家税务总局令第26号公布　自2012年8月1日起施行）

第一条　为了加强税收征收管理，惩处税收违法违纪行为，促进税收法律法规的贯彻实施，根据《中华人民共和国税收征收管理法》、《中华人民共和国行政监察法》、《中华人民共和国公务员法》、《行政机关公务员处分条例》及其他有关法律、行政法规，制定本规定。

第二条　有税收违法违纪行为的单位，其负有责任的领导人员和直接责任人员，以及有税收违法违纪行为的个人，应当承担纪律责任。属于下列人员的（以下统称有关责任人员），由任免机关或者监察机关按照管理权限依法给予处分：

（一）行政机关公务员；

（二）法律、法规授权的具有公共事务管理职能的组织中从事公务的人员；

（三）行政机关依法委托从事公共事务管理活动的组织中从事公务的人员；

（四）企业、事业单位、社会团体中由行政机关任命的人员。

法律、行政法规、国务院决定和国务院监察机关、国务院人力资源社会保障部门制定的处分规章对税收违法违纪行为的处分另有规定的，从其规定。

第三条　税务机关及税务人员有下列行为之一的，对有关责任人员，给予警告或者记过处分；情节较重的，给予记大过或者降级处分；情节严重的，给予撤职处分：

（一）违反法定权限、条件和程序办理开业税务登记、变更税务登记或者注销税务登记的；

（二）违反规定发放、收缴税控专用设备的；

（三）违反规定开具完税凭证、罚没凭证的；

（四）违反法定程序为纳税人办理减税、免税、退税手续的。

第四条 税务机关及税务人员有下列行为之一的，对有关责任人员，给予记过或者记大过处分；情节较重的，给予降级或者撤职处分；情节严重的，给予开除处分：

（一）违反规定发售、保管、代开增值税专用发票以及其他发票，致使国家税收遭受损失或者造成其他不良影响的；

（二）违反规定核定应纳税额、调整税收定额，导致纳税人税负水平明显不合理的。

第五条 税务机关及税务人员有下列行为之一的，对有关责任人员，给予警告或者记过处分；情节较重的，给予记大过或者降级处分；情节严重的，给予撤职处分：

（一）违反规定采取税收保全、强制执行措施的；

（二）查封、扣押纳税人个人及其所扶养家属维持生活必需的住房和用品的。

第六条 税务机关及税务人员有下列行为之一的，对有关责任人员，给予记过或者记大过处分；情节较重的，给予降级或者撤职处分；情节严重的，给予开除处分：

（一）对管辖范围内的税收违法行为，发现后不予处理或者故意拖延查处，致使国家税收遭受损失的；

（二）徇私舞弊或者玩忽职守，不征或者少征应征税款，致使国家税收遭受损失的。

第七条 税务机关及税务人员违反规定要求纳税人、扣缴义务人委托税务代理，或者为其指定税务代理机构的，对有关责任人员，给予记过或者记大过处分；情节较重的，给予降级或者撤职处分；情节严重的，给予开除处分。

第八条 税务机关领导干部的近亲属在本人管辖的业务范围内从事与税收业务相关的中介活动，经劝阻其近亲属拒不退出或者本人不服从工作调整的，给予记过或者记大过处分；情节较重的，给予降级或者撤职处分；情节严重的，给予开除处分。

第九条 税务人员有下列行为之一的，对有关责任人员，给予记过或者记大过处分；情节较重的，给予降级或者撤职处分；情节严重的，给予开除处分：

（一）在履行职务过程中侵害公民、法人或者其他组织合法权益的；

（二）滥用职权，故意刁难纳税人、扣缴义务人的；

（三）对控告、检举税收违法违纪行为的纳税人、扣缴义务人以及其他检举人进行打击报复的。

第十条 税务机关及税务人员有下列行为之一的，对有关责任人员，给予记过或者记大过处分；情节较重的，给予降级或者撤职处分；情节严重的，给予开除处分：

（一）索取、接受或者以借为名占用纳税人、扣缴义务人财物的；

（二）以明显低于市场的价格向管辖范围内纳税人购买物品的；

（三）以明显高于市场的价格向管辖范围内纳税人出售物品的；

（四）利用职权向纳税人介绍经营业务，谋取不正当利益的；

（五）违反规定要求纳税人购买、使用指定的税控装置的。

第十一条 税务机关私分、挪用、截留、非法占有税款、滞纳金、罚款或者查封、扣押的财物以及纳税担保财物的，对有关责任人员，给予记大过处分；情节较重的，给予降级或者撤职处分；情节严重的，给予开除处分。

第十二条 税务机关及税务人员有下列行为之一的，对有关责任人员，给予记过或者记大过处分；情节较重的，给予降级或者撤职处分；情节严重的，给予开除处分：

（一）隐匿、毁损、伪造、变造税收违法案件证据的；

（二）提供虚假税务协查函件的；

（三）出具虚假涉税证明的。

第十三条 有下列行为之一的，对有关责任人员，给予警告或者记过处分；情节较重的，给予记大过或者降级处分；情节严重的，给予撤职处分：

（一）违反规定作出涉及税收优惠的资格认定、审批的；

（二）未按规定要求当事人出示税收完税凭证或者免税凭证而为其办理

行政登记、许可、审批等事项的；

（三）违反规定办理纳税担保的；

（四）违反规定提前征收、延缓征收税款的。

第十四条 有下列行为之一的，对有关责任人员，给予记过或者记大过处分；情节较重的，给予降级或者撤职处分；情节严重的，给予开除处分：

（一）违反法律、行政法规的规定，摊派税款的；

（二）违反法律、行政法规的规定，擅自作出税收的开征、停征或者减税、免税、退税、补税以及其他同税收法律、行政法规相抵触的决定的。

第十五条 不依法履行代扣代缴、代收代缴税款义务，致使国家税款遭受损失的，对有关责任人员，给予记过或者记大过处分；情节较重的，给予降级或者撤职处分；情节严重的，给予开除处分。

第十六条 未经税务机关依法委托征收税款，或者虽经税务机关依法委托但未按照有关法律、行政法规的规定征收税款的，对有关责任人员，给予警告或者记过处分；情节较重的，给予记大过或者降级处分；情节严重的，给予撤职处分。

第十七条 有下列行为之一的，对有关责任人员，给予记大过处分；情节较重的，给予降级或者撤职处分；情节严重的，给予开除处分：

（一）违反规定为纳税人、扣缴义务人提供银行账户、发票、证明或者便利条件，导致未缴、少缴税款或者骗取国家出口退税款的；

（二）向纳税人、扣缴义务人通风报信、提供便利或者以其他形式帮助其逃避税务行政处罚的；

（三）逃避缴纳税款、抗税、逃避追缴欠税、骗取出口退税的；

（四）伪造、变造、非法买卖发票的；

（五）故意使用伪造、变造、非法买卖的发票，造成不良后果的。

税务人员有前款第（二）项所列行为的，从重处分。

第十八条 受到处分的人员对处分决定不服的，可以依照《中华人民共和国行政监察法》、《中华人民共和国公务员法》、《行政机关公务员处分条例》等有关规定申请复核或者申诉。

第十九条 任免机关、监察机关和税务行政主管部门建立案件移送制度。

任免机关、监察机关查处税收违法违纪案件，认为应当由税务行政主管部门予以处理的，应当及时将有关案件材料移送税务行政主管部门。税务行政主管部门应当依法及时查处，并将处理结果书面告知任免机关、监察机关。

税务行政主管部门查处税收管理违法案件，认为应当由任免机关或者监察机关给予处分的，应当及时将有关案件材料移送任免机关或者监察机关。任免机关或者监察机关应当依法及时查处，并将处理结果书面告知税务行政主管部门。

第二十条 有税收违法违纪行为，应当给予党纪处分的，移送党的纪律检查机关处理。涉嫌犯罪的，移送司法机关依法追究刑事责任。

第二十一条 有关税、船舶吨税及海关代征税收违法违纪行为的，按照法律、行政法规及有关处分规章的规定处理。

第二十二条 本规定由监察部、人力资源社会保障部和国家税务总局负责解释。

第二十三条 本规定自2012年8月1日起施行。

用公款出国（境）旅游及相关违纪行为处分规定

（2010年8月12日监察部、人力资源和社会保障部令第23号公布　自公布之日起施行）

第一条 为规范因公出国（境）管理秩序，明确相关政策界限，惩处用公款出国（境）旅游及相关违纪行为，根据《中华人民共和国行政监察法》、《中华人民共和国公务员法》和《行政机关公务员处分条例》等有关法律、行政法规，制定本规定。

第二条 本规定适用于下列人员：

（一）行政机关公务员；

（二）法律、法规授权的具有管理公共事务职能的组织以及国家行政机关依法委托的组织中除工勤人员以外的工作人员；

（三）企业、事业单位、社会团体中由行政机关任命的人员。

第三条 本规定所称用公款出国（境）旅游行为，是指无出国（境）公务，组织或者参加用公款支付全部或者部分费用，到国（境）外进行参观、游览等活动的行为；其中包括无实质性公务，以考察、学习、培训、研讨、招商、参展、参加会议等名义，变相用公款出国（境）旅游的行为。

第四条 用公款出国（境）旅游的，给予记过或者记大过处分；情节较重的，给予降级或者撤职处分；情节严重的，给予开除处分。

组织用公款出国（境）旅游的，给予降级或者撤职处分；情节严重的，给予开除处分。

第五条 有下列行为之一的，给予警告或者记过处分；情节较重的，给予记大过或者降级处分；情节严重的，给予撤职处分：

（一）虚报出国（境）公务骗取批准的；

（二）购买、伪造邀请函或者编造虚假日程骗取批准的；

（三）采取伪造个人身份、资料等形式，安排与出国（境）公务无关人员出国（境）的；

（四）避开主管部门委托非主管部门办理因公出国（境）审核审批手续的；

（五）违反因公出国（境）管理规定，将一个团组拆分为若干团组报批或者审核审批的；

（六）其他违反因公出国（境）审核审批管理规定的。

第六条 组织以营利为目的的跨地区、跨部门团组用公款出国（境）的，给予记过或者记大过处分；情节较重的，给予降级或者撤职处分；情节严重的，给予开除处分。

第七条 擅自批准或者同意延长在国（境）外停留时间，绕道安排行程，或者到未经批准进行公务活动的国家（地区）、城市，造成不良影响或者经济损失的，给予警告、记过或者记大过处分；情节较重的，给予降级或者撤职处分；情节严重的，给予开除处分。

第八条 因公出国（境）派出单位和审核审批管理部门玩忽职守、滥用职权，致使发生用公款出国（境）旅游行为，造成不良影响或者经济损失的，给予记过或者记大过处分；情节较重的，给予降级或者撤职处分；情节严重的，给予开除处分。

第九条 对本地区、本部门、本系统、本单位发生的用公款出国（境）旅游行为不制止、不查处，造成不良影响或者经济损失的，给予记过或者记大过处分；情节较重的，给予降级或者撤职处分；情节严重的，给予开除处分。

第十条 用公款出国（境）旅游的，应当责令其退赔用公款支付的各项费用。

第十一条 处分的程序和不服处分的申诉，依照《中华人民共和国行政监察法》、《中华人民共和国公务员法》、《行政机关公务员处分条例》等有关法律法规的规定办理。

第十二条 有公款出国（境）旅游及相关违纪行为，应当给予党纪处分的，移送党的纪律检查机关处理；涉嫌犯罪的，移送司法机关处理。

第十三条 本规定由监察部、人力资源社会保障部负责解释。

第十四条 本规定自公布之日起施行。

人民法院落实《司法机关内部人员过问案件的记录和责任追究规定》的实施办法

（2015 年 8 月 19 日　法发〔2015〕11 号）

第一条 为落实中央政法委印发的《司法机关内部人员过问案件的记录和责任追究规定》，确保公正廉洁司法，结合人民法院工作实际，制定本办法。

第二条 人民法院工作人员遇有案件当事人及其关系人请托过问案件、说情打招呼或者打探案情的，应当予以拒绝。

第三条 人民法院工作人员遇有案件当事人及其关系人当面请托不按正

当渠道转递涉案材料等要求的，应当告知其直接递交办案单位和办案人员，或者通过人民法院诉讼服务大厅等正当渠道递交。

对于案件当事人及其关系人通过非正当渠道邮寄的涉案材料，收件的人民法院工作人员应当视情退回或者销毁，不得转交办案单位或者办案人员。

第四条 人民法院工作人员遇有案件当事人及其关系人请托打听案件办理进展情况的，应当告知其直接向办案单位和办案人员询问，或者通过人民法院司法信息公开平台或者诉讼服务平台等正当渠道进行查询。案件当事人及其关系人反映询问、查询无结果的，可以建议案件当事人及其关系人向人民法院监察部门投诉。

第五条 人民法院工作人员因履行法定职责需要过问案件或者批转、转递涉案材料的，应当依照法定程序或相关工作程序进行，并且做到全程留痕，永久保存。

人民法院工作人员非因履行法定职责或者非经法定程序或相关工作程序，不得向办案单位和办案人员过问正在办理的案件，不得向办案单位和办案人员批转、转递涉案材料。

第六条 人民法院领导干部和上级人民法院工作人员因履行法定职责，需要对正在办理的案件提出监督、指导意见的，应当依照法定程序或相关工作程序以书面形式提出，口头提出的，应当由办案人员如实记录在案。

第七条 人民法院办案人员应当将人民法院领导干部和上级人民法院工作人员因履行法定职责提出监督、指导意见的批示、函文、记录等资料存入案卷备查。

第八条 其他司法机关工作人员因履行法定职责，需要了解人民法院正在办理的案件有关情况的，人民法院办案人员应当要求对方出具法律文书或者公函等证明文件，将接洽情况记录在案，并存入案卷备查。对方未出具法律文书或者公函等证明文件的，可以拒绝提供情况。

第九条 人民法院应当在案件信息管理系统中设立司法机关内部人员过问案件信息专库，明确录入、存储、报送、查看和处理相关信息的责任权限和工作流程。人民法院监察部门负责专库的维护和管理工作。

第十条 人民法院办案人员在办案工作中遇有司法机关内部人员在法定

程序或相关工作程序之外过问案件情况的，应当及时将过问人的姓名、单位、职务以及过问案件的情况全面、如实地录入司法机关内部人员过问案件信息专库，并留存相关资料，做到有据可查。

第十一条 人民法院监察部门应当每季度对司法机关内部人员过问案件信息专库中录入的内容进行汇总分析。若发现司法机关内部人员违反规定过问案件的问题线索，应当按照以下方式进行处置：

（一）涉及本院监察部门管辖对象的问题线索，由本院监察部门直接调查处理；

（二）涉及上级人民法院监察部门管辖对象的问题线索，直接呈报有管辖权的上级人民法院监察部门调查处理；

（三）涉及下级人民法院监察部门管辖对象的问题线索，可以逐级移交有管辖权的人民法院监察部门调查处理，也可以直接进行调查处理；

（四）涉及其他司法机关人员的问题线索，直接移送涉及人员所在司法机关纪检监察部门调查处理。

人民法院纪检监察部门接到其他人民法院或者其他司法机关纪检监察部门移送的问题线索后，应当及时调查处理，并将调查处理结果通报移送问题线索的纪检监察部门。

第十二条 人民法院工作人员具有下列情形之一的，属于违反规定过问案件的行为，应当依照《人民法院工作人员处分条例》第三十三条规定给予纪律处分；涉嫌犯罪的，移送司法机关处理：

（一）为案件当事人及其关系人请托说情、打探案情、通风报信的；

（二）邀请办案人员私下会见案件当事人及其关系人的；

（三）不依照正当程序为案件当事人及其关系人批转、转递涉案材料的；

（四）非因履行职责或者非经正当程序过问他人正在办理的案件的；

（五）其他违反规定过问案件的行为。

第十三条 人民法院监察部门在报经本院主要领导批准后，可以将本院和辖区人民法院查处人民法院工作人员违反规定过问案件行为的情况在人民法院内部进行通报，必要时也可以向社会公开。

第十四条 人民法院办案人员具有下列情形之一的，属于违反办案纪律的行为，初次发生的，应当予以警告、通报批评；发生两次以上的，应当依照《人民法院工作人员处分条例》第五十四条规定给予纪律处分：

（一）对人民法院领导干部和上级人民法院工作人员口头提出的监督、指导意见不记录或者不如实记录的；

（二）对人民法院领导干部和上级人民法院工作人员提出监督、指导意见的批示、函文、记录等资料不装入案卷备查的；

（三）对其他司法机关工作人员了解案件情况的接洽情况不记录、不如实记录或者不将记录及法律文书、联系公函等证明文件存入案卷的；

（四）对司法机关内部人员在法定程序或者相关工作程序之外过问案件的情况不录入，或者不如实录入司法机关内部人员过问案件信息专库的。

第十五条 人民法院监察部门对司法机关内部人员过问案件的问题线索不按规定及时处置或者调查处理的，应当由上级人民法院监察部门依照《人民法院工作人员处分条例》第六十九条规定给予纪律处分；涉嫌犯罪的，移送司法机关处理。

第十六条 人民法院领导干部授意人民法院监察部门对司法机关内部人员违反规定过问案件的问题线索不移送、不查处，或者授意下属不按规定对司法机关内部人员违规过问案件情况进行记录、存卷、入库的，应当分别依照《人民法院工作人员处分条例》第六十九条、第七十六条规定给予纪律处分。

第十七条 人民法院办案人员如实记录司法机关内部人员过问案件情况的行为，受法律和组织保护。

非因法定事由，非经法定程序，人民法院办案人员不得被免职、调离、辞退或者给予降级、撤职、开除等处分。

第十八条 人民法院工作人员对如实记录司法机关内部人员过问案件情况的办案人员进行打击报复或者具有辱骂、殴打、诬告等行为的，应当分别依照《人民法院工作人员处分条例》第七十条、第九十八条规定给予纪律处分；涉嫌犯罪的，移送司法机关处理。

第十九条 人民法院工作人员执行本办法的情况，应当纳入考核评价体系，作为评价其是否遵守法律、依法办事、廉洁自律以及评先评优、晋职晋级的重要依据。

第二十条 因监管、惩治不力，导致职责范围内多次发生人民法院工作人员违反规定过问案件问题的，应当追究单位负责人的党风廉政建设主体责任和纪检监察部门的监督责任。

第二十一条 人民法院的党员干部违反本办法并同时违反《中国共产党纪律处分条例》的，应当在给予政纪处分的同时，给予相应的党纪处分。

第二十二条 本办法所称案件当事人及其关系人是指案件当事人或其辩护人、诉讼代理人、近亲属以及其他与案件或案件当事人有利害关系的人员；本办法所称人民法院领导干部是指各级人民法院及其直属单位内设机构副职以上领导干部；本办法所称人民法院工作人员，是指人民法院在编人员；本办法所称人民法院办案人员是指参与案件办理、评议、审核、审议的人民法院的院长、副院长、审委会委员、庭长、副庭长、合议庭成员、独任法官、审判辅助人员等人员。

人民法院退休离职人员、人民陪审员、聘用人员违反本办法的，参照本办法进行处理。

第二十三条 本办法由最高人民法院负责解释。

第二十四条 本办法自2015年8月20日起施行。最高人民法院此前颁布的《关于在审判工作中防止法院内部人员干扰办案的若干规定》同时废止。

实务应用

常见职务犯罪法律依据及立案标准

一、贪污罪

法律依据

《中华人民共和国刑法》

第三百八十二条 国家工作人员利用职务上的便利，侵吞、窃取、骗取或者以其他手段非法占有公共财物的，是贪污罪。

受国家机关、国有公司、企业、事业单位、人民团体委托管理、经营国有财产的人员，利用职务上的便利，侵吞、窃取、骗取或者以其他手段非法占有国有财物的，以贪污论。

与前两款所列人员勾结，伙同贪污的，以共犯论处。

立案标准

贪污数额较大或者有其他较重情节的，应予立案。

1. “数额较大”是指贪污数额在 3 万元以上不满 20 万元。

2. 贪污数额在 1 万元以上不满 3 万元，具有下列情形之一的，应当认定为“其他较重情节”：

（1）贪污救灾、抢险、防汛、优抚、扶贫、移民、救济、防疫、社会捐助等特定款物的；

（2）曾因贪污、受贿、挪用公款受过党纪、行政处分的；

（3）曾因故意犯罪受过刑事追究的；

（4）赃款赃物用于非法活动的；

（5）拒不交待赃款赃物去向或者拒不配合追缴工作，致使无法追缴的；

（6）造成恶劣影响或者其他严重后果的。

二、挪用公款罪

法律依据

《中华人民共和国刑法》

第三百八十四条 国家工作人员利用职务上的便利，挪用公款归个人使用，进行非法活动的，或者挪用公款数额较大、进行营利活动的，或者挪用公款数额较大、超过三个月未还的，是挪用公款罪，处五年以下有期徒刑或者拘役；情节严重的，处五年以上有期徒刑。挪用公款数额巨大不退还的，处十年以上有期徒刑或者无期徒刑。

挪用用于救灾、抢险、防汛、优抚、扶贫、移民、救济款物归个人使用的，从重处罚。

立案标准

挪用公款归个人使用，进行非法活动，数额在3万元以上的；挪用公款归个人使用，进行营利活动或者超过3个月未还，数额在5万元以上的，应予以立案。

三、受贿罪

法律依据

《中华人民共和国刑法》

第三百八十五条 国家工作人员利用职务上的便利，索取他人财物的，或者非法收受他人财物，为他人谋取利益的，是受贿罪。

国家工作人员在经济往来中，违反国家规定，收受各种名义的回扣、手续费，归个人所有的，以受贿论处。

立案标准

受贿数额较大或者有其他较重情节的，应当予以立案。

1. “数额较大”是指受贿 3 万元以上不满 20 万元。

2. 受贿数额在 1 万元以上不满 3 万元，具有下列情形之一的，应当认定为“其他较重情节”：

（1）曾因贪污、受贿、挪用公款受过党纪、行政处分的；

（2）曾因故意犯罪受过刑事追究的；

（3）赃款赃物用于非法活动的；

（4）拒不交待赃款赃物去向或者拒不配合追缴工作，致使无法追缴的；

（5）造成恶劣影响或者其他严重后果的；

（6）多次索贿的；

（7）为他人谋取不正当利益，致使公共财产、国家和人民利益遭受损失的；

（8）为他人谋取职务提拔、调整的。

3. 对多次受贿未经处理的，累计计算受贿数额。国家工作人员利用职务上的便利为请托人谋取利益前后多次收受请托人财物，受请托之前收受的财物数额在1万元以上的，应当一并计入受贿数额。

四、行贿罪

法律依据

《中华人民共和国刑法》

第三百八十九条 为谋取不正当利益，给予国家工作人员以财物的，是行贿罪。

在经济往来中，违反国家规定，给予国家工作人员以财物，数额较大的，或者违反国家规定，给予国家工作人员以各种名义的回扣、手续费的，以行贿论处。

因被勒索给予国家工作人员以财物，没有获得不正当利益的，不是行贿。

立案标准

1. 为谋取不正当利益，向国家工作人员行贿，数额在3万元以上的，应当以行贿罪追究刑事责任。

2. 行贿数额在1万元以上不满3万元，具有下列情形之一的，应当以行贿罪追究刑事责任：

（1）向3人以上行贿的；

（2）将违法所得用于行贿的；

（3）通过行贿谋取职务提拔、调整的；

（4）向负有食品、药品、安全生产、环境保护等监督管理职责的国家工作人员行贿，实施非法活动的；

（5）向司法工作人员行贿，影响司法公正的；

（6）造成经济损失数额在50万元以上不满100万元的。

五、介绍贿赂罪

法律依据

《中华人民共和国刑法》

第三百九十二条 向国家工作人员介绍贿赂，情节严重的，处三年以下有期徒刑或者拘役，并处罚金。

介绍贿赂人在被追诉前主动交待介绍贿赂行为的，可以减轻处罚或者免除处罚。

立案标准

行为人涉嫌向国家工作人员介绍贿赂，有下列情形之一的，应予立案：

(1) 介绍个人向国家工作人员行贿，数额在2万元以上的；介绍单位向国家工作人员行贿，数额在20万元以上的。

(2) 介绍贿赂数额不满上述标准，但具有下列情形之一的：

①为使行贿人获取非法利益而介绍贿赂的；

②3次以上或者为3人以上介绍贿赂的；

③向党政领导、司法工作人员、行政执法人员介绍贿赂的；

④致使国家或者社会利益遭受重大损失的。

六、非国家工作人员受贿罪

法律依据

《中华人民共和国刑法》

第一百六十三条 公司、企业或者其他单位的工作人员，利用职务上的便利，索取他人财物或者非法收受他人财物，为他人谋取利益，数额较大的，处三年以下有期徒刑或者拘役，并处罚金；数额巨大或者有其他严重情节的，处三年以上十年以下有期徒刑，并处罚金；数额特别巨大或者有其他特别严重情节的，处十年以上有期徒刑或者无期徒刑，并处罚金。

公司、企业或者其他单位的工作人员在经济往来中，利用职务上的便利，违反国家规定，收受各种名义的回扣、手续费，归个人所有的，依照前款的规定处罚。

国有公司、企业或者其他国有单位中从事公务的人员和国有公司、企业或者其他国有单位委派到非国有公司、企业以及其他单位从事公务的人员有前两款行为的，依照本法第三百八十五条、第三百八十六条的规定定罪处罚。

立案标准

公司、企业或者其他单位的工作人员利用职务上的便利，索取他人财物或者非法收受他人财物，为他人谋取利益，或者在经济往来中，利用职务上的便利，违反国家规定，收受各种名义的回扣、手续费，归个人所有，数额在 3 万元以上的，应予立案追诉。

七、对非国家工作人员行贿罪

法律依据

《中华人民共和国刑法》

第一百六十四条第一款 为谋取不正当利益，给予公司、企业或者其他单位的工作人员以财物，数额较大的，处三年以下有期徒刑或者拘役，并处罚金；数额巨大的，处三年以上十年以下有期徒刑，并处罚金。

立案标准

为谋取不正当利益，给予公司、企业或者其他单位的工作人员以财物，个人行贿数额在 3 万元以上的，单位行贿数额在 20 万元以上的，应予立案追诉。

八、职务侵占罪

法律依据

《中华人民共和国刑法》

第二百七十一条　公司、企业或者其他单位的工作人员，利用职务上的便利，将本单位财物非法占为己有，数额较大的，处三年以下有期徒刑或者拘役，并处罚金；数额巨大的，处三年以上十年以下有期徒刑，并处罚金；数额特别巨大的，处十年以上有期徒刑或者无期徒刑，并处罚金。

国有公司、企业或者其他国有单位中从事公务的人员和国有公司、企业或者其他国有单位委派到非国有公司、企业以及其他单位从事公务的人员有前款行为的，依照本法第三百八十二条、第三百八十三条的规定定罪处罚。

立案标准

公司、企业或者其他单位的工作人员，利用职务上的便利，将本单位财物非法占为己有，数额在3万元以上的，应予立案追诉。

九、挪用资金罪

法律依据

《中华人民共和国刑法》

第二百七十二条 公司、企业或者其他单位的工作人员，利用职务上的便利，挪用本单位资金归个人使用或者借贷给他人，数额较大、超过三个月未还的，或者虽未超过三个月，但数额较大、进行营利活动的，或者进行非法活动的，处三年以下有期徒刑或者拘役；挪用本单位资金数额巨大的，处三年以上七年以下有期徒刑；数额特别巨大的，处七年以上有期徒刑。

国有公司、企业或者其他国有单位中从事公务的人员和国有公司、企业或者其他国有单位委派到非国有公司、企业以及其他单位从事公务的人员有前款行为的，依照本法第三百八十四条的规定定罪处罚。

有第一款行为，在提起公诉前将挪用的资金退还的，可以从轻或者减轻处罚。其中，犯罪较轻的，可以减轻或者免除处罚。

立案标准

1. 公司、企业或者其他单位的工作人员，利用职务上的便利，挪用本单位资金归个人使用或者借贷给他人，涉嫌下列情形之一的，应予立案追诉：

(1) 挪用本单位资金数额在 5 万元以上，超过 3 个月未还的；

(2) 挪用本单位资金数额在 5 万元以上，进行营利活动的；

(3) 挪用本单位资金数额在 3 万元以上，进行非法活动的。

2. 具有下列情形之一的，属于“归个人使用”：

(1) 将本单位资金供本人、亲友或者其他自然人使用的；

(2) 以个人名义将本单位资金供其他单位使用的；

(3) 个人决定以单位名义将本单位资金供其他单位使用，谋取个人利益的。

十、报复陷害罪

法律依据

《中华人民共和国刑法》

第二百五十四条　国家机关工作人员滥用职权、假公济私，对控告人、申诉人、批评人、举报人实行报复陷害的，处二年以下有期徒刑或者拘役；情节严重的，处二年以上七年以下有期徒刑。

立案标准

国家机关工作人员涉嫌滥用职权、假公济私，对控告人、申诉人、批评人、举报人实行报复陷害，有下列情形之一的，应予立案：

（1）报复陷害，情节严重，导致控告人、申诉人、批评人、举报人或者其近亲属自杀、自残造成重伤、死亡，或者精神失常的；

（2）致使控告人、申诉人、批评人、举报人或者其近亲属的其他合法权利受到严重损害的；

（3）其他报复陷害应予追究刑事责任的情形。

十一、帮助犯罪分子逃避处罚罪

法律依据

《中华人民共和国刑法》

第四百一十七条 有查禁犯罪活动职责的国家机关工作人员，向犯罪分子通风报信、提供便利，帮助犯罪分子逃避处罚的，处三年以下有期徒刑或者拘役；情节严重的，处三年以上十年以下有期徒刑。

立案标准

有查禁犯罪活动职责的司法及公安、国家安全、海关、税务等国家机关工作人员，涉嫌向犯罪分子通风报信、提供便利帮助犯罪分子逃避处罚，有下列情形之一的，应予立案：

(1) 向犯罪分子泄漏有关部门查禁犯罪活动的部署、人员、措施、时间、地点等情况的；

(2) 向犯罪分子提供钱物、交通工具、通讯设备、隐藏处所等便利条件的；

(3) 向犯罪分子泄漏案情的；

(4) 帮助、示意犯罪分子隐匿、毁灭、伪造证据或者串供、翻供的；

(5) 其他帮助犯罪分子逃避处罚应予追究刑事责任的情形。

十二、非法拘禁罪

法律依据

《中华人民共和国刑法》

第二百三十八条 非法拘禁他人或者以其他方法非法剥夺他人人身自由的，处三年以下有期徒刑、拘役、管制或者剥夺政治权利。具有殴打、侮辱情节的，从重处罚。

犯前款罪，致人重伤的，处三年以上十年以下有期徒刑；致人死亡的，处十年以上有期徒刑。使用暴力致人伤残、死亡的，依照本法第二百三十四条、第二百三十二条的规定定罪处罚。

为索取债务非法扣押、拘禁他人的，依照前两款的规定处罚。

国家机关工作人员利用职权犯前三款罪的，依照前三款的规定从重处罚。

立案标准

1. 根据《刑法》第二百三十八条的规定，非法拘禁他人或者以其他方法非法剥夺他人人身自由的，应当立案。本罪是行为犯，只要行为人实施了非法拘禁的行为，原则上就构成本罪，应当立案侦查。

2. 国家机关工作人员利用职权非法拘禁，涉嫌下列情形之一的，应予立案：

（1）非法剥夺他人人身自由24小时以上的；

（2）非法剥夺他人人身自由，并使用械具或者捆绑等恶劣手段，或者实施殴打、侮辱、虐待行为的；

（3）非法拘禁，造成被拘禁人轻伤、重伤、死亡的；

(4) 非法拘禁，情节严重，导致被拘禁人自杀、自残造成重伤、死亡，或者精神失常的；

(5) 非法拘禁3人次以上的；

(6) 司法工作人员对明知是没有违法犯罪事实的人而非法拘禁的；

(7) 其他非法拘禁应予追究刑事责任的情形。

十三、非法搜查罪

法律依据

《中华人民共和国刑法》

第二百四十五条 非法搜查他人身体、住宅，或者非法侵入他人住宅的，处三年以下有期徒刑或者拘役。

司法工作人员滥用职权，犯前款罪的，从重处罚。

立案标准

1. 根据《刑法》第二百四十五条的规定，非法搜查他人身体、住宅的，应当立案。

2. 本罪是行为犯，只要行为人实施了非法搜查他人身体、住宅的行为，原则上就应当构成犯罪，应当立案侦查。

3. 国家机关工作人员利用职权非法搜查，涉嫌下列情形之一的，应予立案：

（1）非法搜查他人身体、住宅并实施殴打、侮辱等行为的；

（2）非法搜查，情节严重，导致被搜查人或者其近亲属自杀、自残造成重伤、死亡，或者精神失常的；

（3）非法搜查，造成财物严重损坏的；

（4）非法搜查 3 人（户）次以上的；

（5）司法工作人员对明知是与涉嫌犯罪无关的人身、住宅非法搜查的；

（6）其他非法搜查应予追究刑事责任的情形。

十四、刑讯逼供罪

法律依据

《中华人民共和国刑法》

第二百四十七条 司法工作人员对犯罪嫌疑人、被告人实行刑讯逼供或者使用暴力逼取证人证言的，处三年以下有期徒刑或者拘役。致人伤残、死亡的，依照本法第二百三十四条、第二百三十二条的规定定罪从重处罚。

立案标准

司法工作人员涉嫌对犯罪嫌疑人、被告人使用肉刑或者变相肉刑逼取口供，有下列情形之一的，应予立案：

（1）以殴打、捆绑、违法使用械具等恶劣手段逼取口供的；

（2）以较长时间冻、饿、晒、烤等手段逼取口供，严重损害犯罪嫌疑人、被告人身体健康的；

（3）刑讯逼供造成犯罪嫌疑人、被告人轻伤、重伤、死亡的；

（4）刑讯逼供，情节严重，导致犯罪嫌疑人、被告人自杀、自残造成重伤、死亡，或者精神失常的；

（5）刑讯逼供，造成错案的；

（6）刑讯逼供3人次以上的；

（7）纵容、授意、指使、强迫他人刑讯逼供，具有上述情形之一的；

（8）其他刑讯逼供应予追究刑事责任的情形。

十五、暴力取证罪

法律依据

《中华人民共和国刑法》

第二百四十七条 司法工作人员对犯罪嫌疑人、被告人实行刑讯逼供或者使用暴力逼取证人证言的，处三年以下有期徒刑或者拘役。致人伤残、死亡的，依照本法第二百三十四条、第二百三十二条的规定定罪从重处罚。

立案标准

司法工作人员涉嫌以暴力逼取证人证言，有下列情形之一的，应予立案：

（1）以殴打、捆绑、违法使用械具等恶劣手段逼取证人证言的；

（2）暴力取证造成证人轻伤、重伤、死亡的；

（3）暴力取证，情节严重，导致证人自杀、自残造成重伤、死亡，或者精神失常的；

（4）暴力取证，造成错案的；

（5）暴力取证3人次以上的；

（6）纵容、授意、指使、强迫他人暴力取证，具有上述情形之一的；

（7）其他暴力取证应予追究刑事责任的情形。